Das Buch

Warum und vor allem auf welche Weise verlieben sich Menschen ineinander? Wie inszenieren Eltern die Lebenswelt, in die ihre Kinder hineingeboren werden? Welche Regeln und Rituale im täglichen Zusammenleben werden schon dem Fötus übermittelt? Ist Inzest Indiz einer »elternlosen« Gesellschaft, in der Väter und Mütter die ihnen gemäßen Rollen ihrem Kind gegenüber »umdichten«? Was ist ein »geglückter« Inzest? Anhand einer Fülle von Alltagsbeobachtungen erforscht der Humanethologe Boris Cyrulnik, wie Regeln und Rituale für das soziale Mit- und Gegeneinander unter Menschen entstehen, wie sie gepflegt, aber auch zerstört werden: Der Mensch, das vernunftbegabte Wesen, sei im Grunde in all seinen Lebensäußerungen und Handlungen das »affektive« Wesen – aber in welchem Zustand befindet sich unsere Gefühlswelt, die unsere Biographie so entscheidend mitschreibt! Daß Menschen – im Prinzip wie die Tiere, im Detail jedoch ganz anders – in einer Umwelt aus Biologie, Sinneswahrnehmung und Affektivität leben, die das soziale Verhalten steuern, diese These verfolgt Boris Cyrulnik mit seinem dezidiert interdisziplinären Forschungsansatz, der Erkenntnisse aus der Tierverhaltensforschung und der Anthropologie, der Linguistik und Neurologie, der Gynäkologie und Psychoanalyse füreinander fruchtbar macht – auf ebenso lehrreiche wie unterhaltsame Weise.

Der Autor

Boris Cyrulnik, geboren 1937 in Bordeaux, ist Neurologe, Psychiater und Psychoanalytiker. Er ist Gründer und Leiter der interdisziplinären Forschungsgruppe Humanethologie im südfranzösischen Toulon-La-Seyne und Verfasser zahlreicher Bücher und Forschungsarbeiten. Auf deutsch ist bisher erschienen: ›Was hält mein Hund von meinem Schrank? Zur Entstehung von Sinn bei Mensch und Tier‹ (1995).

Boris Cyrulnik

Das Drehbuch menschlichen Verhaltens

Was Tiere uns voraus haben

Aus dem Französischen von
Fritz R. Glunk

Deutscher
Taschenbuch
Verlag

Von Boris Cyrulnik ist im Deutschen Taschenbuch Verlag erschienen:
Was hält mein Hund von meinem Schrank? (30405)

Deutsche Erstausgabe
April 1996
Deutscher Taschenbuch Verlag GmbH & Co.KG,
München
© 1993 Editions Odile Jacob, Paris
Titel der französischen Originalausgabe:
Les Nourritures Affectives
ISBN 2-7381-0215-8
© der deutschsprachigen Ausgabe:
1996 Deutscher Taschenbuch Verlag GmbH & Co.KG,
München
Umschlaggestaltung: Klaus Meyer, Antonia Berger
Umschlagfoto: Kinoarchiv Engelmeier
Satz: Filmsatz Schröter, München
Druck und Bindung: C. H. Beck'sche Buchdruckerei,
Nördlingen
Printed in Germany · ISBN 3-423-30532-0

Inhaltsverzeichnis

Wo liegt das Problem? 7

ERSTES KAPITEL

Ist auch die zufällige Begegnung vorherbestimmt? 17
   Geruch und Kultur 20
   Die Semantik der Behaarung 28
   Sich begegnen – aber wie? 39

ZWEITES KAPITEL

Was der Fötus denkt 51
   Der Katalog der fünf Sinne wäre für den Fötus sinnlos 53
   Die Geburt des Geistes aus der Begegnung von Fötus und Mutter 58

DRITTES KAPITEL

Wem gehört das Kind? 68
   Das Vererbbare und das Erbe 71
   Niemandem gehören heißt niemand sein 81
   Väter sind keine Eltern mehr 92
   Die Verkündigung an Mama 96

VIERTES KAPITEL

Die Gewalt: zerstörend oder schöpferisch? 106
   Wie Katz und Maus 107
   Tierische Rituale und menschliche Riten 115
   Wenn das Ritual erkrankt 122
   Angst in der Stadt, Angst auf dem Land 132
   Übervölkerung und soziale Anomie 139

FÜNFTES KAPITEL

Wie inzestuös ist der Inzest? 144
   Muttergefühle und kulturelle Abstammung: ein Strukturvergleich 146

Ein Forscherblick auf die Gefühlsstruktur 149
Der Inzest, der aus der Nähe kommt 155
Der Inzest der Entfernung 163
Ein Hauch von Inzest 173
Wenn die heilige Mutter das Gefühlsleben monopolisiert . . 175
Der Vater, die Straße und der Haß 183
Jungen und Mädchen 188

SECHSTES KAPITEL
Erzähltes oder Erinnertes? 191
Alte Hunde werden kindlich und alte Affen geschwätzig . . 194
Wenn die Dinge uns nichts mehr sagen 202
Die Umkehr der Bindung 212
Der Akt des Erzählens 217

Kein Schluß, nur eine kleine Fabel 228

Anmerkungen 235
Literaturverzeichnis 250

Wo liegt das Problem?

Wissen Sie eigentlich, wie sehr das westliche Denken das Verhalten unserer Hunde beeinflußt hat?

Seit vierzehntausend Jahren leben sie mit uns, nehmen teil an unseren Alltagsgeschichten, und was ist das Ergebnis? Sie halten sich für Überhunde. Durchdrungen von unserer Kultur, hat sich ihr Seelenleben verändert.

Wie alle zivilisierten Wesen bellen sie ziemlich viel und drücken damit aus, daß sie sich am Gespräch der Menschen beteiligen. Ganz im Gegensatz zu den Hunden auf dem Land, die nur bellen, wenn sie einen triftigen Grund haben; anders auch als die Wildhunde, die so gut wie überhaupt nicht bellen, weil sich alle Jäger, egal welcher Art, still verhalten.

Da liegt, vor unseren Augen und in unseren Ohren, die Antwort auf den uralten Streit der Gelehrten über den Einfluß der angeborenen Anlagen oder der erlernten Fähigkeiten: Eine Tierart mit der genetischen Ausstattung zum Bellen schweigt in ihrer natürlichen Umwelt und bellt innerhalb der menschlichen Kultur.[1] Damit zeigen uns die Hunde, daß ein und dasselbe genetische Potential ganz verschiedene Formen annimmt,[2] je nachdem, ob es sich in seinem natürlichen Ökosystem entwickelt oder in einer sprachlichen Umwelt.

Freilich, ein Hundeleben ist kein Menschenleben – gleichwohl es umgekehrt zuweilen zutreffen mag. Die Hundewelt mit ihren ungeheuer vielsagenden Gerüchen, ihren Geräuschen und Klängen, die unvorstellbare Empfindungen auslösen, ihren Bildern, verschwommen und wie in Pastell gemalt,[3] diese Welt weckt im Innern des Hundes Vorstellungen, die tief von der Lebenswelt des Menschen durchdrungen sind. Arme Tiere – was mußten sie nicht alles ertragen von uns! Zu allem möglichen haben wir sie hergenommen, wenn auch nur in Gedanken: In den Tempeln von Peru wurden sie als Götter verehrt, in der schönen Kultur Ägyptens haben wir Trauer um sie getragen, im Mittelalter waren sie uns verhaßt, weil wir sie der schwarzen Magie anklagten. Sie wurden von uns geliebt, gefürchtet, benützt, angebetet, gekocht und gegessen. Es gibt kaum einen Passiv, den die Hunde nicht erdulden mußten.

Wir im Westen haben sie zu Kunstwerken erhoben und mit der Aufgabe betraut, unsere Gefühlswelt zu beleben.[4] Seitdem führen sie sich ziemlich undiszipliniert auf und beißen uns mehr und mehr, weil sie sich nun für unsere Herren halten.[5] In anderen Kulturen, wo sie als niedere Abfallfresser angesehen werden, sind sie derart verachtet, daß sie sich unterlegen fühlen. Dort ziehen sie den Schwanz zwischen die Hinterbeine, senken den Kopf und gehen dem Menschen aus dem Weg.

Diese Beobachtung hätte Sigmund Freud zweifellos gefallen. Er formulierte sie einmal so: »Wenn es beim Menschen ererbte psychische Bildungen gibt, etwas dem Instinkt des Tieres Analoges, so macht dies den Kern des Unbewußten aus.«[6] Und an anderer Stelle: »Verstünden es die Menschen, aus der direkten Beobachtung der Kinder zu lernen, so hätten diese drei Abhandlungen ungeschrieben bleiben können.«[7] Seine Bemerkungen fordern uns zu dem Versuch auf, jede Tierart als Lebensform in ihrer eigenen Umwelt zu sehen und diese Welt als lebensnotwendig zu betrachten.

Beobachtungen sind eine Quelle des Vergnügens. Wurden sie vielleicht deshalb früher so bekämpft? Im 17. Jahrhundert warf man sogar einige Philosophen, nur weil sie die unmittelbare Beobachtung verherrlichten, ins Gefängnis.[8] Erst René Laënnec im 19. Jahrhundert wagte die Behauptung, daß bestimmte Anzeichen, die er am Körper eines Kranken beobachtet hatte, auf eine tieferliegende Krankheit hinweisen könnten.[9] Bis dahin nämlich war jede Diagnose blind für die Wahrnehmung solcher Anzeichen.

Schon seit dem 15. Jahrhundert kannte man die exakte Beschreibung der Pocken, die Bläschen auf der Haut mußten ja den beobachtenden Blick auf sich lenken. Aber ihre Ursache konnte man, mangels Mikroskop, noch lange nicht entdecken. Es war einfach undenkbar, daß ein Mikroorganismus einen Riesenorganismus wie den Menschen anstecken könnte. Im übrigen *wußte* man, man hatte es doch tatsächlich beobachtet, daß die Epidemie »nur diejenigen dahinraffte, die ihrem Vater nicht gehorcht hatten« (was ganz sicher richtig war). So stückelte man sich den »Beweis« zusammen, daß jede Krankheit, jede Pest eine Strafe Gottes war.[10] Wer nicht gern beobachtet, sucht die Erklärung in den Mythen.

Das heißt aber nicht, daß es schon genügt, die Augen aufzumachen, um zu sehen. In Marokko, während der Kämpfe gegen die Rif-Kabylen zwischen 1920 und 1926, wurden die französischen Soldaten immer lustloser und mürrischer und wehleidiger. Damals hatten die Militärärzte gerade herausgefunden, daß man eine große Zahl von Krankheitssymptomen, die man bis dahin Stimmungen und Launen zugeschrieben hatte, besser durch Bazillen und Mikroben erklären konnte. Also machten sie sich, mit der unangreifbarsten Logik auf ihrer Seite, auf die Suche nach jenem Mißmut-Bazillus, der die tapferen Kämpfer so griesgrämig machte.

Viele Menschen sind überzeugt, daß es Wissen und Verständnis nur durch Beobachtung geben kann. Man nimmt indes nur dasjenige wahr, was man zu beobachten versteht. Unsere Sinne täuschen uns nämlich, und zwar so sehr, daß eine unsystematische Suche dem Blick nur das zu sehen gibt, was er zu finden wünscht. De Clérambault war der einzige Psychiater, der sich auf Kleidungsfetischismus spezialisiert hatte. Nachdem er sich erhängt hatte, entdeckte man, daß er selbst allerlei Kleiderstoffe sowie Fotos bizarrer Textilarrangements gesammelt hatte.[11] Seine innere Welt war eine Kopie des Bildes, das er sich von der Welt gemacht hatte. In Wahrheit gibt es gar keinen Kleiderfetischismus, denn sonst wären ja sämtliche Frauen davon befallen.

Wenn gewisse Einzelteile unseres Beobachtungsapparats ausfallen, ändert sich die Form der wahrgenommenen Welt. Gelegentlich zerstört der Alkohol die Korsakow-Höcker, kleine Ganglien im Gehirn, die als Vermittlungsstellen im Netz des Gedächtnisses funktionieren. Nichts mehr kann in einem solchen Fall als Erfahrung dienen, die Erinnerung geht verloren, und der Mensch verwandelt sich in einen Menschen ohne Biographie.

Ein zu schwacher Blutkreislauf kann einen anderen Effekt haben: Er bewirkt, daß eine kleine Zone im Gehirn angegriffen wird, die sich unter dem größeren Kern des Zwischenhirns versteckt. Mit einem Schlag verliert der Mensch jede Motivation.[12] Er erklärt aus ehrlicher Überzeugung: »Es gibt nichts, wofür es sich zu leben lohnt.« Und nur eine einfache Hormonspritze oder die Stimulation der Neurotransmitter in jener Zone bringt die Person dazu, sofort und mit der gleichen tiefen Überzeugung auszurufen: »Ist das Leben nicht wunderbar! Wie konnte ich jemals behaupten, es lohnte sich nicht zu leben!« Lebensfreude, Stimmungen und Gefühlslagen, die der Welt ihre affektive Färbung verleihen, sind sehr einfach zu manipulieren.

Die Form der wahrgenommenen Welt hängt also ab von der Form des Wahrnehmungsapparats. Die Zerstörung des winzigen Gehirnabschnitts im Scheitellappen, in dem Bilder verarbeitet werden, ergibt ein Abbild der Welt mit einem »Loch«, einer Lücke in den hier gespeicherten Informationen. Befindet sich dieses Loch nun am vordersten Teil des Scheitellappens, so werden visuelle Informationen wahrgenommen, sie fügen sich aber nicht zu einem Bild zusammen. Die Person ist zwar nicht blind, aber sie sieht nichts mehr.

Die Sprache, die sich ohnehin nicht leicht definieren läßt – trotz des endlosen Wortschwalls zu diesem Thema –, geht sofort verloren, wenn ein bestimmter Gehirnteil im Schläfenlappen nicht mehr imstande ist, aus gehörten Tönen Wörter zu bilden. Die Person ist zwar nicht taub, aber das Wortgeräusch ist für sie ohne Bedeutung.

Selbst der abstrakte Begriff der Zeit hört auf, ein Gegenstand der sinnlichen Wahrnehmung zu sein, wenn eine Verletzung an der Spitze des Stirnlappens jede vorwegnehmende Erwartung auslöscht.[13] Der Mensch lebt dann nur noch in einer Abfolge von »Gegenwarten«, in der alles bedeutungslos wird. Er hat vor nichts mehr Angst, da er von keiner Zukunft mehr etwas zu befürchten hat.

Die jeweilige Beobachtungsart gibt uns über die Persönlichkeit der Beobachter erheblich genauere Auskunft als über den Beobachtungsgegenstand. Die einen, besessen von Mißtrauen, tragen so viele Daten und Fakten zusammen, daß sich am Ende keiner mehr darin zurechtfindet. Andere, die nicht von solchen Zweifeln geplagt werden, begnügen sich mit zwei oder drei Indizien und entwickeln daraus in dichterischer Freiheit allgemeinste Schlußfolgerungen. Wieder andere, pervers geradezu, graben unermüdlich nach einer dunklen Kleinigkeit, mit der sie die Borniertheit ihrer Berufskollegen belegen und sie auf diese Weise demütigen können.[14]

Für viele Menschen ist jede Beobachtung ein Schreckgespenst. Sie verdammen sie, weil sie den anderen verdinglicht und nicht idealisiert, wie es sich eigentlich gehörte.

Für diejenigen aber, die gern beobachten, bedeutet alles, was sich als Anzeichen hergibt, einen Unterschied. Eine immergleiche Information schläfert den Verstand ein, sie bestätigt nur das, was man ohnehin schon weiß. Darin liegt der Grund, warum die Methode der vergleichenden Beobachtung so viel leichter zum Verständnis einer Sache führt. Um Neues zu entdecken, muß das Denken oft verblüffende Ideenverbindungen schaffen, etwas wie einen kreativen Geistesblitz, der aufrüttelt und überrascht. Die Gewißheit ist ein Feind des Denkens, eine intellektuelle Litanei.

Wer jedoch das Tierreich beschreibt und es mit der Welt der Menschen vergleicht, findet einen Schatz an Anregungen und Ideenverbindungen. Dabei geht es nie darum, Erkenntnisse vorschnell zu verallgemeinern; erst recht soll der Mensch nicht zum Tier herabgemindert werden. Das Gegenteil ist richtig: Die Entdeckung dieses neuen Kontinents, der Natur des Tieres, hebt gerade in ihrer Unterschiedlichkeit zur Natur des Menschen dessen besondere Stellung heraus.

Es ist höchst eindrucksvoll, wie Tiere ihre Sinne betätigen. Sie legen sich ihre Wahrnehmungen zu einem Puzzle zusammen, das ihre Umwelt widerspiegelt.[15] Wir sehen also, daß jedes Naturwesen, obwohl doch aus Materie gemacht, sich auf diese Weise über die Materie erhebt. Um wieviel mehr der Mensch! Er schafft sich die Bezeichnungen selbst; er erfindet die Welt noch einmal, um sie genauer erkennen zu können.

Die vergleichende Beobachtung erlaubt es, die Welt, in der wir leben, so zu beschreiben, als ob wir sie und uns selbst von außen sehen könnten. Das ist natürlich nur ein Trick, aber ein recht ergiebiger. Er hat uns nämlich das Teleskop und das Mikroskop eingebracht und all die übrigen Forschungsinstrumente, durch die wir uns mit anderen als den eigenen Augen beobachten. »Im Jahr 1543 macht der Humanist Kopernikus das Universum zu einem inhumanen, menschenleeren Raum, von dem aus der Kosmos nun gesehen werden muß. Im gleichen Jahr 1543 beschäftigt sich Vesalius mit der Anatomie der Hunde, der Affen und gleichzeitig mit der des Menschen.«[16] Es ist der Unterschied, den die vergleichende Beobachtung sucht, die Differenz, und nicht so sehr die Analogie.

Die Tiefenschärfe des Beobachters hängt auch davon ab, wie sich seine Beobachtungsgabe im Lauf der eigenen Entwicklung ausgebildet hat. Kinder, Frauen, Ausländer, Schwarze, kurz: alle, die jemals unter ihren Mitmenschen zu leiden hatten, werden zu schärferen Beobachtern als andere, deren Persönlichkeit sich ohne eine solche dauernde Anspannung entwickeln konnte.[17] Aus diesem Grund werden mißhandelte Kinder zu Virtuosen in der Beobachtung ihrer Eltern. Mit »eiskalter Wachsamkeit«, ohne daß ein einziges Wort fällt, sind sie fähig, das geringste Indiz im Verhalten derjenigen zu erkennen, die ihren Körper und ihr Bewußtsein gefangenhalten. »Der kleine Rotfuchs interpretiert mit der bissigen Schärfe der Ungeliebten die Gesten und das Verhalten der Menschen in seiner Umgebung.«[18]

Wir leben in einer Welt, die andere schon definiert haben. Darin sollen wir nun Platz nehmen. Das menschliche Miteinander ist ebensosehr eine sinnliche wie eine sinnvolle Welt,[19] eine Welt, die durch unsere Sinne einen Sinn erhält. Unsere sinnliche Wahrnehmung lädt sich darin mit einer Biographie auf, die unsere Gefühle und Wahrnehmungen beherrscht. »Ich ist ein anderer«, sagte Rimbaud, und von Apollinaire kam das Echo: »Alle anderen sind in mir.«[20]

Das wäre alles ganz anders, wenn der Kontext, die Geschichte, die Biographie nicht alles mit Sinn und Bedeutung füllten. Eines Tages hielt sich Burt Lancaster in Toulon auf. Während des offiziellen Empfangs langweilte er sich ein wenig, kam auf meine Frau zu, blickte ihr offen in die Augen und sagte: »Schönes Wetter heute.« Verwirrt, hingerissen, starr vor Bewunderung antwortete sie: »Es ist schöner als gestern, aber nicht so schön wie morgen.« Da ich von Beruf Beobachter bin, sagte dann auch ich zu ihr: »Schönes Wetter heute.« Mir antwortete sie: »Ja und? Das seh ich auch!« Ich habe daraus geschlossen, daß der Wetterbericht für sie weniger aufregend war als der Mensch, von dem sie ihn hörte.

Man braucht, um die Welt überhaupt zu sehen, eine Theorie. Ich schaue mir etwa im Fernsehen ein Rugby-Match an. Da kommt eine Freundin von mir dazu, und ich frage sie: »Kannst du mir beschreiben, was du auf dem Bildschirm siehst?« Ihre Antwort: »Ich sehe einen Haufen dreckbeschmierter Männer, die sich in einer Geräuschkulisse von massenhaftem Gebrüll um einen Ball streiten.« Dann stelle ich ihrem Sohn, der Rugbyspieler in seiner Schule ist, dieselbe Frage. Er antwortet: »Die Prop-Forwards von Toulon stehen wie eine Eins, also hat sich unsere Zehn-Meter-Linie gerade blitzartig Raum gemacht, wodurch der Halbspieler jetzt an seiner Manndeckung vorbei seinen rechten Flügelspieler losschicken kann, der sich schon freigelaufen hat. Wunderschön! Hochelegant! Hör dir nur die Begeisterung der Fans an!« Ich habe daraus geschlossen: Man muß zum Sehen bestimmte Regeln kennen, um die Welt wahrnehmen und ihr eine Gestalt geben zu können.

Selbst die naivste Beobachtung verlangt ein geordnetes, das heißt theoretisches Wissen. Wenn einer Sie bittet, eine Säugetierpfote zu malen, dann kommt dabei nur ein unförmiges Stück Fleisch heraus. Gibt man Ihnen aber als Anweisung, den Verlauf der Nervenbahnen sowie der roten und bläulichen Blutgefäße festzuhalten, die sich durch genau benannte Muskelbereiche hinziehen, dann wird daraus eine schöne, aussagekräftige Zeichnung.

Eine Wahrnehmung ohne Theorie ergibt kein inneres Vorstellungsbild. Nur die Theorie ordnet an, im doppelten Sinn des Wortes: Sie schenkt eine Form, weil sie Ordnung schafft und sie gleichzeitig erzwingt. Nun wiederum muß »die Ordnung Unordnung erzeugen«,[21] damit die vergleichende Methode diesen Überraschungseffekt hervorruft: einen Trommelwirbel für die Ankündigung, daß etwas sich zu erkennen gibt und zu denken anregt und die geistige Litanei, diese intellektuelle Friedhofsordnung, aufsprengt.

Die Verhaltensforschung beschreibt beim Menschen gelegentlich Dinge und sammelt derart neuartige Informationen, daß uns der Vorrat an verfügbarem Wortschatz, um diese zu benennen, im Stich läßt.

Der Gegenstand, den ich in diesem Buch beobachten möchte, nennt sich »Affektivität«, Gefühlsleben. Das ist ein Wort, das zur Zeit nicht hoch im Kurs steht. Bei unseren Entscheidungsträgern findet es kaum Kredit, noch seltener Fördermittel. Die heute attraktiven Wörter sind »sozial«, »Molekül« oder »Technologie«: Zauberformeln. Man muß sie nur aussprechen, und schon fließen die Forschungsgelder. Das alte »Sesam öffne dich!« hat ausgedient, höchstens Kinder glauben noch daran. Die Geldgeber glauben hingegen an die moderne Mythologie solcher Zauberwörter. »Sage mir, woher deine Forschungsmittel kommen, und ich sage dir die Mythen deiner Kultur.«

Da ich mich für die Affektivität in der Welt des Lebendigen interessiere, beschloß ich, meinem Hund Nike ein Gedicht von Baudelaire vorzulesen. Jeder konnte feststellen, daß er mich dabei mit Zuneigung ansah und mit dem Schwanz wedelte. Sollte er etwa Baudelaire lieben? Nun neige ich stark zum Experimentieren und las ihm einige Seiten über »die Adäquatheit von Imagination und Realität« von Jacques Lacan vor. Wieder konnte jeder das gleiche zutrauliche Verhalten sehen. Also las ich ihm weitere drei Seiten vor, diesmal von Changeaux über die Hemmung der Serotonin-Aufnahme durch präsynaptische Alphablocker. Nicht das winzigste Anzeichen ließ erkennen, daß mein Hund diese Theorie etwa ablehnte. Ich habe daraus den Schluß gezogen, daß Baudelaire, Lacan und Changeaux für ihn ein und dasselbe Paar Stiefel sind, während ich finde, daß sie drei höchst ungleiche geistige Welten darstellen. In Wahrheit interessiert sich mein Hund recht wenig für Theorien, er läßt sie alle gelten, solange man nur mit ihm spricht.

Tiere leben in einer Umwelt aus Biologie, Sinneswahrnehmung und Affektivität, der Mensch dagegen – angeblich – nur in einer geistigen Welt. Wer uns diese Idee vorträgt, hat eine panische Angst vor der Natur[22] und flüchtet vor ihr in den reinen Intellekt, abgeschnitten von der Welt der Sinne.

Die neueren Überlegungen zur Affektivität vollziehen diese Trennung jedoch nicht mehr. Die Beobachtungen des kindlichen Verhaltens »erlauben es nicht, die Gefühle von den inneren Bildern zu isolieren«.[23] Das Neugeborene ordnet seine Beziehungen zu anderen mit Hilfe der alltäglichen Ereignisse des Familienlebens.[24] Im Verlauf der Interaktion des Säuglings mit seiner Umgebung werden immer auch Gefühle ausgetauscht.[25] Von den frühesten, die Geburt begleitenden Gesten an schreibt unsere Kultur einen Verhaltenscodex vor, der das Kind formt.[26] In dieser neuartigen Sicht ist die Affektivität eine biologische Kraft, substanzielle Kommunikation und sinnlich erfahrene Bindung, die alle lebenden Wesen vereint und zwischen ihnen geradezu ein Organ für ein strukturiertes Zusammenleben bildet.

Dieses Buch untersucht Entstehung und Funktion der Affektivität anhand einiger Leitthemen:

1. Damit ein Kind entsteht, braucht es eine Begegnung. Die

schlichte Tatsache, daß Tiere immer auf die richtige Art und Gattung treffen, wenn sie sich fortpflanzen, beweist, daß sie bestimmte Signale zutreffend verarbeiten, zumindest diejenigen, an denen sie einander erkennen. Auf diesem Niveau des Lebens werden die Begegnungen durch körperliche, chemische, akustische oder visuelle Signale ausgelöst. Auch in der Welt der Menschen sind diese Signale nicht unbekannt. Die Menschen jedoch bedienen sich ihrer in ihrem Dialog der Gesten und Worte, der unsere Begegnungen präziser steuert als ein Geruchsmolekül oder das Frequenzband einer Stimme.

2. Das Ergebnis dieser Begegnung ist ein Kind, das bereits versteht, lange bevor es spricht. Sein Denken ordnet sich durch Wahrnehmungen, mit denen die ersten sinnlichen Vorstellungen gefüttert werden. Schon der menschliche Fötus übt sich deshalb darin, seine Wahrnehmungen zu organisieren, um sich von ihnen nicht einfangen zu lassen, wenn später noch die Sprache hinzukommt.

3. Vom Tag seiner Geburt an sieht sich der Säugling einer Welt gegenüber, die von seinen Eltern und ihrer Kultur inszeniert wurde. Die ersten Informationen darüber erhält er von seiner Mutter, in seinen Augen eine Riesin, die mit den Jahren schrumpft und dann auch anderen Platz läßt, vor allem einem Vater und den gleichaltrigen Freunden. Währenddessen erfindet die Gesellschaft unaufhörlich neue Dinge, Gesten und Wahrnehmungsfelder, die das Kind wiederum biologisch formen.

4. Warum muß jene paradiesische Vertrautheit durch Gewalt gestört werden? Bei den Tieren bricht der Apparat der sozialen Regeln zusammen, wenn eine biologische oder ökologische Katastrophe die Rituale der Gruppe zerstört. Beim Menschen hingegen gehört die Regelverletzung zur Grundlage seiner Lebenswelt; sie respektiert weder die Gesetze der Natur noch die von früheren Generationen aufgestellten Regeln. Wir werden die schöpferische Gewalt als diejenige Kraft verstehen müssen, die der Entwicklung des Menschen den Übergang von der Natur zur Kultur ermöglicht.

5. Biologie und Kultur bekämpfen und vermischen sich wie zwei zusammenlaufende Flüsse. In diesem Sinn erlaubt uns sogar der unaussprechliche Inzest zwischen Mutter und Sohn eine Aussage;

nämlich darüber, wie dieser eigentlich undenkbare Akt trotzdem geschieht, am Treffpunkt einer beschädigten Biologie und einer so kranken Kultur, daß sie das Elterngefühl aus dem Gleis bringt, wobei keiner der beiden sich als Mutter oder als Sohn empfindet. Die Mutter handelt nicht mehr innerhalb einer Verwandtschafts-, sondern in einer affektiven Struktur, die jedoch denselben Ursachen zum Opfer fallen kann, die auch die Affektivität zerstören.

6. Schließlich der letzte Akt, wenn die Abenddämmerung des Alters ihr letztes Lied singt. Sie komponiert es aus den Spuren der Vergangenheit und macht daraus eine Erzählung für die Gegenwart. Wenn aber der Zusammenhalt schwindet, läßt ein Palimpsest-Effekt der Erinnerung die früheren Texte, die bisher von den Zwängen des Alltags verdrängt waren, wieder an die Oberfläche des Bewußtseins gelangen, so als wäre gestern heute.

Das ist es. Dieses Buch will nur diese sechs Gedanken entfalten, die zusammen fast ein Menschenleben ausmachen.

ERSTES KAPITEL

Ist auch die zufällige Begegnung vorherbestimmt?

»Was wäre, wenn wir uns nicht begegnet wären?«

Diese Frage enthält versteckt den Gedanken, daß mein Schicksal ganz anders verlaufen wäre ohne jenes Treffen.

Ich habe hier »das Treffen« (und nicht »die Begegnung«) geschrieben. Früher bezeichnete man mit »Treffen« ein militärisches Gefecht, und etwas davon ist ja noch in der Kampfsprache des Sports herauszuhören.[27] Hat es sich, seitdem wir uns mit einem Ritual der gegenseitigen Namensnennung bekanntmachen, gewissermaßen zur »Begegnung« verweiblicht? Hören Sie einmal auf die Bewegungsdynamik in diesem Begriff der Begegnung: »gegen oder auf jemanden *los*gehen« – und schon sehen Sie vielleicht einen Boxkampf vor sich, der ja auch eine Begegnung ist. Diese Wendung geht zurück auf das lateinische *adgredior*, das ursprünglich nichts anderes hieß als »ich gehe auf jemanden *zu*«. Mittlerweile hat sich »Aggression« jedoch zum »Angriff« weiterentwickelt, dessen Nähe zum eigentlich neutralen »Treffen«, zur »Begegnung«, bedenklich stimmt.

Das fängt ja gut an! Ich hatte gehofft, etwas über die Begegnung der Liebenden zu erzählen, die Mutter-Kind-Begegnung, das Treffen mit Freunden. Und jetzt stehe ich da mit einem Begriff, der Aggression und Gegeneinander enthält und dazu allerlei Zufälle, die mein Schicksal bestimmen.

Ich schlage nun lieber vor: Das zufällige Treffen wird erst dann zu einer wirklichen Begegnung, wenn man beschließt, sich wiederzusehen; andernfalls ist man trotz aller Bewegung zueinander einfach aneinander vorbeigelaufen. Eine Begegnung verlangt also einen Zusammenstoß, dem eine gewollte Berührung folgt.

Kann man grundlos geboren werden oder zufällig sterben? In dem Augenblick, als meine Eltern sich begegneten, um mich zu zeugen, hatten sie bestimmt eine ganze Menge Gründe dafür. Sie stießen aufeinander, sie machten einander bekannt, sie wurden sich einig, sie verliebten sich. Warum befanden sie sich gerade da, am selben Ort, zur selben Zeit, alle beide? Aus Zufall?

Wenn ich in einem »Treffen« einem Mann entgegentrete, dann hoffe ich, ihm Widerstand zu bieten.[28] Wenn ich aber einer Frau begegne, dann trete ich ihr zwar auch entgegen, aber mit der Hoffnung, ihre Nähe zu gewinnen. Dabei gefällt mir natürlich der Gedanke, daß diese Begegnung nicht zufällig und sinnlos ist. Es mußte so geschehen, sage ich mir, es konnte nur sie sein. Anders, wenn ich annehme, daß mein Leben von glücklichen Zufällen gelenkt ist; dann wäre es rein zufällig, daß von Millionen möglicher Frauen an jenem Tag gerade sie gerade da stand, wo ich meinen Weg ging. Sie führte mich und ich führte sie auf einen Seitenpfad, dann gingen wir ein Stück unseres Weges gemeinsam, und das war nun wirklich nicht irgendeinem Zufall zu verdanken.

Vielleicht können wir mit einer naturwissenschaftlichen Beschreibung dieses rätselhafte Ding namens »Begegnung« genauer erklären. Was macht uns eigentlich so sicher, daß nicht auch die Berge sich begegnen? Sobald etwas lebt, begegnet es sich. Man sollte sich öfter das Vergnügen machen, die Vielzahl der lebenden Arten miteinander zu vergleichen. Dabei findet man bald zu der Erkenntnis, daß die Entstehung der Geschlechter die Begegnung zu einem unerhörten, folgenschweren Ereignis machte.[29] Daneben sind jedoch zahlreiche Arten ungeschlechtlich gebaut. Ihre Motorik wird von physischen und ökologischen Faktoren bestimmt: Die Sonne, die Lichtstärke, die Wärme, Mineralien oder chemische Duftstoffe bringen sie in Bewegung und lösen dabei manchmal die Teilung eines Mutter-Wesens in zwei Tochter-Wesen aus, die alle drei völlig identisch sind.

Aber kaum tauchen die zwei Geschlechter auf, trennen sich alle Organismen in zwei Kategorien: die Männchen und die Weibchen, mit genetischen Ausstattungen, die so ungleich sind wie zwei Mutanten oder zwei verschiedene Arten, die nichts miteinander zu schaffen haben. Die beiden genetischen Repertoires bestimmen nun die unterschiedliche Entwicklung; sie bilden Körperformen aus, die durch Geschlechtsorgane charakterisiert sind. Von da an erlegt uns das Leben einen Zwang auf: Wollen wir uns finden, müssen wir uns suchen. Ein Lebewesen, das nicht sucht, wird ausgesondert. Die geschlechtliche Fortpflanzung brütet eine zweifache Jugendlichkeit aus und verhindert damit den Verschleiß der Art.

Das Geschlecht macht aus der Begegnung ein Spiel mit dem Leben als Einsatz. Es setzt jedoch bei Partner und Partnerin voraus, daß sie zur Begegnung kommen, als ökologische Mitspieler auftreten. Sie müssen wahrnehmbare Signale tragen, damit die Suche auf den richtigen Weg kommt und die Begegnung harmonisch verläuft. Das sind natürlich vor allem biologische Signale. Wir müssen damit einen Partner derselben Art finden, sodann erkennen, daß er ein anderes Geschlecht hat, und Interesse für ihn empfinden. Erst jetzt können wir unsere Gefühle, dann auch unsere Handlungen aufeinander abstimmen, unsere Gedanken, Wünsche, zulassen und sie manchmal auch aussprechen. Damit diese Abfolge auch tatsächlich zustande kommt, hat die Evolution uns unzählige, unwahrscheinliche Begegnungsstrategien bereitgestellt.

Anorganische Dinge, zum Beispiel Kieselsteine, der Boden, die Luft oder das Wasser, erleiden dauernd irgendwelche äußeren Einwirkungen, durch die ihre Materie in Bewegung gerät. Organische Wesen aber müssen, um zu leben, sich mit ihrer Umwelt aktiv auseinandersetzen. Diese Aktivität zum Zweck des Überlebens verlangt die Beschaffung von Information[30], und sie führt dazu, daß alle zum Leben notwendigen Wahrnehmungen gefiltert, ausgewählt und sinnvoll geordnet werden. Als Ameise erkenne ich in der äußeren Welt Geruchsmoleküle und den Umriß meiner weißen Eier, die mich natürlich lebhaft interessieren. Wahrscheinlich sage ich mir: Ich Ameise entnehme dem mich umgebenden Chaos nur solche visuellen Informationen und Geruchsinformationen, für ich ganz besonders empfänglich bin. Diese Wahrnehmungsarbeit erzeugt eine äußere Umwelt und gleichzeitig eine für den Augenblick stabile Innenwelt.

Das Konzept der Intentionalität, das uns die Philosophen für dieses Phänomen anbieten, ist fad und viel zu brav für den alles beherrschenden Lebenswillen jeder Kreatur. Warum nun sich vom Leben der anderen nähren? Die Frage, die eigentlich mehr auf Tiere als auf Pflanzen zutrifft, scheint auch in der Psychologie der Paarbindung bedeutsam. Das Baby etwa, das an der Brust der Mutter trinkt, könnte sagen: »Ich nähre mich vom Leben einer anderen.« So gesehen, hat es sein Leben als Kannibale begonnen.

Geruch und Kultur

Vom Tier als Maschine spricht schon lange keiner mehr. Jedes Lebewesen steht mit seiner Umwelt in einem dauernden Austausch. Dafür müssen seine Wahrnehmungsorgane und sein Gehirn in solcher Weise organisiert sein, daß sie in der Außenwelt diejenigen Signale auffangen und verarbeiten, die für seine Innenwelt von Nutzen sind.

Die geistige Welt jedes lebenden Wesens setzt sich aus Informationen zusammen, aus individuellen, der Umwelt entnommenen Sinneswahrnehmungen, denen biologische Bedeutung zukommt.[31] Als Pawlows Psychologie ihre Triumphe feierte, beschwerte sich Biriukow einmal über einen Biber: Das Tier empfinde zwar die feinste Lichtschwankung und das leiseste Knacken eines Zweiges, reagiere jedoch überhaupt nicht »auf das starke Stimulans Azeton«.[32] Die Anekdote offenbart die Falle jeder anthropozentrischen Denkweise. Weil das Azeton mich stimuliert, der ich eine Nase und ein Gehirn besitze, muß es beim Biber bitteschön dasselbe tun, der ja schließlich auch Gehirn und Nase hat. Diese Methode der Analogie liegt zwar jeder Denktätigkeit zugrunde, aber sie enthält ein totalitäres Risiko, weil sie den anderen die gleiche geistige Welt wie die eigene zuschreibt, was bedeutet, daß es nur eine einzige Welt gibt, nämlich die eigene!

Ein naturwissenschaftliches Denken dagegen bietet für jedes Lebewesen eine besondere Innenwelt, die ihm gehört und in der es lebt. Darin »erkennt-erschafft« es Wahrnehmungsdaten, die Bedeutung allein für dieses Lebewesen haben, das auch als einziges ihnen begegnen kann.

Die innere Welt jeder Gattung setzt sich aus Wahrnehmungsdaten zusammen, deren biologische Bedeutung von der Organisation ihrer Gehirn- und Sinnesorgane abhängt. In ähnlicher Weise besteht auch die innere Welt des Menschen aus Daten, deren Bedeutung von seinem neuro-sensorischen Apparat abhängt; sie fällt jedoch je nach der persönlichen Biographie verschieden aus. Die Bedeutung ist hier nicht zu verwechseln mit dem Sinn. Ihr liegt vielmehr die Umwandlung des Signals in ein Zeichen zugrunde, das, etwa in der gesprochenen Sprache, die Verbindung zwischen Geräusch und Sinn herstellt.

Deshalb konnte Biriukows Biber niemals dem starken Azeton begegnen. Und deshalb begegne ich einer Frau, der mein Nachbar nie begegnen würde. Ein Ereignis, das ihn kalt wie Marmor läßt, nimmt für mich einen hohen Gefühlswert an. Später wird er mir völlig ungerührt sagen: »Also, ich verstehe nicht, warum Sie davon derart erschüttert waren.« Dann macht er den gleichen Denkfehler wie Biriukow mit seinem Biber. Da wir nicht die gleiche Biographie haben, haben wir auch nicht die gleichen Augen und können nicht denselben Dingen begegnen.

Das Männchen des Seidenspinners gerät ganz aus dem Häuschen, wenn seine Fühler ein vom Weibchen ausgesandtes Molekül Hexadekadienol auffangen. Selbst bei einer Konzentration von nur einem Billionstel Mikrogramm je Milliliter läßt der Schmetterling alles liegen und stehen und nimmt Kurs auf diese biologische, für ihn außerordentlich bedeutsame Informationsquelle.

In diesem Zusammenhang stellt uns die Trüffel vor ein interessantes Problem. Dieser Pilz dünstet ein Androsteron aus, ein männliches Steroidhormon, dessen chemische Formel für Schweine, Hunde, Fliegen und Menschen dieselbe ist. Aus diesem Grund sind die weiblichen Schweine und Hunde von trüffelreichem Boden besonders fasziniert, und weil der Pilz so rar ist, kostet ein getrüffeltes Omelette seinen Preis. Das Suchverhalten, das sowohl Trüffelschwein wie Feinschmecker zeigen, legt den Gedanken nahe, es könnte ein gemeinsames, allem Lebendigen zugrundeliegendes Kommunikationsprogramm geben. Auf jeden Fall kann alles, was sich irgendwie zum Signal eignet, zum materiellen Unterbau einer Kommunikation werden.

Dabei spielen Gerüche in den Begegnungen der größeren Säugetiere eine Hauptrolle. Wenn Ihr Hund einem Gast die Nase zwischen die Beine schiebt, dann sollten Sie in diesem Akt keine sexuelle Perversion sehen. Das Tier versucht nur, die Duftsignatur Ihres Besuchers herauszufinden, sein Geschlecht, den Grad seiner Ansprechbarkeit und seiner Dominanz. Aber die Fähigkeit des Hundes, in einem Geruch ein Signal zu »sehen«, erschafft eine Welt, in der die Zeitlichkeit einer Begegnung völlig anders ist als in unserer Menschenwelt. Wenn Ihr Freund gegangen ist, hinterläßt er nämlich auf dem Boden, auf dem Teppich oder auf seinem Sessel eine

Geruchsspur, durch die er in der Welt des Hundes immer noch anwesend ist. Für Sie, in Ihrer Menschenwelt, ist der Gast nicht mehr da, Sie können sich allenfalls an ihn erinnern, indem Sie sich sein Bild oder die von ihm gesprochenen Worte ins Gedächtnis rufen. Ihr Hund jedoch erfährt mit dem zurückbleibenden Duft ein Stück Ihres Freundes als wirkliche, gegenwärtige Anwesenheit.

Dabei arbeitet unser eigener Geruchssinn noch recht intensiv, weil seine Schaltkreise ein ganzes Drittel unserer Hirnmasse ausmachen. Aber unsere westliche Kultur sieht es nicht gern, daß wir wittern und schnüffeln. Also unterdrücken wir unsere natürliche Duftmarke, wir waschen uns, wir besprengen uns mit chemischen Parfums, die kulturell erlaubt sind.

Einige Stämme Melanesiens kennen den Brauch, dem Gast beim Abschied die Hand in die Achselhöhle zu legen und sich dann die Finger an die Nase zu halten, zum Zeichen, daß man seine Duftspur in sich aufbewahren möchte.[33] In unseren Breiten verzichtet man besser auf so gute Manieren. Wie schnell ist ein kulturelles Mißverständnis passiert!

Und doch: Alle Babys dieser Welt schlafen leichter ein, wenn sie sich an die Mutter schmiegen oder wenigstens an ein Stück Stoff, das noch ihren Geruch trägt. Sie beweisen damit, daß die Sinnlichkeit jenseits von Sprache und Kultur noch tätig ist als eine Informationsquelle für Gefühle, die Erinnerung auslösen und ein bestimmtes Verhalten bewirken. Auch beim erwachsenen Menschen kann der Geruchssinn manchmal in genau dieser Weise funktionieren. Die Struktur unseres Gehirns ist dazu durchaus imstande.

Das Geruchsmolekül arbeitet nach der binären Methode: Entweder riecht etwas, oder es riecht nicht, entweder riecht es gut, oder es riecht schlecht. Im Vergleich zu den dreihundert Millionen Rezeptoren in der Riechschleimhaut der Hundenase sehen die entsprechenden dreißig Millionen des Menschen zwar ärmlich aus. Doch sie reichen aus für die Erinnerung, die Heraufbeschwörung angenehmer Gefühle, und die üppige Ausschüttung neurohormonaler Sekrete.[34] Ist unser Gehirn genügend angeregt, so erkennt es mehrere tausend Geruchsvarianten, für die uns allerdings kaum passende Wörter zur Verfügung stehen. Unaufhörlich müssen wir deshalb zu analogen Empfindungen greifen: Es riecht, sagen wir dann, wie ein alter Boskop, wie ein angekohltes Karamel oder wie verbrannter Gummi. Dieses neben dem Reichtum der Duftwahrnehmung armselige Vokabular liefert uns fast einen Beweis für die »Verdrängung des Organischen«, wie Freud es ausdrückte. Um keinen Preis dürfen wir uns das Tier bewußt machen, das in unserem Innern eine Geruchsfährte wittert! Jacques Lacan hat diese soziale Verdrängung des Geruchssinns als eine Erleichterung für die Begegnung gesehen: »Die organische Rückbildung des Geruchs beim Menschen ist wesentlich für seinen Zugang zur Dimension des anderen.«[35]

Die Duftspur ruft eine Erinnerung hervor, die durch die erwähnte Verdrängung der Wahrnehmung eine herausgehobene Bedeutung erhält. Das entscheidende Element in diesem Vorgang ist das verstärkte Wirken des Gehirns durch diese kulturbedingte Verdrängung. Kaum daß er wahrgenommen ist, verteilt sich der Duft über die Geruchszonen des Gehirns, die durch das limbische System gleichzeitig mit den Zonen für Gedächtnis und Gefühle aktiv werden. Das heißt nichts anderes, als daß eine Geruchsinformation die Vergangenheit vergegenwärtigt, ähnlich wie beim Hund, nur entsteht beim Menschen die Vergegenwärtigung in der Form der Erinnerung.

Hier wäre es natürlich unfair, Marcel Proust nicht zu erwähnen. »Aber wenn von einer früheren Vergangenheit nichts existiert nach dem Ableben der Personen, dem Untergang der Dinge, so werden allein, zerbrechlicher aber lebendiger, immateriell und doch haltbar, beständig und treu Geruch und Geschmack noch lange wie irrende Seelen ihr Leben weiterführen, sich erinnern, warten, hoffen, auf den Trümmern alles übrigen und in einem beinahe unwirklich winzigen Tröpfchen das unermeßliche Gebäude der Erinnerung unfehlbar in sich tragen.«[36]

Eine meiner Patientinnen hat mir geholfen, diesen langen, gewundenen Satz zu verstehen. Den Tod ihres Mannes hatte sie sehr schmerzhaft und lange betrauert. Dann nahm der Schmerz ab, und endlich, drei Jahre später, entschloß sich die Frau, die Sachen des Verstorbenen aufzuräumen. Die ersten Tage dieser Arbeit vergingen unproblematisch. Bis sie eines Morgens einen bestimmten Schrank öffnet: Da plötzlich schießt ihr das Bild des Mannes ins

Gedächtnis, mit einem stechenden Gefühl seiner Anwesenheit. Sie bricht in Tränen aus. Die gewaltsame Wiederkehr ihres Kummers erstaunt sie. Dann entdeckt sie, zuunterst in dem Schrank, eine geschlossene Sporttasche, die den Geruch ihres Mannes bewahrt hatte.

Wenn wir jetzt den Hund, Marcel Proust und meine Patientin zusammen vor Augen haben, dann verstehen wir, daß der Geruch, oft unbewußt, wie eine Information wirkt, die augenblicklich das Abwesende samt allen Begleitgefühlen in die Gegenwart holt.

Die Gehirnstruktur des Hundes läßt ihn mit der gegenwärtigen Wirklichkeit verhaftet sein, während das menschliche Gehirn das Vergangene gegenwärtig macht und das vor langer Zeit empfundene Gefühl wiederherstellt. Freud sprach davon, daß »die Wiederkehr der Wahrnehmung mit der Leidenschaft des Damals« geschieht.[37] Der Geruch wirkt beim Menschen als Abbild und Wiederkehr eines versteckten Gefühls.

Der Gesichtssinn hingegen wird vor allem von den Vögeln benutzt. Sie leben in einer Welt, in der das Verhalten von ausgesuchten visuellen Eindrücken bestimmt ist. Der Eisvogel zum Beispiel, der die Begegnung mit einer Eisvogelfrau »begehrt«, legt für sie alle farbenfrohen Gegenstände aus, die er nur finden kann: Beeren, Blätter oder auch bunte Glassplitter. Neugierig folgt die Schöne der Signalspur ihres Verehrers, auf der sie von Farbe zu Farbe zur Begegnung bis ins Nest geführt wird.

Diese Verwendung von Farbe und Form deutet schon darauf hin, daß die in der Tierwelt benutzten Signale zunehmend komplex sein können. Die Posen sexuell erregter Männchen erscheinen wie Kunstwerke aus geschickt arrangierten Linien, Kurven und Farben – eine Körpergeometrie, die allein dem sexuellen Werben dient. Wenn etwa der Albatros seinen Hals nach vorn wölbt, wird sein Weibchen davon erregt, während der weibliche Flamingo eher auf einen hochgereckten Hals anspricht. Der Silberreiher breitet weit die Flügel aus, der Peking-Erpel hebt und senkt abwechselnd den Kopf und dreht sich währenddessen um sich selbst, dabei enthüllt er mit jeder Drehung das Dreieck orangefarbener Federn, das seine sexuellen Wünsche signalisiert. Die Weibchen wiederum wölben die Lenden nach innen und spreizen ihr Gefieder; dadurch bringen sie ihren Körper in diejenige Form, die es den Männchen erlaubt, zur letzten Phase dieses Paarungstanzes überzugehen.

Manchmal dient auch das Gesicht zur Mitteilung der sexuellen Bereitschaft. Beim männlichen Mandrill, wenn er nur an das Eine denkt, färbt es sich wie sein Geschlechtsteil rot und blau. Auch akustische Signale dienen oft als sexuelle Markierungen. Die physikalische Struktur eines Tierrufs enthält eine ganze Reihe von Informationen über den Rufenden: seine Entfernung, sein Alter und sein Interesse daran, zur Sache zu kommen. Auch in der menschlichen Stimme liegen erstaunlich zahlreiche Signale; gleich beim ersten Satz am Telefon weiß ich, mit wem ich es zu tun habe, ob der Anrufer aggressiv, niedergeschlagen oder erotisch gestimmt ist, ich erkenne sein Geschlecht, sein Alter, seinen Bildungsgrad, gar seine soziale Schicht. Mit hoher Präzision kann jeweils Begeisterung, Verwegenheit, eine introvertierte oder extrovertierte Veranlagung signalisiert werden.[38] Es gibt also eine Art naturgegebener Semantik, durch die das Signal auf eine andere Information verweist, die ihrerseits zwar nicht wahrgenommen wird, aber ein inneres Bild ergibt.

Die Semantik der Stimme ist bereits sehr früh, schon beim Ungeborenen gegen Ende der Schwangerschaft, vollständig ausgebildet und widersteht mit am längsten dem allmählichen Zerfall des Gehirns. Bei der Alzheimerschen Krankheit erkennt der Alternde nicht mehr das Gesicht seines Kindes; es ist das Antlitz eines Fremden. Der Kranke begrüßt seine Tochter mit »Guten Tag, gnädige Frau«. Aber ihre Stimme am Telefon identifiziert er auf Anhieb. Diese Beobachtung führt uns zu dem Gedanken, daß die Abbilder aus der visuellen Wahrnehmung erlöschen können, wohingegen die akustische Wahrnehmung sie konserviert. Das Gesicht wird zwar gesehen, aber nicht erkannt, während die Stimme, kaum vernommen, sofort den ganzen Menschen hervorbringt.

Nur ist eine Stimme noch nicht Sprache, auch wenn sie natürlich daran teilhat. Wir können leicht eine Stimme verführerisch finden, aber was sie sagt, reizt uns womöglich zum Äußersten. Wörter erschaffen eine geistige Welt. Sie ist der jeweilige Treffpunkt der Signale, mit denen das Sich-Treffen der Sprecher angebahnt wird. Bevor wir plaudern, müssen wir uns näherkommen; bevor wir einander unsere inneren Welten offenbaren, unsere Leben erzählen, müssen wir zuerst sehen und wahrnehmen. Wir müssen wissen, wem wir uns zuwenden; erst damit wissen wir, welchen Teil unserer Innenwelt wir dem anderen mitteilen können. Auch ein geistloses Palaver erfordert, daß wir eine unglaubliche Anzahl von Signalen wahrnehmen, richtig entschlüsseln und ihre Bedeutung verstehen.

Der Ausdruck eines Gefühls strukturiert eine Gestalt, die aus visuellen Eindrücken, Körperhaltungen, Farben, Gerüchen und Tönen besteht und die mit alldem auch ihre Weiterverbreitung sichert. Als ich kürzlich die Îles d'Hyères vor Toulon besuchte, erregte mit einem Mal das lärmende Geschrei der Seemöwen meine Aufmerksamkeit: Hektische, schrille Rufe, plötzliche Sturz- und Schwebeflüge voll abrupter Richtungsänderungen lenkten meinen Blick auf ein Seemöwenjunges, das sich wohl verletzt hatte. Das Kleine hatte sich in seiner Verzweiflung einen neuen Schrei ausgedacht: Er begann wie ein Futterbetteln, sehr hoch und langgezogen, endete aber, anders als gewöhnlich, in einem intensiven Tremolo, an das noch ein Hilferuf angehängt war. Diese ungewöhnliche Komposition brachte die erwachsenen Möwen völlig durcheinander; pfeilschnell stürzten sie herbei, um das Kleine entweder zu schützen oder anzugreifen, so genau wußten sie es wohl selbst nicht mehr, und dann flogen sie plötzlich wieder hoch und stießen ihrerseits schrille Warnrufe aus.

Die auffällige Klangstruktur hatte also ein Gefühl »unter die Leute gebracht«, sie war wie ein sinnliches Band für alle Seemöwen in dem Revier. Sogar die Menschen spürten diese Wirkung, wie neben mir jemand sagte: »Die gehen einem ganz schön auf die Nerven mit ihrer Krakeelerei, die Biester!« Der lärmende Schrei hatte seinen Zweck erfüllt, sogar von einer Gattung zur anderen hinüber. Wir sehen daran, daß die Sprache nicht nur die Aufgabe hat, Informationen zu übermitteln; sie kann ebensogut Gefühle befördern. Für die Welt der Menschen müßte man das Gefühl des verletzten Seemöwenjungen etwa so übersetzen: »Hilfe! Ich bin klein und schwach! So helft mir doch! Beeilt euch!« Und diese Wortkette müßte natürlich eine bestimmte Klangfarbe haben, eine Melodie und hohe Töne, die sich zur Weiterverbreitung des Gefühls eignen.

Das Geheimnis der natürlichen Begegnung enthüllt sich langsam.

Egal, ob es Wanderraupen auf ihren Wegen sind, Bienen in ihren Körben, Seemöwen in ihrem Revier oder eine Versammlung von Menschen – für jedes Lebewesen ist kaum etwas so faszinierend wie die Mitteilung eines Gattungsgenossen und Artverwandten. Ihre Begegnung wird erleichtert durch die sinnliche Botschaft, die ein anderer Organismus dank der Nähe und Ähnlichkeit der neurosensorischen Mechanismen aufnehmen kann. Die Rechtfertigung für diese Begegnung liegt darin, daß hier eine gemeinsame, sinnlich erfahrbare Umwelt geschaffen wird, reich an biologischer Information und emotionalem Austausch von einem Organismus zum nächsten und anregend für alle beide. So verbindet sich jedes Individuum mit dem anderen.

Es gibt also Bedeutungen im Tierreich, aber das Eigentümliche hierbei ist der Sinn. Man kann jedoch einer Wahrnehmung nur dann einen Sinn geben, wenn das Gehirn fähig ist, die Information aus ihrem Zusammenhang, dem Kontext, herauszulösen und ihr Dauer und Richtung zu verleihen. Gewisse Arten besitzen den dafür geeigneten neurologischen Apparat: Er nimmt die Information zuerst im Kontext wahr und dekontextualisiert sie dann, indem er sie durch die Schaltkreise des Gehirns schickt, in das zurückblickende Gedächtnis und die vorausschauende Erwartung. Dieser Gehirntyp ist imstande, eine intime Innenwelt von Wahrnehmungen zu erzeugen, in der es keinen wirklichen Gegenstand mehr gibt: eine Welt innerer Bilder ohne irgendeinen Bezug zum Kontext.

Wenn man nun die Arten in vergleichender Beobachtung untersucht, stellt man fest, daß das limbische System (zuständig für Gedächtnis und Gefühle) und der vordere Stirnlappen (die Zone der Vorerwartungen) miteinander verbunden sind. Diese Verbindung ist der neuronale Verschiebebahnhof des Zwischenhirns, der Thalamus. Er tritt zuerst bei einigen Säugetieren auf, entwickelt sich noch vor dem Menschen bei bestimmten Primaten und nimmt im menschlichen Gehirn einen großen Teil der Schaltkreise für sich in Anspruch. Mit anderen Worten: Das Gehirn des Menschen ist von allen am besten dazu in der Lage, Informationen zu verarbeiten und zu artikulieren, insbesondere solche, die sich auf abwesende, längst verschwundene, vergangene und zukünftige Gegenstände beziehen.

Außerdem erklärt uns diese besondere Gehirnstruktur, wie unsere Geruchssignale zurückgedrängt werden zugunsten der visuellen Signale, die ihrerseits stark mit Gedächtnis und Gefühl verknüpft sind. Sie bringt uns zu der Überzeugung, daß Sinn und Bedeutung zuallererst durch Bilder zustande kommen, lange vor jeder Spracherlernung. Mit Bildern können wir die Welt verstehen, sie in uns »abbilden« und ihr einen Sinn geben. Anders gesagt, auch das Baby versteht die Welt und gibt ihr Sinn, bevor es sprechen kann, ebenso die Taubstummen und andere, die den Gebrauch ihrer Sprache verloren haben, auch die Tiere, ja sogar die Ausländer, die der jeweiligen Landessprache nicht mächtig sind.

Auch die Sprache, diese tönende Konvention, benutzt unsere Gehirnfähigkeiten, um damit bedeutungsvolle Zeichen zu schaffen. Nur dadurch erklären sich ihre erstaunlichen Leistungen; daß Worte zum Beispiel ein Gefühl auslösen mit Hilfe eines Ereignisses, das vor hundert Jahren geschehen ist oder erst in zehn Jahren geschehen wird. Das »Eingebildete«, das nur Vorgestellte, ist also niemals getrennt vom Wirklichen, es nährt sich vielmehr von wirklichen, wenngleich vergangenen Wahrnehmungen, die versteckt in unserem Gedächtnis liegen, ebenso wie von möglicherweise zukünftigen Bildern.

So kann uns alles zum Zeichen werden.

Die Semantik der Behaarung

Wir brauchen eine Begegnung, um ein Wahrnehmungsfeld zu schaffen, in dem unsere Fähigkeiten zu Handlungen werden, sich verwirklichen.

Beim Menschen ist es nun so, daß der Sinn immer die Sinne durchdringt, so sehr, daß er selbst die rohe Materie mit seiner Geschichte, seiner Biographie auflädt. Um diesen recht abstrakten Satz zu veranschaulichen, möchte ich Ihnen die Geschichte von der semantischen Funktion der Behaarung erzählen. Wenn Sie der Auffassung sind, Haare seien nichts anderes als Chitinfäden, die von der Haut gewisser Säugetiere hervorgebracht werden, so haben Sie nur die materielle Seite im Blick. Sie übersehen aber völlig die wichtige Rolle der Behaarung bei der Erschaffung der sinnlichen

Welt durch eine Begegnung. Die Haare übernehmen nämlich Aufgaben, die je nach der Stelle, an der sie gewachsen sind, ganz verschieden sind. Schnurrbärte sind ein Zeichen der Männlichkeit, lange Kopfhaare dagegen können ein Zeichen von Weiblichkeit sein. Der Ort der Behaarung ist der Grund für die gegensätzlichen Bedeutungen. Sobald ein Haar wächst, ist es nicht mehr das Haar als solches: Schon der erste Flaum ist kulturell markiert.[39]

Fremde Schamhaare sind nicht etwa deshalb aufregend, weil das »Haar an sich« ein Gefühl auslöst, sondern weil die Wahrnehmung des intimen Dreiecks ein aufwühlendes Versprechen ist. Dazu werden benötigt: Chitinfasern, Augen, um sie zu sehen, und ein vorderer Stirnlappen im Gehirn, um sich die Lust der Begegnung vorwegnehmend auszumalen. Wer das alles hat, wird von dem Anblick bewegt sein. Wer nicht, wird sich wie kurzsichtig auf sie konzentrieren und lediglich Haare verschiedener Form und Farbe wahrnehmen.

Nun braucht die Haargestalt nur noch wenige Signale, sagen wir: Geruch, Worte, passende Ausrufe und Körperhaltungen, und schon reicht dieses sinnliche Ensemble hin für eine sexuelle Begegnung ohne das Risiko einer falschen Objektwahl. Wenn für Sie, der Sie Männer lieber mit kurzen Haaren sehen, ein Haarkleid mit Bedeutung gefüllt ist, dann werden Sie einen Mann mit Pferdeschwanz schockierend finden. In diesem Fall muß die sexuelle Begegnung schiefgehen, nicht wegen der Form dieses Haarbüschels, sondern weil sie ihnen etwas »sagt«, etwas bedeutet.

Und doch komme ich manchmal durcheinander. Ich liebe die kleine Meerjungfrau im Hafen von Kopenhagen, mit ihrem an den Felsen geschmiegten Fischschwanz und ihren Haaren, die in Wellen über ihrem Busen liegen. Mir scheint, ich könnte sie kaum noch lieben, wenn sie etwa Frauenbeine und dafür einen Fischkopf hätte. Ich frage mich auch, warum die Feen im Märchen immer blond sein müssen. Oder warum schenkten früher die Liebenden einander ihre abgeschnittenen Haarlocken und nicht die Schnipsel vom Fingernägelschneiden, obwohl doch die chemische Zusammensetzung praktisch dieselbe ist?

Unsere innere »Philosophie« bildet also ein entscheidendes Element jeder Begegnung. Wenn wir ein Wahrnehmungsfeld schaffen wollen, innerhalb dessen wir uns mit einem Partner austauschen können, dann muß es mit dem des Partners kompatibel sein. Manche haben das recht früh begriffen: Die Bartträger Napoleon III. und Charlie Chaplin zum Beispiel, aber auch Hitler, Pinochet oder die arabischen Fundamentalisten. In London schrieb Karl Marx 1848 das ›Kommunistische Manifest‹, das den Alltag Hunderter Millionen Menschen verändern sollte. Damals ließen sich alle Denker, die eine andere Gesellschaft ersehnten, einen wildwuchernden Bart wachsen. Also machte es Marx genauso und bekundete mit dieser Gesichtsbehaarung seine ideologische Heimat.

Um sich davon abzusetzen, stutzte sich Napoleon III. den Kinnbart zum Dreieck und zwirbelte den Schnurrbart rechts und links zu Spitzen auf. Von nun an wurde jeder so aufgezwirbelte Bart mit Privilegien bedacht. Jeder Wildwuchsbartträger aber wurde verfolgt und verhaftet, so wie auch heute die semantische Funktion der Gesichtsbehaarung eines Algeriers ihren fundamentalistischen Träger ins Gefängnis bringt.

Die Verknüpfung des Marxschen Bartes mit dem Bart eines algerischen Fundamentalisten zeigt uns noch etwas anderes, und zwar die Kulturabhängigkeit von Symbolen. Im geistigen Universum eines Neandertalers sahen die Gesichtshaare seiner Mit-Neandertaler zweifellos so ähnlich aus wie Karl-Marx-Bärte, in ihrem anderen sozialen und kulturellen Zusammenhang jedoch waren sie zwangsläufig mit einer anderen Bedeutung ausgestattet. Nur in einem definierten soziokulturellen Kontext erhält die Behaarung jenen tieferen Sinn, der die Möglichkeit einer Begegnung von Philosophen der gleichen Denkschule ausdrückt.

»Versuchen Sie mal herauszufinden, durch welchen bizarren Zufall ... der zum Bürstenschnitt getrimmte Schnurrbart das gemeinsame Merkmal der bekanntesten Diktatoren Südamerikas wurde. Sämtliche Militärs, die den verschiedenen Regierungen Argentiniens angehörten, trugen ihn vor sich her. ... Pinochet führte seinen Bürstenbart länger als ein Jahrzehnt durch ganz Chile spazieren.«[40]

Seemöwen und Mandarinenenten verständigen sich untereinander durch Farb- und Formsignale, Rufe und Körperstellung. Bereits bei den Säugetieren und den großen Affen beginnt die Signalübermittlung durch Symbole; hier werden Gegenstände als Informationen betrachtet, die sich gelegentlich entfernen können. Der Mensch schließlich baut auf dieser sensorischen Stofflichkeit etwas Neues auf; er erfindet sich ein Repertoire von Zeichen, die sich auf Gegenstände einer abwesenden Welt beziehen. Erst dadurch verstehen wir auch die Semantik der Körperbehaarung.

Jedes Lebewesen ist fähig, eine akustische, visuelle oder Geruchsinformation wahrzunehmen und ihr sein Verhalten anzupassen. Schlangen zum Beispiel erkennen selbst geringste Temperaturschwankungen und reagieren darauf je nachdem mit Flucht, Angriff oder auch Nestbau. Sobald das Gehirn imstande ist, eine Information aus ihrem Kontext herauszulösen, kann sie sich zu einem Indiz oder Anzeichen umformen, also zu einer Information von »Nähe«, womit sie mehr ist als die bloße Wahrnehmung eines Gegenstands. Bei geeigneter Struktur des Nervensystems kann ein gegenwärtiger sinnlicher Reiz nun eine Information auch aus großer zeitlicher und räumlicher Entfernung wieder herbeirufen. Damit ist das Indiz, das Anzeichen geboren. Von da an haben wir die Fähigkeit zum Abbild in einer inneren Welt, zum Bild einer sozusagen unwahrgenommenen Welt, die sich nicht mehr aus anwesenden Wahrnehmungsgegenständen zusammensetzt.

Für den Menschen kann im Blitzstrahl der Wahrnehmung jeder materielle Gegenstand ein Zeichen werden. Anders und abstrakt gesagt: Der Gegenstand gewinnt als Duplikat seiner selbst ein Äquivalent in der Sprache.

Unsere Kleidung hat zuerst einmal die reine Materialfunktion, uns vor Kälte, vor Regen und Insektenbissen zu schützen. Ist diese mechanische Aufgabe erledigt, dann nehmen die Kleider Bedeutung an. Diese semantische Funktion der Kleidung geht oft ganz andere Wege als die ursprüngliche Schutzfunktion. So binden sich Männer Krawatten um, von denen sie beinahe erwürgt werden, nur um damit ein wenig Ideenreichtum zu signalisieren. Und manche Frau legt zielbewußt den oberen Rand ihres Abendkleids wenige Millimeter über den Brustwarzen fest und geht so aus, was natürlich riskant ist, aber auch hinreißend, da es auf elegante Weise erotisch wirkt.

Wie Krawatten und Abendrobe ist auch die Bekleidung der

Militärs eine Signalquelle. Wenn sie nur funktional wäre, so würden Soldaten beispielsweise leichte und rutschfeste Schuhe anziehen, mit denen es sich am besten laufen und kämpfen ließe; statt dessen zwingen alle Armeen der Welt sie zu schweren Quadratstiefeln mit spiegelglatter Sohle. Wir lernen daran, daß Militärschuhe nicht etwa Kampfbereitschaft ausdrücken wollen, sondern in ihrer Kombination aus Gewicht und Gruppendisziplin etwas ganz anderes bedeuten, nämlich den eindrucksvollen Auftritt einer Macht. Aus dem gleichen Grund gehen Soldaten ja auch im Gleichschritt, wie ein Mann, erfinden spezielle Rhythmen wie den Gänsemarsch, alle Füße schlagen im Takt auf den Boden, um damit ein starkes Gefühl auszulösen. Diese Mitteilung der Soldatenstiefel ist aussagekräftiger als die reine Bekleidungsfunktion. Sie soll nicht etwa den Kampf ankündigen, sondern beabsichtigt den abschreckenden Eindruck (jetzt sehe ich erst, was mit nuklearer »Abschreckung« gemeint war).

In diesem Verständnis ist also jegliche Kleidung ein nonverbales Gespräch, in dem die hörbaren oder geschriebenen Sprachzeichen durch Textilwaren ersetzt sind. Die »Armeen der Nacht« dagegen, Partisanen, Widerstandskämpfer und militante Gruppen, ziehen lieber Tennisschuhe an, die uns bedeuten, diese Kämpfer wollen zuschlagen und sich schnell zurückziehen. Während die schwere Ritterrüstung des Mittelalters genau das Gegenteil besagt: kein Rückzug, nicht fliehen, sondern standhalten.

Jedes Tier kann Signale aufnehmen. Man braucht nur einem Schimpansen zwei weiße Epauletten auf die Schultern zu malen, schon hat die Wahrnehmung dasselbe vor sich wie die durch Alter und Erfahrung weißgewordenen Schulterhaare eines großen, dominanten Männchens. Vor dieser haarigen Auszeichnung nehmen die Gruppenmitglieder sofort Demutshaltung ein. Auch die Menschen können sich einem Signal nicht entziehen. Der Zuschauer, der als erster Beifall klatscht, gibt damit das Signal zum allgemeinen Applaus. Aber die menschliche Begabung zur natürlichen Semantik macht aus einem Signal immer ein Zeichen. Wer in Frankreich ein kleines rotes Bändchen im Knopfloch trägt, signalisiert damit seine gesellschaftliche Vorrangstellung (er ist Mitglied der französischen Ehrenlegion). Nicht etwa daß die Farbe den Unterschied machte, also Weiß bei den Schimpansen und Rot bei den Menschen. Es ist vielmehr die gesellschaftliche Konvention, das Einverständnis mehrerer Lebewesen, die einen Vertrag geschlossen haben, das rote Bändchen im Knopfloch als Abzeichen eines sozialen Vorrangs anzusehen.

So kann jedes Stück Kleidung den Übergang vom puren Signal zum bedeutungsvollen Zeichen verwirklichen und den Platz einer sprachlichen Mitteilung einnehmen. Mao Tse Tung, einer der großen Semantiker, dachte wohl genauso, da er von jedem Chinesen verlangte, den gesellschaftlichen Diskurs in aller Gleichförmigkeit auf dem Körper zu tragen. Das Mao-Kostüm erlaubte mit einem Blick die Feststellung, daß sich das Individuum wie gewünscht in der Gruppe aufgelöst hatte.

Das unten offene Kleid war lange ein Privileg der Männer: Die kühnen Soldaten der Assyrer eroberten den Mittleren Osten quasi im Minirock; die griechischen Hopliten zeigten ihr Bein bis übers Knie, was im Handgemenge eher unpraktisch war; die römische Toga war ein sieben Meter langes und zwei Meter breites Tuch, und der Träger brauchte die Hilfe eines Domestiken, um den majestätischen Faltenwurf hinzukriegen.[41] Die Hose indes war ein Zeichen der Weiblichkeit, wie man noch heute in einigen Kulturen sehen kann: Türkinnen tragen Pluderhosen, Inderinnen ähnlich weite, Chinesinnen enge Hosen.

Die Schnabelschuhe der Polen machten das Gehen so kompliziert, daß sie die Schuhspitzen mit Kettchen an den Knien festmachen mußten. Im 14. Jahrhundert waren die Gesichter vollständig hinter Masken und Hauben versteckt. Wenn über jemanden »Enthüllungen« veröffentlicht wurden, wenn er im doppelten Wortsinn »demaskiert« wurde, so antwortete er mit einem Kübel so schlimmer Grobheiten, daß ein Erlaß von 1395 derartige verbale Exzesse unter Strafe stellte.

Die Renaissance hat diese mittelalterlichen Werte aufgegeben und damit den Aufschwung der weiblichen Mode in Gang gesetzt, der in Spanien durch die betonte Aufwölbung der Hüftpartien und den »jansenistischen« halbkorbförmigen Hochkragen gekennzeichnet ist. Später dann, im 19. Jahrhundert, läßt sich die soziale Abwertung der Frau ohne weiteres an ihrer körperlichen Entwürdigung ablesen: Ihre Garderobe besteht nun aus Krinolinen, Reifröcken, Drahtmieder, Fischbeinleibchen und ähnlich hochbauschenden Futteralen.[42]

Der rote Faden, der sich durch alle gesellschaftlichen Kleiderdiskurse hindurchzieht, ist wohl deutlich: Die Mode dient nicht so sehr dem Schutz des Körpers, sie bezeichnet vielmehr den Platz, den jemand in der Gesellschaft einnimmt. Diese textile Signalsprache ist so sehr verinnerlicht,[43] daß uns selbst geringe Variationen erlauben, den Kleiderträger sozial einzuordnen, mit derselben Sicherheit, mit der wir einen uns fremden Akzent oder eine schichtenspezifische Redeweise erkennen. Wir identifizieren das Geschlecht des anderen, das Jahrzehnt seiner Geburt, die Gegend seiner Herkunft und vor allem seine Erziehung und Sozialisation, ob er kultiviert oder primitiv ist, gepflegt oder nicht ganz vertrauenswürdig, geldgierig oder eher spendabel, konservativ oder subkulturell orientiert. Die Kleidung verrät unbewußt sogar politische Überzeugungen: in Frankreich etwa die karierten Hemden der Kommunisten oder bei den extrem Rechten die Perle unter dem Seidenhalstuch.

Noch einmal: Alles wird zum Zeichen.

Wie im Theater das erste Klatschen, Zeichen der Dankbarkeit, das Signal zum allgemeinen Applaus ist, so gibt auch die getragene Kleidung, Zeichen der Zugehörigkeit zur Menschheit, zu einem Geschlecht und einer sozialen Schicht, das Signal für die Art der Begegnung und der Beziehung. Einem Obdachlosen begegnet man nicht auf die gleiche Weise wie einem energiegeladenen Manager. Auf den ersten Blick ist alles klar. Anders ausgedrückt: Die Art der Ansprache ist bereits ausgesprochen im Licht der Signale, die der Beobachter auffängt und in Zeichen verwandelt.

Auch die Entwicklung der weiblichen Hosen seit 1968 signalisiert uns, wie Frauen heute in die Gesellschaft integriert sein wollen. Das hat nichts mit Bequemlichkeit zu tun: Sie schnüren sich viel enger in ihre Jeans ein als unsere Großmütter ihre Wespentaille. Diese Jeans liegen so hautnah an, daß sie Venushügel und Schamlippen hervorheben, und bedeuten uns die Absicht der Frauen, den »Schrecken vor der Spalte«[44] abzulegen und sie statt dessen wie ein Phallussymbol zu tragen.

Früher, als die Kinder noch von ihren Eltern verheiratet wurden, war den Ehevermittlern nicht bewußt, daß sie mit dem Arrangement der Begegnung auch die Struktur der Gesellschaft festigten. Für streitende Aristokraten war die Hochzeit ihrer Kinder eine gute Gelegenheit, Frieden zu schließen; das stimmte alle ein wenig milder. Bauern vermehrten auf diese Weise ihren Grundbesitz, Kaufleute konsolidierten ihr Vermögen, Arbeiter heirateten nur »anständige Leute, Arbeiter wie unsereins«. Honoratioren erwarteten, daß die Kinder später einmal an ihre Stelle traten, Arztkinder wurden Ärzte, Lehrkräfte versahen ihr Lehramt und heirateten generationenlang nur untereinander.

Seit jedoch die Liebesheirat zum kulturellen Wert aufgestiegen ist, drückt sich darin keine Sozialstruktur mehr aus, sondern die Struktur der Persönlichkeit. Als die Eltern noch die Begegnung der Kinder arrangierten, festigten sie die Gruppe. Wenn die Liebe die Wahl des Partners regelt, begünstigt sie die Neurose.

Die Kultur gibt das stereotype Beschreibungsschema vor: Es ist die blitzartige »Liebe auf den ersten Blick«, gefolgt von einer dauerhaften Hingebung, die manchmal im Lauf der Zeit ihren Glanz verliert; das Scheitern wird den Wechselfällen des Lebens angekreidet. Alle Untersuchungen zeigen übereinstimmend, daß dieser schematische Ablauf in Wahrheit sehr selten ist. Schon die »Liebe auf den ersten Blick« muß gar nicht sein.[45] Die meisten Paare kommen ohne diesen Blitzschlag aus und lieben sich trotzdem. Selbst die Liebesheirat ist seltener, als man denken sollte.[46] Das Paar behauptet zwar, es sei eine Ehe aus Liebe, und natürlich haben sie in gewisser Weise recht damit, da ja der Partner die gegenteilige Auskunft übelnehmen würde. Die meisten Verheirateten haben ihre Wahl jedoch aus psychosozialen Motiven getroffen, was keineswegs ausschließt, daß die Gefühle der ersten Begegnung eine Affektintensität erzeugen, die von vielen »Liebe« genannt wird.

Ausschlaggebend für die Begegnung bleiben die sozialen Faktoren: Junge Menschen, die sich früh verheiraten, sind fast immer die Kinder armer Eltern mit geringer Bildung und stabilem Gefühlsleben; andere, die sich spät verheiraten, stammen sehr oft von wohlhabenden Eltern mit hohem Bildungsgrad und weniger stabilem Gefühlsleben. Die Begegnungen dieser jungen Partner haben also eine tiefe psychosoziale Wurzel und werden immer durch den

Status der Eltern eingeleitet, wenn nicht gar von diesen selbst entschieden. Und die jungen Frühverheirateten ahnen nicht, daß ihre Verbindung statistisch nachweisbar durch den Sozial- und Gefühlsstatus ihrer Eltern vorherbestimmt ist. Sie sind fest überzeugt, daß sie einander selbst gewählt haben. Schließlich haben sie sich doch nur durch einen glücklichen Zufall getroffen, und: »Jeder ist seines Glückes Schmied.« Sagt das Kulturschema, das Sprichwort.

Die Begegnung mit dem künftigen Partner in einem Golfclub oder einer linksextremen Splittergruppe, in der Betriebskantine oder am Samstagabend in der Disco ist immer schon der Beginn eines sozialen Dialogs, lange vor dem ersten gesprochenen Wort. Der Ort des Treffens ist geschwängert mit Sinn und Bedeutung, und seine Innenarchitektur stellt ein komplettes Weltbild dar.[47] Der Ort legt das Weitere fest. »Gleichgültig, ob es nun Liebe auf den ersten Blick war oder nicht (oder auch, wie in den meisten Fällen, »Liebe auf den zweiten Blick«), die erste Begegnung ist, mit dem wachsenden Geflecht gegenseitiger Vertraulichkeit, ein Augenblick starker Gefühle, ebenso jede weitere Begegnung: ein Augenblick, in dem die Gedanken körperlich eins werden mit Gefühlen, die nicht alle der Domäne der Liebe entstammen.«[48]

Es mischen sich vielmehr Begehren und Angst. Ich muß vor allem meine Wahrnehmung des anderen ordnen und sie in Zeichen verwandeln, Zeichen von Aggression, Flucht oder Umarmung. Wenn der andere für mich ein unbeschriebenes Blatt ist, bleibt es beim einfachen Vorübergehen. Damit es zu einer Begegnung kommt, muß der andere bedeutungsvoll sein, schon an seinem Körper Indizien und Signale tragen, die für mich ein Zeichen sind. Man kann leicht jemanden anstoßen und »Entschuldigung« sagen, ohne ihn anzuschauen; das wäre das Aneinandervorbeilaufen. Wenn ich aber unter allen Anwesenden genau den einen, die eine mit den geeigneten Körpersignalen bemerke, die in mir ein starkes Gefühl hervorrufen, weil es Gesten und andere »Äußerungen« sind, die meiner inneren Empfänglichkeit, meiner Begierde und Hoffnung entgegenkommen – dann habe ich eine Begegnung.

Um sich zu begegnen, muß man vorher noch getrennt sein. Jeder von uns beiden muß mit seinen Signalen die gleiche Empfänglichkeit und Sensibilität offenbaren. Was sich dann in der liebenden Begegnung ergibt, ist das Gespräch der Gefühle. Zu der Zeit, als noch die Eltern die Hochzeit »ausrichteten«, hatten die Gesten, die Mimik und auch die Kleidung die Aufgabe, die Zugehörigkeit zu einer sozialen Schicht auszudrücken. Im Zeitalter der Liebesheirat muß man dem Partner vor allem anderen das eigene Innere, die Intimität bloßlegen. Und da liegt der Grund, daß Begegnungen heute nicht mehr von zwei Familien organisiert werden, sondern von zwei rührend Naiven.[49] Aus demselben Grund konnte ich oben sagen, daß die familienarrangierte Heirat die Sozialstruktur festigt, während die Liebesheirat die Begegnung zweier Neurotiker erleichtert.

»Am liebsten wäre ich einem blinden oder behinderten Märchenprinzen begegnet. Solche Leute brauchen ja noch viel mehr Liebe als andere. Der Gedanke, ihnen Gutes zu tun, erweckt in mir ein Gefühl der Liebe.« Die Frau, die mir diese Wunschphantasie mitteilte, hat ihren Prinzen tatsächlich getroffen, einen geistig Behinderten.

»Geprügelte Hunde haben mich schon immer stark angezogen«, sagte mir eine ältere Dame, »und als ich den Ballsaal betrat, sah ich sofort, daß er von allen der Unglücklichste war.« Sie suchte die Nähe dieses »geprügelten Hundes«, er bat sie um einen Tanz, sie heirateten und hatten viele Kinder miteinander. Ihr ganzes Leben hat diese Frau in der Gesellschaft eines chronisch Depressiven zugebracht.

Damit gleich in der Tür des Ballsaals die Wahrnehmung dieses Allerunglücklichsten möglich sein kann, müssen zwei Organismen zusammenkommen und einander entsprechen. Da sie nun mal die Depressiven liebte, hätte ein Macho oder Partyclown sie tief erschreckt; so einem wäre sie nie begegnet. Ihre Persönlichkeitsentwicklung hatte sie jedoch empfänglich gemacht für das Unglück der anderen. Auf den ersten Blick nahm sie also die Körperanzeichen wahr, die ihr etwas bedeuteten: die geknickte Sitzhaltung des Mannes, die gefalteten Hände zwischen den Knien, die auf den Boden starrenden Augen, das schmerzliche Vermeiden jeden Blickkontakts. Ganz sicher war er korrekt, nur eben grau und traurig gekleidet; davon war die Frau erst recht angezogen und verführt. Hätte er ein buntes Hemd getragen, keine Krawatte oder gar eine

Designerkrawatte und eine teure Lederjacke – sie wäre entsetzt gewesen. So aber wurde daraus eine vollendete Begegnung, es folgten eine überglückliche Hochzeit und ein chaotisches Zusammenleben.

Die Liebesheirat ermöglicht nicht nur die Begegnung von zwei Naiven, sie lädt die Partner auch mit hoher Spannung auf. »An dem Tag, als er mir sagte, er hätte keinen Ehrgeiz mehr, habe ich aufgehört, ihn zu lieben; da ist etwas erloschen in mir«, gestand mir einmal eine schöne junge Frau, die aus dem sozialen Abenteuer der Liebe einen höchsten Wert für ihre Lebensqualität gemacht hatte. Während ihrer Kindheit zählte nur eins: Erfolg haben, um damit den Vater zu beeindrucken und ihn dem Charme der rivalisierenden Schwester zu entreißen. Später machte sich diese Frau an einen verfügbaren Partner heran: Auf Anhieb bemerkte sie die entsprechenden körperlichen Anzeichen in Gesten, Mimik und Kleidung, alles deutliche Indizien seiner Gier nach gesellschaftlichem Aufstieg. Eine arrangierte Heirat hätte die Frau einem sozialen Zwang unterworfen. Die Liebesheirat erlaubte ihr das Experiment eines anderen, ihrer Persönlichkeit gemäßeren Lebens.

Gelegentlich führt die neurotische Begegnung auch zur Verheiratung entgegengesetzter, aber sich ergänzender Strukturen. Ein Mann zum Beispiel, der gern gibt, hat beste Chancen, eine Frau zu treffen, die es liebt entgegenzunehmen. Das Paar, gleich bei den ersten Zeichen, schließt einen unbewußten Vertrag, der von nun an die Beziehungen regelt. »Etwas annehmen macht mir Angst«, sagte mir ein junger Manager, »ich fühle mich in meinem tiefsten Innern so schmutzig, daß mir jedes Geschenk Schuldgefühle macht. Ich verdiene es nicht, daß man mir etwas schenkt oder nett zu mir ist. Das macht mir schreckliche Angst.« Dieser Patient erklärte mir aber auch, daß er wiederum ein Gefühl der Buße habe, wenn er selbst etwas schenkte. Geben war für ihn das beste Beruhigungsmittel. Natürlich begegnete er der passenden Frau und widmete ihr viele Jahre der Liebe. Und dann kamen die Kinder, die sein zwanghaft neurotisches Schenk-Bedürfnis noch steigerten.[50]

Solche Abbilder der Innenwelt können sich auch dann ausdrükken, wenn dies der Person gar nicht bewußt ist. Eine 35jährige Frau fragte sich, warum sie dauernd nur Männern begegnete, »unter deren Problemen sie zu leiden hatte«, bis sie mir eines Tages von ihrer Angst vor der Liebe erzählte, der Angst, sich zu binden und aus sich herauszugehen. Ihre unbewußte Zwangsvorstellung hatte sie dahin gebracht, sich regelrecht häßlich zu machen: Sie steigerte ihr Gewicht, indem sie auch ohne jeden Hunger aß, zog sich nachlässig an, ja, sie vermied sogar die Prachtboulevards ihrer Stadt. »Ich setze eine Sonnenbrille auf, damit mich keiner anschaut, meine Gesten sind fahrig und meine ganze Haltung abweisend, nur um zu verhindern, daß mich einer anspricht. Ich suche mir lieber soziale Randfiguren aus, weil ich sie nicht liebe, mich also nicht an sie binden kann.«

All dies, die Wahl der schlechten Stadtviertel, die unelegante Garderobe, die brüskierende Gestik, lenkte diese Frau immer in Begegnungen ohne Liebe, so daß sie ihrer Angst entkam, aber um den Preis tiefer Verzweiflung. Stellen wir uns vor, eine ähnliche seelische Biographie würde nun auch einen Mann, der gepflegten Frauen lieber aus dem Weg geht, in dieselben Stadtviertel führen. Dann sind alle schicksalhaften Komponenten beieinander; ein kleiner Zufall genügt, und das Ereignis findet statt.

Man könnte sich die wildesten Szenarien ausdenken: Es gibt sie alle. Eine Frau, die freundliche Männer verachtet, aber bei einem starken Typ schwach wird, kann nur einem Macho begegnen. Ein Mann ist von schüchternen Frauen hingerissen, andere treffen nur ernste, strenge Frauen, wieder andere nur hilfsbedürftige Frauen, Kind-Frauen, unerreichbar Verheiratete, Frauen, die nicht lieben können, oder Frauen, die mit dem besten Freund des Mannes schlafen – es gibt sie alle.

Sich begegnen – aber wie?

Die Begegnung ist also in Gang gekommen. Beim ersten Schritt orientiert sie sich an sozialen Wegweisern, danach an Indizien des Verhaltens. Jetzt aber machen sich die Körpersignale vom sozialen Druck frei und laden sich mit Intimität und Gefühl auf. Die Begegnung wird sexuell.

In allen Begegnungen, die nicht mehr von gesellschaftlichen

Regeln bestimmt sind, aktivieren die Partner übereinstimmende Wahrnehmungsstrukturen. In einer Armee zum Beispiel oder auch in einer psychiatrischen Klinik werden die Menschen zwar durch starke soziale Zwänge zusammengehalten, aber der Sozialisationsdruck ist deutlich vermindert im Innern einer solchen Anstalt. Lediglich die Angestellten und das Pflegepersonal bleiben als Gruppe unter sich, die übrigen jedoch, ungebunden, treiben sich innerhalb des Organisationsrahmens frei herum. In diesem Zustand verminderter Sozialisationszwänge gehorchen sie Begegnungsregeln, die denen der Liebesbegegnung ziemlich ähnlich sind. Sie nehmen am anderen häufiger gewisse Körpersignale wahr, die ihrer eigenen Sensibilitätsstruktur entsprechen. In einer derartigen Umgebung ergeben sich also Begegnungen nicht mehr bloß zufällig. Bestimmte mentale Strukturen lassen sich aneinander in einer Klinik leichter erkennen als außerhalb dieses Rahmens; die Gesetze ihrer gegenseitigen Anziehung oder Abstoßung sind beobachtbar und quantitativ zu erfassen.[51] Man braucht nur zu zählen, wer wen wie oft trifft und wer wem aus dem Weg geht, und erhält eine zweidimensionale Zahlentabelle.

Ihre Ergebnisse geben zu denken. Man sieht, daß sich die Patienten mit Panikattacken mühelos erkennen und treffen; sie knüpfen untereinander ein Netz freundschaftlicher Bindungen, eine Art Bruderschaft. Dagegen beobachtet man keinerlei Begegnungen zwischen dem Club der Schizophrenen und der Gruppe der Angstpatienten. Jede Gruppe beurteilt die andere als »beklemmend«. Die ersteren fanden, daß die Angstpatienten zu viel herumliefen und zu viel redeten; diese wiederum fühlten sich eingeschüchtert durch die stumme Untätigkeit der Schizophrenen. Jeder der beiden Strukturtypen verhinderte also die Begegnung, indem er ein Wahrnehmungsfeld festlegte, das dem anderen Angst machte.

Die angeblich asozialen Schizophrenen hatten untereinander intensive Begegnungen, jedoch in Gängen und Ecken abseits der üblichen Treffpunkte. Sie verhielten sich dabei so unauffällig und diskret, daß der unmethodische Beobachter behauptet hätte, sie träfen sich überhaupt nicht. Ganz anders die Angstpatienten. Sie erkannten und begegneten einander sichtbar und demonstrativ. Die Zwangsneurotiker organisierten ihre Zusammenkünfte mit großem

Aufwand, wohingegen die geistig Behinderten, obwohl selbst recht gesellig, in dieser Gruppe kaum zugelassen wurden; die Patienten mit niedriger intellektueller Leistungsfähigkeit fühlten sich zu jedem hingezogen und wurden von jedem abgewiesen; die starren Psychorigiden hatten in jeder Richtung Kontaktprobleme; die Drogenabhängigen entdeckten einander erstaunlich schnell an den kleinsten Details der Gestik, Kleidung und anderen Erkennungszeichen, ebenso wie die homosexuellen Patienten.

Das Verhaltensdrehbuch wird mittels Konversation in Szene gesetzt und ermöglicht nun die Gleichschaltung der Gefühle. Diese Unternehmung verlangt einen ziemlich hohen Grad an Verfeinerung der menschlichen Sitten. Ich muß die Kunst beherrschen, mich jemandem zu nähern und meinen Körper und mein Gesicht im Hinblick auf Körper und Gesicht des anderen zu postieren. Dabei müssen sehr viele verschiedene Informationen auf einmal verarbeitet werden: der geeignete Abstand zwischen den Gesichtern, damit das gesprochene Wort weder geflüstert noch gebrüllt werden muß; die richtige Wahrnehmung von Rhythmus und Tempo des Gesprächs; diverse Körpersignale, die bedeuten, daß der andere das Wort ergreifen oder mir überlassen will, daß er mich bestätigt oder entmutigt; ich muß die Zeichen auf seinem Gesicht und in seiner Stimmführung »lesen« können, ebenso den Tanz der Hände, die seine Rede unterstreichen, ihr aber auch widersprechen können.

Es geht also nicht um den semantischen Inhalt der Konversation, sondern darum, zwischen den Sprechenden einen Gefühlsraum herzustellen, in dem affektive Proben ausgetauscht werden, eine Musterkollektion, die möglicherweise zur sexuellen Begegnung führt.

Um die Konversation einzuleiten, muß ein eigenes Zeichen her. Ich kann nicht einfach auf der Straße auf jemanden zugehen und aus heiterem Himmel mit ihm zu schwatzen anfangen, ihm etwa meine Eheprobleme erzählen. In diesem vorsprachlichen Bereich, der das Gespräch vorbereitet, muß der Körper, wenn er ein der Begegnung günstiges Gefühl erzeugen will, ganz bestimmte Regeln beachten.

Schon die Tiere haben dafür das sogenannte Ritual ausgearbeitet, ein Verhaltensmodell, das die Gefühle sicher durch die Begegnung steuert. Nehmen wir einmal an, zwei dazu aufgelegte Tiere »begehren« ein Treffen. Sie stürzen aufeinander zu, aber bevor sie sich nahe kommen, können sie nicht wissen, ob der andere Spiel oder Angriff im Sinn hat. Die emotionale Nähe der beiden benachbarten, aber völlig unterschiedlichen Verhaltensweisen löst ein Gefühl aus, in dem die Lust auf die Begegnung mit der Angst vor einem Angriff Hand in Hand geht. Zur Vermeidung eines »Mißverständnisses«[52] muß das Gefühl klar erkennbar werden.

Jedes Lebewesen muß seine Signale verfeinern und verstärken, um sie genauer mitteilbar zu machen. Die Übertriebenheit, ja die Karikatur einer Handlung erhöht ihre kommunikative Leistung; sie erfordert aber eine gesteigerte Gefühlsintensität der beiden Partner dieses »Vorgesprächs« und gleichzeitig das Fehlen aller Störgeräusche im umgebenden Kontext. Im Werbungsverhalten zweier Vögel wiederholt jener, der die Initiative ergreift, häufig die gleiche einfache, aber inhaltsreiche Schrittfigur, um so die Übertragung des Gefühls auf den anderen zu verstärken. Diese langsame, rhythmische Bewegung, begleitet von Farb- und Tonsignalen, ruft beim menschlichen Beobachter den Eindruck eines Hochzeitstanzes hervor. Die Ausformung dieses motorischen Aktes findet bereits während der Entwicklung der Vogeljungen statt. Sie dient der Gleichschaltung von Gefühlen.[53]

Hundebesitzer hindern gelegentlich ihr Tier daran, am Geschlechtsteil eines anderen Hundes herumzuschnüffeln oder ihn spielerisch zu besteigen (was die Menschen an einen Sexualakt erinnert). In der Welt der Hunde ist dies jedoch nur ein Ritual, durch das sie ihre Gefühle und ihre sozialen Stellungen einander angleichen. Weil Herrchen und Frauchen das nicht ahnen, zerren sie wie wild an der Leine, verhindern die vermeintliche Unanständigkeit und vereiteln damit das Ritual. Die Hunde kommen dann schwer zurecht mit ihren gestörten Gefühlen und verfallen aus Angst in plötzliches Aggressionsverhalten.[54]

Bei Menschen beginnt das Begegnungsritual mit einer Grußgeste. Sie kann ein motorischer Akt der Hand oder des Kopfes sein und macht die Partner bereit für eine kommende Konversation. Schon der kleine Mensch hat in seiner Entwicklung, lange vor dem Sprechenlernen, diese Gebrauchsanweisung für Gesicht und Hände gelernt und drückt damit seinen Wunsch nach Kontaktaufnahme aus.

»Ich liebe die Menschen nicht genug, um die Sprache zu lieben«, sagte einmal ein genialer Musiker, bevor er in seine Weltflucht zurückkehrte.[55] Dieser schöne Ausspruch hilft uns zu verstehen, daß wir lieben müssen, bevor wir sprechen können. Damit das kleine Menschenkind seine Sprache überhaupt lernen kann, muß es nicht bloß Töne, Wörter und Regeln aufnehmen, es muß auch die Art und Weise finden, mit ihnen Gefühle zu verdeutlichen.[56] Die täglichen Mutter-Kind-Berührungen schaffen allmählich jenen Gefühlsraum, in dessen Inneren das Kleine seine Sprache lernt. Das Aus- und Anziehen, alle Mahlzeiten und Spaziergänge sind Spielchancen für eine beflügelte Emotionalität, die dann auch zum Austausch von Sprache ermuntert.

Was macht der Mensch, um seinen Körper und seine Gefühle für eine solche Zwiesprache »herzurichten«? Alles, sagten wir, kann als Zeichen dienen. Die mehr oder weniger gehobene Augenbraue, ein offenes oder verkniffenes Lächeln, der Blick in die Augen oder zur Seite, eine Bewegung der Hand, die Haltung des Kopfes – aus solchen Tönen ist die Melodie der Körpergesten komponiert, die unendliche Symphonie der Partnerbeziehung.

Zahllos und je nach kultureller Umgebung verschieden sind solche Grußrituale. Die Araber sagen »Salaam«, die Israelis »Shalom«, die Deutschen »Hallo«, Franzosen »Salut«, Italiener »Ciao«, Amerikaner »Hi«.[57] Aber auch in ihrer jeweiligen Kultur haben diese Wörter keinen Sinn ohne eine Art Drehbuch für das Verhalten. Man muß sich in der gerade passenden Hörweite hinstellen, nicht zu nah, nicht zu weit; man muß die richtige Zauberformel sprechen, um einzutreten in die Hülle der Intimität des anderen; man muß gleichzeitig mit Kopf und Hand die entsprechenden Gesten ausführen.[58] Mit diesen Noten im Raum zwischen den Körpern schreibt die Kultur ihre feine Musik aus Mienenspiel, Bewegung und gesprochenem Wort. Die Inder falten zur Begrüßung die Hände und neigen den Kopf, die Araber berühren mit den Fingern Herz, Mund und Stirn, in Amerika winken die Gruß-Arme wie Scheibenwischer, dann erst kommen sich die Körper näher. Franzosen umarmen sich, Italiener wünschen einander Glück, Deutsche geben sich die Hand, Eskimos reiben sich gegenseitig die Nasen, die feineren Herren hauchen einen Kuß über die dargebotene Rechte einer Dame. In hundert verschiedenen Sprachen bedeutet diese Grammatik des Körpers dasselbe: den Wunsch nach freundlicher Begegnung.

Erst wenn die Absicht auf diese Weise ausgedrückt wird, kommt es zu Verfeinerungen. Man kann zum Beispiel dem anderen die Füße küssen, die Hände, den Mund, man kann ihm einen feierlichen Friedens- und Bruderkuß geben, ihn mit Bärenarmen umschlingen, seine Unterarme packen und schütteln oder auch nur leicht Wange gegen Wange streichen. Jedesmal wird eine andere Tonart angegeben: die Art der gewünschten Beziehung. Küsse ich dir die Füße, so bedeute ich dir meine Unterwerfung; küsse ich dir die Stirn, drücke ich väterliche Zuneigung aus; küsse ich dir die Hand, so wird ein Austausch von Höflichkeiten folgen; küsse ich dich auf den Mundwinkel, dann suggeriert die Nähe zum intimen Kuß eine weitergehende, innigere Begegnung. Mit einer einzigen Geste führe ich jedesmal ein Vorgespräch über die Reichweite meiner Gefühle.

Der Pfad in die Sphäre der Intimität erreicht sein Ziel. Es ist die Begegnung der Körper, bei der das Hin und Her der Gesten ebenso geregelt ist wie das Autofahren durch die Straßenverkehrsordnung und bei der jeder Verstoß das Risiko eines Unfalls erhöht.

Nun ist jedoch die Einrichtung des Körper-Raums nicht mit mathematischer Strenge normiert. Es ist wie mit der Behaarung, der Kleidung, mit Farben und Tönen: Ich benutze die Raumgeometrie dazu, eine Absicht auszudrücken und meinen Gefühlen sichtbare Gestalt zu verleihen. Jedes Lebewesen nutzt diesen Raum, um Signale auszusenden und sich bedeutungsvoll zu machen. Der Raum selbst wird damit zu einem sinnlichen Objekt, das wie die Grammatik einer Sprache strukturiert ist.

Für manche Tierarten hingegen, die Echsen zum Beispiel, hat der Raum überhaupt keine Bedeutung dieser Art. Eidechsen und Leguane trampeln völlig gefühllos übereinander hinweg. Ein Krokodil oder ein kleines Küken kann man überall am Körper anfassen, es macht ihm nicht das geringste aus, es ist ohne jede Bedeutung. Nicht so bei jungen Katzen oder Hunden: Hier ist der Körperkontakt außerordentlich wichtig, jede Berührung wird als bedeutungsvoller Ausdruck einer Gestensprache verstanden. Besonders beim kleinen Welpen ist die Berührung höchst wirkungsvoll. Wenn ihn die Mutter in den Hals beißt und ihm damit ihre Dominanz beweist, läßt er sich auf der Stelle hängen, willenlos in den mütterlichen Kiefern. Wenn ein Wolf einem anderen Wolf mit der Zunge über die Lippen streicht, dann ruft das bei dem Berührten ein bestimmtes Gefühl hervor, das er von früher kennt; als Jungwolf, hungrig, um Nahrung bettelnd, hat er selbst die Lippen der Älteren so berührt, wenn sie von der Jagd nach Hause kamen. Die Berührung löst nun bei ihm ein Elterngefühl aus, das jede Aggression hemmt. Die Langsamkeit ihrer Entwicklung und die Erinnerung an frühere Gefühle erlaubt es den Wölfen, ein bestimmtes Verhalten aus seinem ursprünglichen Kontext herauszulösen, um daraus eine Befriedungsgeste zu machen.[59]

Bei den Großaffen sind viele Körperstellen mit höchst differenzierten Bedeutungen besetzt. Eine Berührung am Kopf besagt nicht dasselbe wie eine Berührung am Gesäß. Die jeweiligen Gesten werden benutzt, um verschiedene Gefühle auszulösen oder Intimitätszustände auszudrücken. Die Lage der entsprechenden Körperstellen ist wie durch eine Art Knigge geregelt, eine Etikette oder Vorschrift, was sich gehört und was nicht. Deshalb kann auch die Körperpflege der Vögel und Affen zu einem »Gespräch« werden. Wenn zwei Vögel schnäbeln und einander die Federn polieren, wenn zwei Affen sich »lausen«, so wird damit eine Botschaft etwa folgenden Inhalts übermittelt: »Hab Vertrauen, laß dich ruhig gehen, ich tausche jetzt Mutter-Kind-Gefühle mit dir aus.« Das Einander-Lausen ist ein Gespräch der Berührungen mit einer deutlichen Botschaft und ruft ein Gefühl hervor, das dem im mütterlichen Umgang mit dem Kind analog ist.

Falls ein Tier während seiner Entwicklung in diesem Gefühl enttäuscht wird, lernt es die Verhaltensgrammatik nur unvollständig und kann sich später schlecht damit ausdrücken. Daher kommt es, daß die Tierjungen, die sehr früh ihre Mutter verloren haben, die Bedeutungsregeln der Berührungen nicht erworben haben; als Erwachsene sind sie unruhig und ihrerseits beunruhigend, ängstlich und schroff und werden ausgeschlossen aus dem Kreis der gepflegteren Tiere, die wiederum bei anderen für die richtige Pflege sorgen.[60]

Bei den Primaten, überhaupt bei Säugetieren, kann ein Artgenosse, der in den körpernahen Raum eindringt, lästig oder aber vertraut sein. Wenn sein Vorstoß die abfedernde Knautschzone des

Rituals durcheinanderbringt und desorganisiert, so ist er ein lästiger Störenfried. Ein solches Tier, das sich vor seinem Partner nicht zur Schau stellt, sich ihm nicht darstellt, seine Gefühle mit denen des anderen nicht harmonisiert, sondern einfach über ihn herfällt, begeht das, was beim Menschen Vergewaltigung heißt. Ein Vertrauter wird das Tier jedoch, wenn die beiden Partner sich in einem Crescendo der Sinne aufeinander einstellen, also den Raum benutzen, um die Annäherung zu erleichtern und ihre Gefühle aufeinander einzustimmen.

Schon vor jeder Berührung haben alle Sinnesorgane ein Gefühl von Nähe erzeugt. Um aber ein starkes Gefühlsmoment hervorzurufen, müssen einige Faktoren aktiviert sein, durch die die Berührungsregeln festgelegt werden: Geschlecht, Alter, Sozialstatus und Biographie. Sie sind die stärksten Organisatoren der Körperkontakte.

Ganz allgemein werden Frauen sehr viel berührt. Man faßt sie, nach absteigender Bedeutung aufgezählt, an die Arme, die Schultern, die Taille, die Wangen und die Haare.[61] Diese Körperzonen, von Männern meist sehr begehrt, sind gesellschaftlich erlaubt. Auch Frauen unter sich berühren einander häufig. Mutter-Tochter-Berührungen sind intensiver als die zwischen Mutter und Sohn, woran wieder einmal die Sexualbedingtheit der mütterlichen Gesten deutlich wird.

Männer berühren sich kaum. Das Schulterklopfen, der Schlag auf den Rücken, der Rippenstoß mit dem Ellenbogen erlauben uns Berührungen, die nicht gleich Zärtlichkeit bedeuten. Auch die männlichen Körperkontakte sind kulturbedingt. In Osteuropa geht auf der Straße ein finster dreinblickendes Polizistenpaar mit untergehakten Fingern spazieren. In Westeuropa würde dieselbe Berührung eine homosexuelle Zärtlichkeit bedeuten.

Die Umgebung wirkt auf die Liebkosungen mindestens ebenso stark regulierend wie der kulturelle Kontext: Man streichelt sich in öffentlichen Einrichtungen seltener als zu Hause. Auf der anderen Seite flüchten manche Kinder aus dem Haus vor einer Zärtlichkeit, die sie verängstigt, um sie dann in einer karitativen Institution um so dringender zu suchen.

Sehr früh entwickeln menschliche Individuen ganz verschiedene

Strategien der Berührung. Warum verhärten sich zwanzig Prozent aller Kinder unter zwei Jahren, wenn man sie zärtlich berührt, und warum sind am anderen Ende der Skala zwanzig Prozent derselben Altersgruppe begierig danach? Woher kommt es, daß schon von den ersten Wochen an manche Neugeborene das Nachbar-Baby mit neugierig gekrümmtem Finger berühren, während andere jeden Kontakt vermeiden?[62] Gibt es hier etwa noch einen weiteren Faktor, der nichts zu tun hätte mit dem Geschlecht oder der Biographie? Vielleicht können wir uns die intime Begegnung als einen Blumenstrauß sinnlicher Zeichen vorstellen, der je nach Gelegenheit harmonisch zusammengestellt wird.

In diesem Gebinde hat der Blick einen herausgehobenen Platz. Er ist nur höchst ungenau zu beschreiben, eignet sich aber wie kein anderer Sinn, um etwas zu fühlen. Ihm fällt bei der Regelung der intimen Distanz die präziseste Aufgabe zu.[63] Immer wieder erstaunlich ist die kraftvolle, obwohl stumme Aufforderung durch den Blick. In einer Menschenmenge, etwa über eine für das gesprochene Wort zu weite Entfernung hinweg, faßt man jemanden ins Auge; der Beobachtete wird sehr bald seinen Blick genau auf denjenigen richten, der ihn allein unter so vielen anderen anstarrt. In der Welt der Gerüche vermengen sich die Moleküle zu einem komplexen Duftgemisch; in der Welt der Töne ertränkt ein lärmendes Stimmengewirr jedes Wort; in der Welt der Berührungen werden wir von allen Seiten geschubst und gestoßen. Im Gegensatz zu diesem sinnlichen Durcheinander behält der Blick eine beeindruckende Präzision.

Seine Aufforderungsfunktion kann man in jedem Café selbst beobachten: an den Kellnern. Wenn sie gerade frei und disponibel sind, dann fangen sie im ganzen Raum auch den geringsten Blickappell auf und eilen herbei; sind sie jedoch überarbeitet, dann vermeiden sie tunlichst jeden Blickkontakt, nur um nicht darauf reagieren zu müssen.

Sich beobachtet zu fühlen ist für kein Lebewesen ein biologisch neutraler Zustand. Im Gegenteil, es antwortet darauf mit Alarmreflexen, sein Elektro-Enzephalogramm dreht durch und schlägt aus, der Herzrhythmus beschleunigt sich, die Schweißdrüsen sondern ein wenig Flüssigkeit ab[64] – alle Meßgeräte verzeichnen die erhöhte neurobiologische Aktivität dessen, der sich beobachtet fühlt. Der Blick des anderen ist nie neutral, vielmehr eine Wahrnehmung, die einen Gefühlsalarm auslöst: ein Empfinden von Aufforderung, Einladung, vielleicht auch Zudringlichkeit, Einbruch in meine Sphäre.

Man kann sich das experimentell leicht selbst bestätigen. Sie brauchen nur Ihrem Hund in die Augen zu schauen, und schon erhalten Sie sein Schwanzwedeln, das Zeichen sehr befriedigter Gefühle, und dazu manchmal ein Näherrücken, mit dem er Ihre Einladung erwidert. Aber schauen Sie mal einem Ihnen unbekannten Hund direkt in die Augen: Der gleiche Blick erhält im unbefriedeten Kontext plötzlich die Bedeutung eines Eindringens. Der fremde Hund erstarrt zur Bewegungslosigkeit und schaut Sie, in aufmerksamer Alarmbereitschaft, eine Weile aus dem Augenwinkel an, bevor er Sie schließlich bedroht, nun Auge in Auge, um Sie besser angehen zu können.

Das Kreuzen der Blicke geht einher mit der biologischen Entwicklung des Individuums. Bevor sie sprechen können, senken Babys nie den Blick; sie betrachten den, der sie betrachtet, ohne mit der Wimper zu zucken. Erst später weichen sie dem Blick des anderen aus oder schützen sich gar davor, indem sie sich den Arm über die Augen legen. Man könnte dieses Verhalten damit erklären, daß sie sich vom Blick des anderen durchbohrt fühlen; oder auch so: Sie genieren sich plötzlich vor dem fremden Blick, weil sie jetzt durchschauen, daß sie auch im Kopf des anderen existieren; es geht um sie in diesem Blick. Das geschieht etwa mit zwei, drei Jahren. Das Kind versteht, daß der andere es einfängt, wenn er es anschaut. Wünscht es die Gefangennahme, so wird es lächeln bei der Begegnung mit dem anderen, dessen Blick nun Aufforderungscharakter besitzt. Lehnt es sie jedoch ab, wird es sich verstecken, um diesem anderen zu entkommen, dessen Blick wie ein Einbruch in seine Sphäre ist.

Der Blick ist der aufregendste, bewegendste aller Sinneskanäle. Und das, obwohl er keinerlei Materie transportiert, keine sinnliche Substanz wie Gerüche und Berührungen. Sein Charakter als Anfrage, mit dem Mehrwert von Einladung oder Angriff, hängt immer vom Kontext und der Biographie der Lebewesen ab, die sich da anschauen. Hierin liegt auch der Grund, warum der Blick so stark kulturell geprägt ist. »Schau mich an, wenn ich mit dir spreche!« sagt man in Europa. »Schlag die Augen nieder, Frechdachs!« sagt man in Algerien. »Wenn ich dir einen Befehl ins Ohr brülle, schaust du gefälligst irgendwohin geradeaus!« heißt es bei den amerikanischen Marines. In Indien wiederum sagt man: »Auf keinen Fall darf eine Mutter ihrem Sohn in die Augen schauen!« Und zum Schutz gegen den bösen Blick vergrößert sie seine großen schwarzen Augen noch mit schwarzen Lidstrichen.

Die Begegnung der Augen ist eine überall bekannte Geste, bedeutungsschwer und emotionsgeladen. Wenn die Liebenden ihre Blicke ineinandertauchen, tauschen sie damit ihre Gefühle aus und schaffen sich eine Intimität,[65] die den Beginn eines sexuellen Akts darstellt. Das innere Gleichgewicht[66] zwischen den beiden ist meisterhaft eingerichtet, auf den Millimeter und die Sekunde genau. Es erzeugt mannigfach neue Empfindungen, die – je nachdem – die Intensität der Gefühle steigern oder stören.

Emotionale Distanz dagegen wird am genauesten durch das Gespräch beherrscht. Der Zuhörende schaut lang und andauernd auf den Sprechenden.[67] Dieser synchronisiert damit nun seine eigenen Blicke und Worte: Er wendet die Augen gelegentlich ab, schickt dann wieder einen auffordernden Blick los, alles in einem Einklang der Gesten, wobei der kleinste Fehler den Zauber bricht und beiden ein Gefühl der Befremdlichkeit einflößt. Die Konversation, das Gespräch, überläßt nichts dem Zufall. Deshalb errichten Schüchterne und Aggressive, Angstneurotiker, Paranoiker und Schizophrene, einfach alle Menschen mit wenigen Worten einen Raum für Gefühle, die noch ohne inneres Abbild intensiv wahrgenommen werden: ein Raum, in dem jeder dem anderen mit den ersten Worten emotionale Kostproben zu schmecken gibt.

Die Sinneswahrnehmung der Begegnung ist also eine streng geregelte Zeichensprache. Sie ist alles andere als eine formlose Masse, in der die Sinne uns aufeinanderprallen lassen wie namenlose Moleküle, deren Beziehungen der pure Zufall regiert.

Ganz im Gegenteil: Die Sinne machen Sinn.[68] Auch der Geruch ist zutiefst kulturell geprägt, obwohl er von all unseren Sinnen der flüchtigste und unkontrollierbarste scheint. Und die Augen sind nicht nur zum Sehen da. Sie dienen uns auch dazu, Blicke zu tauschen und Gefühle mitzuteilen. Das Ballett der Blicke und Wörter wird als perfekter Gleichklang im Raum zwischen den Körpern inszeniert. Der Rhythmus dieses Hin und Her ergibt die tänzerische Harmonie der Gesprächspartner.

Erst dann darf der Körper des anderen auftreten. Deshalb spricht man mit einer Frau, bevor man sie berührt. Das Gespräch ist die emotionale Vorbedingung der Sexualität. Aber auch dann berührt man sich nicht irgendwo, steigt nicht übereinander wie die Krokodile. Die Geheimsprache der intimen Berührungen umschreibt die dafür vorgesehenen Körperstellen. Liegen diese offen bereit, dann erlauben sie den Eintritt in die innerste Intimität. Die Sprache des Frau-Berührens regiert die männliche Lust und harmonisiert die Begegnung, indem sie ihr eine Form verleiht. Sie ritualisiert die Gefühle, und das erlaubt uns, die Gefühle in unserem Verhalten zu ordnen, in Empfang und Ablehnung, trennend oder einladend, wobei wir unseren Sinnen immer einen Sinn geben.

Alles ist auf diese Weise kodiert. Lange bevor wir Töne und Wörter hören, sind unsere anderen Sinne damit beschäftigt, aus der wahrgenommenen Welt eine Welt der Zeichen zu entschlüsseln. In einem Universum ohne Begegnung, ohne einen anderen, bliebe ich allein, hätte nur mich als Begegnungspartner, immer denselben, ohne Überraschung, ohne Gefühle, erstarrte Routine, ein untotes Nicht-Leben schon vor dem Tod.

Die Begegnung indes schafft ein Wahrnehmungsfeld, das mich aus mir herausholt und mich zu einem Dasein einlädt, zu einem Leben vor dem Tod. Daher auch die Sinnlichkeit jeder Begegnung, die mich belebt und beängstigt, wie es auch das Leben tut.

Aber sobald ich aus mir heraustrete und auf die Begegnung mit einer Frau zugehe, erwacht die Sexualität. Sie schenkt das neue Leben, und dann beginnt alles wieder von neuem.

ZWEITES KAPITEL

Was der Fötus denkt

Hier das Rezept für ein Kind: Man nehme etwas männlichen Samen und verrühre ihn im Liebesakt auf mittlerem Feuer. Sanft schütteln. Dann warten, bis sich im Bauch der Frau die lebenden Eiweißpartikel verdichtet und zu einem Klumpen Lab verfestigt haben.

Man erkennt sofort: Ein derartiges Kind-Rezept kann sich nur eine Kultur ausgedacht haben, in der Käse hergestellt wird.[69] Die Käseproduktion dient offensichtlich als Modell für die Produktion eines Kindes. Wenn man das Rezept Wort für Wort befolgt, kann man tatsächlich ein Kind machen – zu einem solchen Ergebnis kann angewandte Theorie führen (und mag sie noch so falsch sein).

Jede Kultur hat sich solche Rezepte ausgedacht. Und sie klappen alle. Der klare Beweis dafür ist das Ansteigen der Weltbevölkerung. Die Analogie zwischen dem Kindermachen und der Käseproduktion war bei den französischen Bauern eine lange gebräuchliche Methode zur Erklärung, woher die kleinen Kinder kommen. Die plastische Ausdrucksweise, das Denken in Bildern, gibt das schöne Gefühl, den Vorgang verstanden zu haben. Um ihn aber tatsächlich zu verstehen, dürfen wir so nicht vorgehen. Wir können uns zwar denken, daß unser Beispiel in seinem eigenen kulturellen Kontext den angenehmen Eindruck einer gut verständlichen Erklärung hervorruft. Das Bild vom gestockten Milchlab würde jedoch einem Marsmenschen nichts sagen, da sich Marsmenschen, wie jeder weiß, von flüssigem Stahl ernähren. Der Mythos der Marskinder-Produktion müßte also von ganz anderen Dingen erzählen: vom sanften Schmelzen des glühenden Stahls im Hochofen und der anschließenden Vermischung mit einem speziellen Sekret der Vanadia (oder einem »weiblichen« Metall).

Zu der Zeit, als die meisten Europäer noch auf dem Land lebten, bot uns das bildhafte Denken für das Kinderkriegen eine weitere Möglichkeit: Wir konnten die kleinen Jungen im Kohlfeld und die Mädchen unterm Rosenbusch finden. Damit waren auch gleich die Tugenden richtig verteilt, das Robust-Rustikale für die Jungen, die delikatere Feinheit für die Mädchen. Später, als der Kapitalismus aufkam, wurde den Kindern gern erzählt, man habe das neue Geschwisterchen nebenan im Supermarkt gekauft. Heute dagegen triumphiert das Reagenzglas. Damit ist nun der moderne Mythos einer kostspieligen und technifizierten Empfängnis geschaffen, sozusagen das Bett, auf dem sich das Sperma eines Nobelpreisträgers mit der Eizelle von Lieschen Müller vereinen kann.

Lange Zeit haben weder die Literatur noch medizinische Fachtexte von der sinnlichen Wahrnehmung des Fötus gesprochen. Was auch immer zu dem Thema geschrieben wurde: Man sah in dem vorgeburtlichen Wesen eine Person, ohne diese jedoch genau zu erforschen.[70] Die vorgefaßte Idee schenkte sich jede Beobachtung. Man mußte bis zum Aufkommen des Individuums warten, auf die Renaissance in Italien und Flandern,[71] bis der Mensch, nun Stadtbewohner und fern der Natur, auf den Gedanken kam, die Natur zu beobachten. Die Nähe zum Gegenstand und seinen Informationen erleichtert die Beobachtung nie; um wahrzunehmen, muß man Abstand nehmen.

Ändert sich der Kontext des kollektiven Denkens, so ändert sich dadurch auch die individuelle Beobachtung. »Die Entdeckung Amerikas öffnet den geschlossenen Raum Europas, Kopernikus öffnet den unendlichen Raum des Kosmos, und das Auftreten der ersten Uhren ermöglicht die Vorstellung nicht nur einer ewigen, sondern einer meßbaren Zeit.«[72] Wir entkommen dem Landleben, indem wir Städte bauen, dem Fluß der Zeit durch die Kontrolle über sie, dem Körper durch Beobachtung und Entdeckung.

Schon seit Hippokrates »erklärt die medizinische Theorie die Zeugung als das Ergebnis einer Vermischung von Samen«. Da die unmittelbare Beobachtung nicht möglich war, schossen wilde Spekulationen ins Kraut: »Wenn die beiden Samen zusammengeworfen sind, darf sich der Mann nicht sofort zurückziehen, damit nicht Luft in die Gebärmutter eindringt und die Samen verdirbt.«[73]

Erst sehr spät, am Ende des achtzehnten Jahrhunderts, versuchten einige Geburtsmediziner, die Anatomie des Fötus und seiner Hüllen zu beschreiben. Diese unmittelbare Beobachtung und Wahrnehmung veränderte das Bild, das man sich von der Schwangerschaft bis dahin gemacht hatte. Das Verständnis der Tatsache, daß die beiden Leben von Mutter und Kind biologisch miteinander verknüpft sind, bringt nun eine neuartige »Lust-Theorie« hervor: »Wenn eine Frau in blinder Wut Dinge zu essen begehrt, die ihrer Gesundheit schaden [...], und sie diese Eßlust nicht befriedigt [...], so drückt sie dem Kind ein Zeichen dessen auf, was sie zu essen begehrte, und das Kind wird damit gezeichnet sein.«[74]

Der Gedanke, daß das Verlangen der Mutter mittels der sichtbaren Kapillarflüssigkeit auf den Körper des Kindes wirkt, stellt ein wertvolles Ergebnis dar. Er ist der Ausgangspunkt für unser heutiges Verständnis, das uns über die Wechselbeziehungen zwischen Mutter und Kind höchst eindringliche Beobachtungen liefert. Der zeitgenössische Forscher sieht die Sache so: Die Vermittlung jenes »Mutter-Geistes« wird durch Empfindungen geleistet, die der Fötus fühlt und schon zu verarbeiten weiß. Da wir unsere Beobachtungsinstrumente auch technisch perfektioniert haben, können wir heute die Umstände dieser Wahrnehmungsfähigkeit beschreiben und zur Funktion jener Gefühlswelt die richtigen Fragen stellen.

Der Katalog der fünf Sinne wäre für den Fötus sinnlos

Ausgerüstet also mit einer Theorie und den dazu passenden Instrumenten, statten wir nun dem Fötus unseren Besuch ab und erfahren folgendes über seine Sinneswahrnehmungen:[75]

Im Gegensatz zur traditionellen Meinung funktioniert der Gesichtssinn ab der Geburt, selbst bei den Frühgeburten. Das bringt uns zu dem Gedanken, daß auch schon der Fötus diese Fähigkeit besitzt, auch wenn er seine Augen in der intrauterinen Welt der Gebärmutter wenig benutzt; es gibt dort ja wirklich nicht viel zu sehen. Seit 1942 wird mit schöner Regelmäßigkeit und großem Erstaunen immer wieder neu entdeckt, daß schon das Neugeborene einen Gegenstand fixieren und bei gleichzeitiger Drehung des Kopfes mit den Augen verfolgen kann:[76] »Sieh mal an, der Fötus kann also sehen!« Erstaunlich daran ist nur das Staunen, das sich in jeder Forschergeneration wiederholt. Es scheint, als wäre unsere Erwachsenenkultur blind dafür, daß der Fötus Augen zum Sehen hat.

Man muß zugeben, daß das frühgeborene Kind einen Gegenstand, den es in einer Entfernung von zwanzig Zentimetern vor den Augen hat, vermutlich unscharf sieht (da es noch nicht akkomodiert, das heißt, die Augen auf Entfernungen einstellt). Hierbei wird es nicht durch die Farbe des Gegenstands stimuliert, sondern durch dessen Helligkeit und Bewegung. Wir können uns gut vorstellen, was das Baby im Bauch der Mutter sieht, wenn von außen ein starkes Licht darauffällt: gewisse Formen, die sich im Halbschatten einer Hell-Dunkel-Umgebung bewegen. Es zeigt jedenfalls deutliche Reaktionen: Es wird unruhig, und sein Herzschlag beschleunigt sich.[77] Sein Augensinn ist also bereit. Das Baby wartet nur darauf, den Gegenständen der Welt da draußen zu begegnen und sie in den Blick zu fassen. Ab der Geburt ebenso aktiv ist der Geruchssinn. Nur unsere spießig-wohlerzogene Erwachsenenwelt hat uns so lange daran gehindert, uns eine Meinung darüber zu bilden. Tiere schnuppern, Menschen nicht!

Und doch: Sobald das Neugeborene in unsere Atmosphäre eintritt, zeigt es auffällige Verhaltensunterschiede, je nachdem, in welche Geruchsumgebung es vom Beobachter versetzt wird.[78] Wenn es neben einem Wattebausch liegt, der noch den Geruch der mütterlichen Brust trägt, so beruhigt es sich, gestikuliert weniger, senkt die Lider und kaut gemütlich vor sich hin. Dreht man das Kind nun in die andere Richtung und bringt seine Nase in Kontakt mit einer Watte ohne jeden Geruch oder mit einem anderen Geruch, so beobachtet man plötzlich lebhafte Bewegungen der Arme und Beine, weit geöffnete Augen und einen geschlossenen Mund.

Schon das Fruchtwasser duftet. Der Geruchssinn des Fötus erlaubt die »Verarbeitung« der flüchtigen Düfte, die darin verdünnt und gelöst sind, sei es durch die chemische Zusammensetzung, sei es nach der Aufnahme von Duftstoffen durch die Mutter.

Alle Säugetiere zeigen bereits vor der Geburt solch aktive Geruchswahrnehmung. Man kann zum Beispiel ein Mutterschaf mit einem starken Geruch stimulieren; sogleich erhöht sich der Herzschlag des Lämmchens in seinem Bauch. Ähnlich beim Menschen: Gibt man einer Schwangeren etwas besonders Angenehmes oder Unangenehmes zu riechen, dann beschleunigt sich ebenso der Herzrhythmus des Babys in der Gebärmutter, oder es wechselt plötzlich die Stellung.[79]

Es ist also vor allem die Mutter, die über ihren eigenen Körper das Fruchtwasser mit Düften versorgt. Sie fügt ihm Zucker hinzu (Glukose und Fruchtzucker), eine Messerspitze Salz, einen Schuß Zitronensäure, ein wenig Eiweiß (Kreatinstoffwechselprodukte und Harnstoffproteine) und reichlich Milchsäure, wodurch das Fruchtwasser nach Joghurt schmeckt. Die Geruchsumgebung der Mutter reichert diese Molke laufend durch Gelegenheitsdüfte an: einen Hauch von Großstadtstraße, würzige Waldluft, den Duft des geliebten Mannes oder auch seine Zigarette, die beim Fötus zu einem nachweisbaren momentanen Aussetzen der Atembewegungen führt.

Da das Ungeborene schon über ein leistungsfähiges Kurzzeitgedächtnis verfügt,[80] erklärt es sich auch, daß das Neugeborene sein Verhalten den umgebenden Gerüchen anpaßt; daß es also im vertrauten Familien- oder Mutter-Geruch, in dem es aufgewachsen ist, wiederkäuend sich beruhigt, bei jedem anderen Geruch jedoch unruhig wird oder auch vollkommen bewegungslos und angespannt wachsam. In der Fruchtblase waren Rachen- und Nasenhöhlen des Kleinen ständig mit einer Flüssigkeit gefüllt, die es geschmeckt und kennengelernt hat. Nach der Geburt nehmen diese Wahrnehmungen Modellcharakter an und eine spezifische Form. Auch der erwachsene Feinschmecker weiß noch, daß man den Wohlgeschmack eines Bratens, das Bouquet eines Weines zuerst mit der Nase prüft.

Man könnte nun auf die Idee kommen, die Sinneswege des Fötus in einem Katalog aufzulisten, so als ob es sich um sauber getrennte Sinneswahrnehmungen handelte wie bei einem Erwachsenen. Ein derartiges Vorhaben wird jedoch derzeit stark kritisiert. Im Gegensatz dazu sagen wir, daß die Mutter durch das Einatmen eines Duftes das Fruchtwasser aromatisiert; dieses wird vom Baby als Geschmack aufgenommen, den es später dank seines Kurzzeitgedächtnisses als Geruch wiedererkennt. Mit einer solchen Darstellung betrachten wir die Sinneswahrnehmungen des Fötus als noch ungeformt. Die Substanz, die ihn umgibt und durchdringt, hat noch eine undifferenzierte sinnliche Wahrnehmungsform. Seine Sinne haben sich noch nicht spezialisiert, sie wandern von einem Kanal zum anderen.[81]

Wir können heute durch die dreidimensionale Ultraschallfotografie das intrauterine Geschehen als Film anschaulich wiedergeben. Wenn die Mutter zum Beispiel spricht, so verwandeln sich die physikalischen Eigenschaften der Stimme in schwingende Berührungen, die den Fötus deutlich stimulieren und ein Suchverhalten der Hände und des Mundes auslösen.

Das Gehör ist der Sinneskanal, mit dem sich die Forschung seit 1970 am leichtesten tut. Allerdings enthüllt sich hier wieder einmal unsere Neigung, alles durch die Brille der Erwachsenen zu sehen. So versuchte im Jahr 1859 der Erlanger Professor Adolf Kußmaul, mit dem Fötus Verbindung aufzunehmen, indem er nahe am Mutterleib ihm laut zurief: »Fötus, wer bist du? Hörst du mich?« und als Antwort irgendwelche Körperbewegungen erwartete. Seit 1970 jedoch sind unsere Registrierapparate leistungsfähiger geworden und erlauben uns, die Ergebnisse in zwei Gruppen zu gliedern.

»Nein, der Fötus kann nicht hören«, behaupten einige Forscher.[82] Seine Eustachische Röhre ist verstopft; das Mittelohr versperrt ein Gelatinepfropfen, der erst nach der Geburt verschwindet; vor allem aber verhindert der gleichbleibende Druck in Außen-, Mittel- und Innenohr jede Tonübertragung. Seine Schallwelt ist allenfalls als große Schwerhörigkeit zu bezeichnen, etwa wie bei manchen alten Menschen, die lange Zeit nichts, dann plötzlich einen gewaltigen Lärm hören und daraufhin ärgerlich hochfahren: »Du mußt nicht so schreien mit mir!« Damit der Fötus etwas mit dem Ohr hört, müßte die Lautstärke über hundert Dezibel liegen, und das wäre ausgesprochen schmerzhaft.[83]

»Doch, der Fötus kann hören«, erwidern andere Wissenschaftler.[84] Von der 27. Woche an, sagen sie, verändert der Schall für den Fötus seinen Charakter. Er ist nun kein simpler Einbruch von Tönen mehr, der eine motorische Antwort auslöst, etwa das Zusammenschrecken. Er ist jetzt vielmehr ein Objekt der aktiven Wahrnehmung, die ihn auf Distanz hält, ihm Form und Struktur gibt. In diesem Stadium der Gehirnentwicklung ist der Fötus neurologisch in der Lage, Sinnesdaten auch zu verarbeiten und sich aus diesen Wahrnehmungen ein inneres Bild der Welt zu machen.

Vermutlich schafft die Ungeformtheit der Sinneswahrnehmungen dem Fötus eine Welt aus noch sehr undifferenzierten Eindrücken, auf die er sich allmählich einstellt. Wenn die Mutter leise vor sich hinsingt, so hemmt ihr eigener Körper die Ausbreitung der hohen Frequenzen ihrer Stimme. Nur die tieferen Töne werden weitergeleitet, und ihre Schwingungen berühren wie ein zärtliches Streicheln den Körper des Kindes an seiner sensibelsten Stelle: dem Mund. Um die hohen Töne ebenfalls dorthin zu bringen, müßten sie so intensiv und laut sein, daß das Kleine vor Schreck zusammenzucken würde.

Die ganze Haut des Fötus ist in engstem Kontakt mit der »Haut« des Fruchtwassers. Und zwar so sehr, daß der Rücken des Fötus die geringste Haltungsänderung oder unvorhersehbare Bewegungen der Mutter als Reibung empfindet. Wenn die Mutter geht oder liegt, sich freut oder ärgert, jedesmal empfängt das Kleine eine klare Botschaft und antwortet darauf, indem es seine Position ändert.

Lange Zeit war man sich unklar, ob zwischen den Träumen der Mutter und ihres Kleinen vielleicht eine Art Synchronisation vorliegt. Einige waren überzeugt, daß der biologische Traum des Fötus einen Traum der Mutter hervorruft. Andere, ganz klar, waren dagegen. Seit wir die Ultraschallfotografie haben, können wir uns die Sache so erklären: Während die Mutter träumt, verursacht ihr »paradoxer Schlaf« (dessen Elektroenzephalogramm dem Wachzustand ähnelt) eine durchgehende Muskelerschlaffung und vermindert auch die Spannung der Gebärmutterhöhle, wie ein plötzlich zu groß gewordener Schlafsack. Diese herabgesetzte Muskelspannung der Mutter, durch den Traum hervorgerufen, löst ihrerseits eine gelockerte Haltung des Fötus aus.[85]

Damit hätten wir also zwei verschiedene Arten der Berührung beim Fötus: Erstens den Haltungskontakt, bei dem er über die Rücken- und Nackenhaut in Interaktion tritt mit stärkeren Körper-, aber auch Gemütsbewegungen der Mutter.[86] Alle Mütter kennen das Strampeln des Kleinen im Bauch, wenn sie erregt sind oder im Kino weinen.[87] Und zweitens die Berührung an Ohr und Mund des Babys, das die tiefen Schwingungen der mütterlichen Stimme hier wie eine Zärtlichkeit wahrnimmt.

Der Haltungskontakt wird gern von Hebammen benutzt, um das Kleine zum Beispiel in eine für die Geburt günstigere Lage zu bringen. »Der haptische Kontakt ist eine affektive Aufforderung«,[88] bei der die auf den Bauch der Mutter gelegten Hände den angenehmen Druck des Gebärmuttersystems sanft verändern und damit das Kleine zu einer Antwort bewegen.

Die Ohr- und Mundberührung erfüllt ihre Funktion bereits in den allerersten Wochen, während der Embryo noch wie ein kleiner Astronaut schwerelos in seinem Fruchtblasenuniversum schwebt. Durch diese Berührung werden verschiedene Gefühle wahrgenommen und in einer motorischen Suchbewegung miteinander verknüpft. Sobald das Ohr oder die Lippen die Schwingungen der Mutterstimme spüren, streckt der Embryo seine Hände nach vorn und öffnet den Mund. Diese Reaktion erklärt sich ganz natürlich durch die Struktur der embryonalen Hirnrinde, in der die Zonen für Mund und Hände bereits einen großen Raum einnehmen. Der kleine Forscher ist also schon sehr früh auf der Suche nach USOs (Unbekannte Schwimm-Objekte). Seine USOs entdeckt er an der Innenwand der Gebärmutter, die er neugierig abtastet, über die Nabelschnur und in einer vor ihm schwebenden Hand, die er mit der anderen ergreift und sich in den Mund steckt.[89]

Die Geburt des Geistes aus der Begegnung von Fötus und Mutter

Wenn die Synapsen im Gehirn die nötigen Schaltkreise und Informationswege ermöglicht haben, werden in der Ultraschallfotografie neuartige Bewegungen sichtbar: Das Kleine beugt und dehnt den Rumpf, dreht den Kopf, streckt sich, gähnt, lutscht am Daumen – alles Antworten auf Berührungsreize der Gebärmutterwand, vor allem aber auf akustische Reize wie schrille Töne, die es zusammenzucken lassen, oder auch tiefe Schwingungen, die ein Suchverhalten auslösen.

In der 26. Woche weisen die Verhaltensprofile von einem Fötus zum anderen charakteristische Unterschiede auf.[90] Manche sind leidenschaftliche Daumenlutscher, andere eher nicht. Die einen strampeln fortwährend (956 Bewegungen pro Tag), die anderen haben es lieber ruhig (56 Bewegungen).[91] Solche Verhaltensunterschiede geben uns einen Hinweis auf die Fähigkeit des Kleinen, ganz bestimmte, durch seine noch ungeformte Wahrnehmungsfähigkeit ausgesuchte Informationen zu verarbeiten, sich mit ihnen im Kurzzeitgedächtnis vertraut zu machen und darauf mit exploratorischen Hand- und Mundbewegungen zu antworten. Mit anderen Worten: Sobald die Mutter spricht, kann das Kleine sie schmecken! Jeden Tag schluckt es drei bis vier Liter aromatisiertes Fruchtwasser, mehr, als man bis vor kurzem annahm.[92] Es fährt hoch, blinzelt, sucht und schmeckt, wenn die Mutter vor sich hinsummt.

Etwa im neunten Monat jedoch geht die Initiative zu seinen Bewegungen von ihm selbst aus. Die Bewegungen sind nicht mehr Antwort und Reaktion auf die Mutter, sondern der sichtbare Beginn seiner Autonomie: Obwohl noch eingezwängt in die mütterliche Höhle, betreibt das Kleine schon die Trennung. Es fängt an, sein eigenes Leben zu führen. Will die Mutter sich entspannen, wird es lebhaft, und es sucht sich gerade ihre Ruhestunde aus, um sie mit seinen Strampeleien zu wecken.

In dieser Phase wurde bis jetzt etwas Wichtiges übersehen: Der Rhythmus der Mutter ist nicht mehr in Harmonie mit dem Rhythmus des Kindes. Diese biologische Ablösung wirkt nun als kräftige Anregung auf das Kleine. Die tiefe Mutterstimme, im Wechsel von Melodie und Schweigen, hebt sich deutlich ab von der Monotonie in der Gebärmutter und ihrem Gleichtakt der Herzschläge. Das Gehen und Stehen und die verschiedenen Bewegungen der Mutter strukturieren allmählich den Tagesablauf des Kleinen in Zeiten der Aktivität und der Ruhe. Dieser Rhythmus ist für das Kleine ein Wahrnehmungsobjekt, an dem es sich eine Vorstellung von Zeit bildet. Allgemeiner gesagt: Das eigene innere Bild der Welt, das gegen Ende der Schwangerschaft entsteht, ist affektiv und gefühlsbetont, aufgebaut aus den sensuellen Wahrnehmungen, mit denen sich das Kleine schon vertraut gemacht hat.[93]

Es ist diese Trennung, durch die sich die Zeit in ein Objekt der Wahrnehmung verwandelt und damit den Anstoß zum geistigen Leben gibt.

Würden die Sinneswahrnehmungen von Mutter und Kind vor der Geburt nicht auf diese Weise getrennt, so bliebe die Welt des Kindes ohne jede Bedeutung. Denn jede gleichbleibende, monotone Information verliert allen Wert und Reiz, wie zum Beispiel die »Atmung«

der Plazenta, auf die das Kleine nicht reagiert. Wichtiger noch: Die Zeit würde nicht zum Wahrnehmungsobjekt, eine Entwicklung des Gedächtnisses und das Sammeln von Erfahrungen wären damit unmöglich. Erst die getrennten, asynchronen Rhythmen schaffen einen Anreiz zum Ursprung des geistigen Lebens. Ohne die Entkopplung der Zeitabläufe würde die Welt des Kindes in der puren Wiederholung untergehen, würden alle Anreize in einer ewigen Gegenwart wiederkehren, ohne Bezug auf die Vergangenheit, ohne Erwartung einer Zukunft. Selbst wenn alle Gehirnfähigkeiten des Fötus intakt wären (gut entwickelte Hirnrinde, biologisch gesundes Gedächtnis, verfügbare Informationen aus dem »paradoxen Schlaf«), würde sich nichts zu einem zusammenhängenden Ganzen fügen. Alle Sinnesreize blieben formlos, konfus, breiig. Nichts davon nähme Bedeutung und Gestalt an.

Die frühe geistige Welt des Fötus ist also eine Welt innerer Bilder, die sich anhand von Lust-Unlust-Gefühlen strukturiert. Schon in der Gebärmutter legt sich das Kind die Wahrnehmungen der Welt zurecht, die mütterlichen Gefühlssignale, die es wahrnimmt und interpretiert. Ein seelischer Defekt kann an jedem Punkt dieses affektiven Kreislaufs seinen Ursprung haben: ein gestörtes Gefühlsleben der Mutter, eine Verschlechterung ihres körperlichen Zustands, undurchlässige Sinneskanäle, verzerrte, pathologische Kommunikation, Hirnbeschädigungen des Kindes oder eine Blockade des Anreizes zum geistigen Leben.

An dieser Stelle frage ich mich, ob eine solche Darstellung in der Konsequenz nicht einen fötalen Autismus beschreibt. Wenn es so wäre, müßten wir der Untersuchung eine neue Hypothese zugrunde legen und sagen: Wenn sich mütterlicher und fötaler Rhythmus nicht voneinander lösen, so wird die Zeit kein Gegenstand der Wahrnehmung, und die Sinne hätten nicht die Zeit, sich mit Sinn zu füllen.[94] Die unstrukturierte Zeit könnte die Sinneswahrnehmungen nicht mehr ordnen; die Geburt von Sinn und Bedeutung würde damit unmöglich. Die Wahrnehmung bliebe formlos, nähme keine Gestalt an, und das Kind wäre nur einem dauernden Hagel punktueller, unzusammenhängender Informationen ausgesetzt.

Die Trennung der Sinneswahrnehmungen von Mutter und Kind

und die schon in der Gebärmutter beginnende Autonomie sind demnach die Bedingungen für das Leben des Geistes.

Das feine Räderwerk, das die noch diffusen Sinneserfahrungen des Fötus zu einem Ganzen macht, ist der »paradoxe Schlaf«. Bei allen Säugetieren mit einer Tragdauer von neun Monaten setzt im sechsmonatigen Fötus eine Organisation dreier Bewußtseinszustände ein.[95] Das sind: der Wachzustand mit Körper- und Augenbewegungen, der ruhige Tiefschlaf mit langsamen Deltawellen und der Leicht- oder Traumschlaf ohne Muskeltonus. Sobald der Traumschlaf einsetzt, kann das Kleine, ein wahrer Schwamm für Sinnesdaten, bestimmte Eindrücke, die es seinem Mutterleib-Biotop entnommen hat (im wesentlichen Berührungen und Töne), sich aneignen und im Gedächtnis speichern. Wir können auch so sagen: Der Fötus füttert seine Träume mit Sinnesinformationen, die er während einiger Wachstunden wahrgenommen hat. Das in der Gebärmutter Erfahrene, genährt von der Sinneswahrnehmung und im träumerischen Leichtschlaf biologisch interpretiert, hilft mit bei der Entstehung der intrauterinen Geistestätigkeit.

Eine der Aufgaben des »paradoxen« Traumschlafs ist es, das Gefühl der Vertrautheit zu schaffen. Mit dem Beginn des geistigen Lebens spaltet sich nämlich die Welt: einerseits in ein Universum der vertrauten Empfindungen, in dem das Kind sich mit den Händen vorantastet und im Einklang mit der sanften Mutterstimme seine Lage verändert, und andererseits ein Universum fremder, seltsamer Wahrnehmungen, unter denen es zusammenzuckt, seinen Herzrhythmus beschleunigt, sich krümmt und verkrampft; zum Beispiel, wenn die Mutter schreit oder leidet, wenn aus der Umgebung Streßsignale kommen (Lärm, ein Stoß oder auch nur Kälte), unter denen sich die Gebärmutter zusammenzieht und das innere Biotop gestört wird. Sicherheit und Angst sind also die ersten Strukturelemente der Umwelt des Fötus.

Ungefähr in der 26. Woche beginnt die Traummaschine des Kleinen zu arbeiten. Ab diesem Zeitpunkt nimmt die körperliche Außenwelt zunehmend eine Gestalt an, die aber erst später, etwa im vierten Monat nach der Geburt, mit den differenzierten Sinneswahrnehmungen entsprechend eines Erwachsenen erfaßt wird. Der Keim der Geistestätigkeit liegt also nicht irgendwo im Körper des

Fötus. Er bildet und entwickelt sich vielmehr im spürbaren Erlebnis der Begegnung von Mutter und Kind, durch Ereignisse, die mütterliche Gefühle auslösen, und die Art und Weise, mit der das Nervensystem des Kleinen diese Ereignisse wahrnimmt und verarbeitet.[96]

Das geistige Leben beginnt also vor der Geburt; es wächst behutsam in der Begegnung einer biologischen Ausstattung (dem Traumschlaf) und ihrer sinnlichen Nahrung, die die Mutter, der eigene Körper und seine Gefühle liefern. Diese Art, den Beginn der Geistestätigkeit zu sehen, legt auf ihre Weise den leidigen Streit zwischen angeborenen und erworbenen Eigenschaften bei. Beide sind nötig, aber nicht ausreichend; denn eine dritte Notwendigkeit kommt hinzu: die Begegnung zweier sich trennender Wesen, die dem Geistesleben ihren Antrieb gibt.

Die Traum- oder Leichtschlafphase eignet sich offenbar am besten für einen solchen Blick auf die frühen Empfindungen. Wir betrachten diese Phase heute als eine noch ungeformte Funktion, »die dem Fötus Erfahrungen mit seiner Sinneswahrnehmung und Motorik erlaubt, das heißt Erfahrungen, die er als affektive Erfahrungen erlebt«.[97] Nun hängt aber die Schlaf- und Traumarchitektur des Fötus unmittelbar von erblichen Vorgaben ab. Die Rhythmik der Tief- und Traumschlafphasen, Geschwindigkeit und Ausschlag der Deltawellen, das Tempo der Augenbewegungen und das Einschlafzucken sind durch den genetischen Code strikt geregelt.[98] Wenn das Elektroenzephalogramm eines eineiigen Zwillings eine verzögerte Reife oder eine seltene, gleichwohl normale Gehirnwelle zeigt, kann man sicher sein, daß auch Geschwister dieselbe Verzögerung, dieselbe atypische Gehirnwelle aufweisen.

Die neurologischen Bauteile zur Erkenntnis der Welt werden also durch Vererbung übertragen.

Man weiß jedoch, daß der sensorische Apparat des Fötus mit Daten aus den Handlungen der Mutter gefüttert wird. Natürlich bildet er seine Wahrnehmungsfähigkeit an rein physikalischen Umweltereignissen aus, an Schadstoffen, Geräuschen und Bewegung, Wärme und Kälte. Aber entscheidend ist vor allem anderen das Gefühlsleben der Mutter, ihre ureigene emotionale Reaktion auf Situationen und Signale, also ihre eigene Entwicklung und Biographie. Je nachdem, ob die Mutter sehr aktiv oder eher antriebsschwach ist, gestreßt oder ruhig, schafft sie eine jeweils verschiedene affektive Umwelt. Anders gesagt: Ihr Ehe- und Familienleben, das ihr mehr oder weniger Glück und Sicherheit gibt, wie auch die Gesellschaft, in der sie lebt und die ihr mehr oder weniger günstige Mutterschaftsbedingungen bietet, all dies verbindet sich mit ihrer eigenen Lebensgeschichte und der Art und Weise, wie sie ihre Wahrnehmungen interpretiert. Das Phänomen des Geistes entsteht, indem die mütterlichen Sinnesempfindungen in das Traumgefäß des Fötus gepflanzt werden.

Man braucht also nicht mehr, wie noch der wackere Descartes, den Sitz der Seele irgendwo in der Hypophyse zu suchen. Zu finden ist er vielmehr in einem Prozeß, den wir »Einverleibung der Umwelt« nennen könnten oder auch eine »Begegnung der dritten Art«, denn schon in der Biologie des Gehirns meldet sich ein Drittes zu Wort. Es geht darum, sich dieses nicht mehr als übergeordnete Instanz vorzustellen, als Gott, Priester, Hirnrinde oder Zirbeldrüse; wir müssen uns vielmehr die Hypothese bilden, daß die Umwelt die Materie prägt, wie eine von der Sonne durchtränkte Orange.

In dieser Sicht kommt das Seelenleben zum Baby nicht als Fähigkeit, die schon in der Materie vorgeformt ist, auch nicht als eine Energie, die vom Himmel gefallen oder von den um die Wiege versammelten Zauberfeen verliehen wäre. Das geistige Leben entwickelt sich vielmehr als Epigenese, also in aufeinanderfolgenden Phasen: Auf jeder Entwicklungsstufe des Embryos kann sich eine neue Lebensform ausdifferenzieren und die vorhergehende in sich aufnehmen.

Am Anfang war die Materie. Die Entwicklung des Nervensystems ist wesentlich dem genetischen Zwang unterworfen. Ein Katzenhirn ergibt niemals ein Menschenhirn, auch wenn wir das Tier in der denkbar besten Menschenumgebung aufziehen. Ein Katzenhirn wird sich immer nur eine Katzenwelt vorstellen, aufgebaut aus Katzenempfindungen. Allerdings kann auch eine Katze in ihrer eigenen speziellen Wahrnehmungswelt ein Gehirn entwickeln, das sich von allen anderen Katzenhirnen unterscheidet.[99]

Die Faktoren, die diese Entwicklung auf jeder epigenetischen Stufe regeln, sind naturgemäß verschieden. Folglich entspricht auch jeder Entwicklungsstufe eine mögliche, ebenso spezifische Fehlentwicklung.

Ein genetischer Fehler ist durch die Mendelschen Erbgesetze bestimmt. Die Krankheitsbilder sind hierzulande selten (wegen der niedrigen Geburtenziffer), dabei aber vielfältig (es gibt mehrere tausend Syndrome). Auch der Augenblick, in dem solche Störungen sich zeigen, ist vom genetischen Code bestimmt. Die Huntington-Chorea zum Beispiel (der erbliche »Veitstanz«), ist so codiert, daß sie erst zum 50. Lebensjahr hin manifest wird; die psychischen Störungen treten dabei als erste auf, deutlich vor den Bewegungsstörungen, an denen sich die Diagnostik orientiert. Umgekehrt zeigen sich andere Schädigungen bereits gegen Ende der Schwangerschaft, wie etwa die Werdnig-Hoffmannsche Krankheit, bei der der Fötus seine Bewegungen verlangsamt, immer weniger auf die Reize seiner Gebärmutterumwelt antwortet und oft sogar völlig schlaff und reaktionslos geboren wird.

Auch die Chronologie des Schlafes wird von starken genetischen Informationen geregelt. Ein menschlicher Fötus organisiert seine Schlafzeiten ab der 26. Woche seines Lebens im Mutterleib, wechselt zwischen langsamen und schnellen Deltawellen und zeigt zwei gut beobachtbare Verhaltensweisen: zum einen den Leichtschlaf, in dem er Hände und Füße bewegt, gähnt, lächelt und blinzelt,[100] zum anderen den Tiefschlaf mit Daumenlutschen und kleinen Seufzern.[101] Die Gehirnzone, die diese Anzeichen elektrisch und motorisch auslöst, liegt in einem Kern des Stammhirns, der wesentlich von einem Gen gesteuert wird.

Das Programm zur Einrichtung des Schlafes kann sich gelegentlich »verspäten«. Es ist denkbar, daß eine derartige Verzögerung die Begegnung des Fötus mit den Sinneswahrnehmungen der Mutter unmöglich macht. Das würde uns das erstaunlich frühe Auftreten gewisser Beziehungsstörungen zwischen Mutter und Kind erklären; sie zeigen sich bereits ab der Geburt, ja manchmal schon vorher: Kein Gefühl der Vertrautheit hat sich gebildet, die Empfindungen der Mutter haben sich dem Kleinen nicht mitgeteilt, und seine psychische Unreife erlaubte ihm nicht, sich zusammenhängende Informationen einzuverleiben. Am Tag der Geburt kann das Kleine daher keine Mutter wiedererkennen in jener Frau, die ihm so seltsame Reize und Signale schickt. Es findet keine Brustwarze, weil es sich nicht an den Geruch erinnert, bleibt unruhig oder hängt schlaff in den Armen der Mutter, die es wiederum »fremd«, »lustlos«, »entmutigend« findet. Ein Gefühl von Kontinuität stellt sich nicht ein. Der Säugling erblickt in der ihn plötzlich umgebenden Welt keine feste Form, in der er sich festsetzen könnte. Beim Umzug von einem Biotop ins andere (nichts anderes ist die Geburt) fällt das Kleine in eine Welt, die ihm keinerlei Sinn und Rückhalt gibt; alle Wahrnehmungen sind punktuell, unvertraut, ohne Anknüpfung und Zusammenhang. Das Baby fügt sich nur schlecht in diese sinn- und bedeutungslose Welt; zudem entmutigt es die Mutter und läßt sie nicht mütterlich werden.

Daneben gibt es auch die chemische Mißhandlung des Fötus, die sogar sein Immunsystem berührt. Es bleibt ein tiefes Geheimnis, warum dieser Schmarotzer namens »Fötus« erst am Ende des neunten Monats abgestoßen wird, wo doch die Hälfte dieses Organismus, die ja vom Vater kommt, im Gewebe der Mutter ein Fremdkörper ist. In dieser Tatsache sehen übrigens manche eine weitere Erklärung für den Autismus,[102] diese zweifellos ungeklärteste aller Krankheiten. Angeblich stoßen bestimmte Frauen Fremdgewebe stärker ab als andere, produzieren also mehr Antikörper (Immunoglobuline) gegen den fremden Körper in ihrem Innern. Vertretbarer scheint aber die Auffassung, daß kleine Moleküle ganz einfach durch den Filter der Gebärmutter hindurchgehen. Streß- und andere Hormone im Körper der Mutter, oder auch chemische Substanzen, überschwemmen sehr schnell die Unterwasserwelt des Fötus. Die Ultraschallfotografie läßt uns ohne weiteres seinen Schluckauf sehen, wenn die Mutter emotional bewegt ist, oder das Nachlassen seiner Verkrampfung, wenn sie sich beruhigt.

Der Fötus gibt uns deutliche Hinweise, wie er das mütterliche Gefühl wahrnimmt, indem er etwa seinen Herzrhythmus erhöht, mit Händen und Füßen zappelt oder Grimassen schneidet. Schon ab der fünfzehnten Woche kennt er ein reichhaltiges Verhaltensrepertoire:[103] Er zuckt zusammen, krümmt sich, bäumt sich auf, hat den genannten Schluckauf, das Zwerchfell bewegt sich, ein Arm oder ein Bein, er legt den Kopf nach hinten, nach vorn oder zur Seite, er kann kauen, lutschen, trinken, gähnen, sich strecken, gar nicht zu reden von den komplexeren Bewegungsabläufen wie Körperdrehen, Kriechen und Schwimmen. Diese intrauterine Gymnastik wird durch zwei Befehlszentren gesteuert: das Gehirn des Kleinen (eine Verletzung etwa des verlängerten Marks oder des Großhirnmarks modifiziert das Verhalten)[104] und die psychische Verfassung der Mutter.

Im Aufbewahren von Informationen im Gedächtnis, das wir bei allen Säugetieren beobachten, enthüllt sich eine überraschende Lernfähigkeit. In der ersten Entwicklung der Psyche jedoch erinnert sich der Fötus vor allem an die Dinge gut, für die er besonders sensibel ist.[105] Der zitronensaure Geschmack, mit dem die Natur das Fruchtwasser jedes Säugetiers aromatisiert, bewirkt keinerlei Verhaltensänderung; das Aroma der Minze hingegen, das zum Beispiel eine kleine Ratte im Lauf ihres fötalen Lebens erfahren hat, wird auch nach der Geburt leicht wiedererkannt.

Die Frage nach dem Seelenleben ist uralt und steht in Philosophie und Religion immer wieder zur Diskussion. Auch die Verhaltensforschung, obwohl sie mühelos emotionale Reaktionen beobachtet, macht es sich nicht bequem bei der Untersuchung des inneren Abbilds der Welt. Die Psychoanalytiker gehen das Problem geschickter an, aber das Geistesleben des Fötus, das sie auf einer Couch zu erkennen versuchen, ist nur das Bild einer lang zurückliegenden Vergangenheit. Es ist keine wirkliche Erinnerung, sondern die Rekonstruktion einer Vergangenheit, und das psychoanalytische Verfahren zeigt uns eigentlich nur, wie der Sprecher sich heute, auf der Couch, seinen damaligen Aufenthalt in der Gebärmutter vorstellt. Das ist zwar wichtig für das psychoanalytische Gespräch, aber kein Beweis für das intrauterine Geistesleben.

Gesichert hingegen ist heute die Existenz des Kurzzeitgedächtnisses und der Gefühlsübertragung beim Fötus. Beides erlaubt uns, die Frage nach dem Anstoß der Geistestätigkeit neu zu stellen.[106] Fassen wir zusammen: Durch die Brückenfunktion der Formatio reticularis, ein sich über den Hirnstamm hinziehendes Netzwerk von Schaltzellen, erhöht sich der Herzschlag des Fötus, und ein Zusammenzucken wird ausgelöst, wenn das Kleine eine gefühlsgeladene Information wahrnimmt; im Traumschlaf prägen sich diese Sinnesereignisse dem Gedächtnis ein; die so empfangenen und ins

Gedächtnis eingefügten Sinneseindrücke sind stark durch Lust beziehungsweise Unlust markiert.

Wir können also sagen, daß es eine vorsprachliche Erfahrung gibt, die den Beginn einer inneren Vorstellungswelt der äußeren Welt markiert. Da die Wahrnehmungen des Fötus ein affektives Gedächtnis entstehen lassen, dürfen wir auch ein Gefühl für die Dauer und die Konstanz des eigenen Selbst annehmen, das ja die Bedingung für jede innere Vorstellung der Welt ist.[107] Wenn das Baby am Tag der Geburt endlich auf unserem Stern landet, ist es bereits mit einem neurologischen Apparat ausgerüstet, der diese neue Welt gefiltert wahrnimmt und ordnet. Der noch recht junge Einwanderer besitzt ein winziges Gerät, das vielleicht erst seit wenigen Wochen in Gang ist, aber die empfangenen Sinneseindrücke schon zum Abbild einer Welt umformen kann.

Es ist also beileibe kein unbeschriebenes Blatt, was da auf den Planeten Erde kommt, sondern schon eine kleine Persönlichkeit mit einem eigenen Verhaltensprofil, Gefühlsleben und Weltbild.

DRITTES KAPITEL

Wem gehört das Kind?

Ein Vaterschaftsgutachten für Newton, erstellt mit Hilfe der Genkarten-Methode, hat jüngst nachgewiesen, daß der Vater des Gelehrten tatsächlich der Vater war.[108] Aber seltsam: Man hat ausgerechnet, daß Papa Newton in seinem Leben genau 47,274 Tonnen Äpfel herunterfallen sah, ohne daraus auch nur den Schatten eines Gravitationsgesetzes abzuleiten. Die Schlußfolgerung daraus bietet sich an: Intelligenz ist nicht vererbbar.

Dank einer Subvention unseres Regionalrats konnten wir die 92 Nachkommen von Sigmund und Martha Freud ausfindig machen: 37,7 Prozent von ihnen sind Textilkaufleute geworden, 12,8 Prozent Café- oder Restaurantbesitzer, 1,8 Prozent Schlagersänger und 0,9 Prozent Stripteasetänzerinnen. Was muß man daraus schließen? Die Abstammung vom Entdecker der Tiefenpsychologie führt offenbar zu Berufen in der Kontaktpflege und Öffentlichkeitsarbeit.

Unsere westliche Kultur hat den Drang, uns einzureden, das Kind gehöre denen, die es gemacht haben, oder auch im Gegenteil, es gehöre nur sich selbst, als ob es ganz unabhängig wäre von denen, die es gemacht haben. Nun erhebt sich allerdings die Frage: Wer hat das Kind eigentlich gemacht? Etwa derjenige, welcher das kleine Samenkorn in die Mutter gepflanzt hat? Aber in einer großen Zahl anderer Kulturen ist der als Vater bezeichnete Mann ein Onkel (väterlicher- oder mütterlicherseits) oder einer der Vorfahren, der große Bruder, der Taufpate oder auch bloß der Nachbar. Das Gefühl dafür, daß einer ein Vater ist, entwickelt sich erst durch die kulturelle Zuschreibung der Vaterrolle, es hat nicht das geringste mit dem kleinen Samenkorn zu tun. Andererseits ist der Begriff der genauen Abstammungslinie auf der ganzen Welt verbreitet: Man fühlt sich immer als Kind von jemandem. Diese intuitive Gewißheit drückt sich in vielen Mythen aus, die von einer Vererbung ganz ohne Chromosomen erzählen. Die Aufgabe solch fiktiver Genetik ist nicht so sehr, die Übertragung erblicher Eigenschaften zu berechnen, sondern vielmehr, den Zusammenhalt der Gruppe zu strukturieren. Das sind zwei völlig verschiedene Vorgehensweisen. Zweifellos gab es am Ursprung des Mythos Tatsachen und Ereignisse, die durch die Erzählung von einer Generation zur nächsten weitergegeben, verdichtet und verformt wurden.[109] Die Genealogie verlangt nun eine Überlegung in historischer, psychologischer oder auch soziologischer Richtung, während die Genetik ganz andere Erkenntnisse braucht, biologische, klinische oder auch mathematische Daten. Und doch strukturieren beide sichtbar und nachhaltig unser Körpergefühl, unsere geistige Welt und die Gesellschaft, in der wir leben. Beide sind an dieser Arbeit beteiligt. Beide sind Erscheinungsformen des mündlichen Denkens, das aus dem Chaos der Welt Stücke herausschneidet und verschiedene Formen bildet aus dem Magma der Materie.

Nun stehe ich aber vor einem Problem. Um mich auf die Welt zu bringen, waren zwei Eltern nötig, die je zwei Eltern hatten, die je zwei Eltern hatten, die ihrerseits... und so weiter. Das Ergebnis: Damit ich auf die Welt kommen konnte, brauchte es in der vierten Generation vor mir $2 \times 2 \times 2 \times 2 = 16$ Eltern. Allgemeiner ausgedrückt: In der n-ten Generation vor mir wurden 2^n Vorfahren benötigt. »Auf diese Weise läßt sich errechnen, daß bis ins Jahr 1200 zurück, etwa zur Zeit Ludwig des Heiligen, der 33 Generationen vor uns gelebt hat, jeder von uns mehr als acht Milliarden Vorfahren hatte.«[110] Acht Milliarden Eltern, um mich zu machen. Acht Milliarden Ahnen für mich allein! Das Dumme daran ist nur, daß man mir gleichzeitig sagt, zu jener Zeit hätten nicht mehr als einige hundert Millionen Menschen die Erde bewohnt.

Meine Frau und ich, wir haben fünf Kinder. Jedes von ihnen wird vielleicht zwei Kinder haben, die ihrerseits je zwei Kinder kriegen. Das macht, in nur wenigen Jahrhunderten, etwa zehn Milliarden Kinder, die alle von mir kommen. Und alle gehören mir!

Das alles zeugt entweder von einer phantastischen sexuellen Aktivität (was durchaus möglich ist) oder davon, daß ich einen Denkfehler begangen habe (was genauso möglich ist). Sehen wir uns den Stammbaum des spanischen Königs Alfons III. näher an. 1886 geboren, müßte er von 1024 Vorfahren aus den zwei Jahrhunderten vor ihm abstammen. In Wahrheit aber finden sich in seiner Genealogie nicht mehr als 111 Personen.[111]

Man kann natürlich diesen Zahlenunterschied damit erklären, daß man sagt, die Mathematiker haben keine Logik, oder auch, das ganze Bild dieses Stammbaums führt in die Irre. Ich bin tatsächlich nicht das Ergebnis einer unendlich verzweigten Linie von Ahnen, die als Porträtmedaillons in den Ästen eines Stammbaums hängen. Wahrscheinlich ist es so: Ich komme wie ein geflochtenes Band aus der mehr oder weniger zusammengefalteten Fläche eines einzigen menschlichen Fächers heraus. Genauer gesagt, ich habe an mehreren Stellen dieselben Ahnen. Seit dem Ursprung der Menschheit haben sich ein paar tausend meiner Vorfahren miteinander gepaart, obwohl ihre genetische Ähnlichkeit einer inzestuösen Verbindung schon recht nahe kommt. »Die Blutsverwandtschaft ist eine ganz und gar banale Situation; es gibt keine Gesellschaft, deren Menschen nicht miteinander blutsverwandt wären.«[112]

Die Zigeuner stammen möglicherweise von einer Kaste indischer Unberührbarer ab. Heute sind sie in einer weltweiten Diaspora zerstreut, aber das Randgruppendasein bewahrt paradoxerweise noch immer indische Riten und Redeweisen in ihrer Kultur.[113] Ein Zigeunerbaby, das in dieser Gruppe zur Welt kommt, ist also ein geknotetes Band aus dem gleichen genetischen Flechtwerk wie die Westeuropäer. Nur ist das im Westen geknüpfte Band dicker, weil hier der Genvorrat während einer hitzigen Sozialgeschichte und ihrer zahlreichen Bevölkerungsverschiebungen intensiver verrührt und durchmischt wurde.

Immerhin eine Sicherheit könnte es geben: Das Kind gehört, sagt man, der Mutter, da sie es getragen und auf die Welt gebracht hat. Ohne sie wäre es nicht am Leben. Es ist unstrittig, nicht verhandelbar, wenn sie sagt: »Das ist mein Kind.« Behauptet ein europäischer Vater dergleichen, so antwortet ihm der senegalesische Vater, daß er nicht sicher sei, der Vater seines Kindes zu sein, er sei aber sicher, der Onkel des Kindes seiner Schwester zu sein.[114]

Mit dieser Begründung hat sich das erste Jahrhundert der Psychologie nur mit dem Mutter-Kind-Verhältnis beschäftigt, als ob sie ganz allein mit ihrem Säugling lebte, als ob die Biologie da nichts zu sagen hätte, Kinder keine eigenen Personen wären und die Rolle des Vaters sich auf das Pflanzen des Samenkorns und Ausschreiben von Schecks reduzierte. Man tat so, als ob tausend Dinge keine Rolle spielten in der Entwicklung des Kindes: weder die Struktur der Familie noch die Klassenkameraden, die Straßenfreundschaften, die finanzielle Lage, die physische und soziale Umwelt, die Religion, die Organisation der Freizeit und schon gar nicht das sprachliche Bedeutungsfeld, von dem das Kind umgeben ist.

Das Vererbbare und das Erbe

Jene Vorstellung der allmächtigen, allein verantwortlichen Mutter hat uns lange Zeit blind gemacht für die zahllosen Kräfte, die ein Kind formen. Dabei genügt es, den Blickwinkel zu ändern; man muß nur ein bißchen verreisen, und schon stellt sich die Sache völlig anders dar. Wenige Flugstunden entfernt von dem Ort, an dem Sie gerade dieses Buch lesen, gibt es »Mehr-Mutter-Gesellschaften«, in deren Kultur das Kind einem ganzen Netz von Frauen gehört. Die Beobachtung des Kindverhaltens zeigt jedoch, daß die biologische Mutter trotzdem eine affektiv hervorgehobene Stellung behält.[115] Es scheint also, als bilde die Kontinuität der mutter-kindlichen Sinneserfahrungen den Sockel für das Gefühl der konstanten Dauer, das für die Identitätsfindung des Kindes erforderlich ist.

Daneben finden wir tausend andere Möglichkeiten, Mutter zu sein: allein, in der Gruppe, mit einem Vater, der so ähnlich ist wie sie oder grundverschieden, anwesend oder weit weg, beherrschend oder abgewrackt. Das Baden des Babys, in aller Eile verabreicht von einer durchorganisierten effizienten Mutter im Westen, kann nicht die gleiche sinnliche Erfahrungswelt schaffen wie das Bad, das eine indische Mutter ihrem Kind bietet, »wo jede Geste von Hygiene, Religion und Ästhetik getränkt ist«.[116] Hier kommt das Neugeborene in eine Welt, die bereits nach einem Mythos gestaltet ist. Und alsbald wird es versuchen, die biologischen, psychologischen und sozialen Verheißungen dieser menschlichen, kulturgesättigten Umwelt zu erproben und zu verwirklichen. Manchmal ist der Vater überhaupt nicht der, der den Kind-Samen gepflanzt hat.[117] Auf den Trobriand-Inseln von Neuguinea, bei den Haida-Indianern Nordamerikas, in Ghana oder der Elfenbeinküste gehört das Kind nicht dem leiblichen Vater. Der wahre Vater, der also den Namen gibt und den Lebensunterhalt beibringt, ist der Onkel mütterlicherseits oder der Mutter-Vater. Der »Pflanz-Vater« verbringt also einen guten Teil des Lebens damit, sein Vieh und sein Land zu vermehren im Hinblick auf die Heirat – seines Neffen.

In anderen Kulturen tragen die Mütter das Kind lediglich aus. In China, Japan, im nordafrikanischen Maghreb, ja selbst noch in Südfrankreich herrscht das System der patrilinearen Abstammung: Die Mutter ist nur die Trägerin, dem »Pflanz-Vater« gehört das Kind.

Sogar die Eltern-Kind-Gefühle werden durch kulturelle Regeln geprägt. Wenn bei den Mossi in Burkina Faso ein Kind die unvermeidlichen Dummheiten seines Alters begeht, sind die Frauen der mütterlichen Linie nachsichtig und verteidigen es gegen Vorwürfe. Die Frauen der väterlichen Linie jedoch treten streng und autoritär auf, was ihnen den Beinamen »Weibchen-Väter« eingetragen hat.

An solchen Verwandtschaftsbezeichnungen[118] können wir ablesen, wie eine bestimmte Kultur die Familienangehörigkeit konstruiert. Zwar finden wir überall die Begriffe »Vater«, »Mutter«, »Bruder«, »Schwester« und andere, die noch weitergehende Verzweigungen bezeichnen. Aber die Personen, die mit diesen Begriffen gemeint sind, können von einer Kultur zur nächsten höchst verschieden sein.

In einigen Gesellschaften gehört das Kind zur einen Hälfte dem Vater und zur anderen der Mutter. In diesem Fall erkennen die Eltern am Körper des Kindes genau die Zeichen seiner doppelten Herkunft: Die Knochen kommen vom Vater, das Fleisch von der Mutter. Jeder der beiden schreibt dem Kind diejenigen Dinge zu, die in besonderer Weise jeweils ihnen gehören. So halten es die Jakri in Süd-Nigeria, ein Stamm in Burkina Faso und vielleicht sogar wir selbst.

Schließlich gibt es unter den vielen möglichen Verwandtschaftsstrukturen auch das System der »Co-Abstammung«, wie bei den Eskimos, auf Hawaii oder in Sambia. Hier ist das Verhältnis so bestimmt, daß das Kind von beiden Eltern gleichermaßen abstammt, die wiederum von je zwei Eltern abstammen. Das Kind gehört demnach zu vier Familien. In diesem System ist der Fächer der Abstammung weit geöffnet und bietet dem Kind eine großzügige Auswahl an Zugehörigkeiten. Das Kind kann natürlich nicht alle auf einmal haben, denn dabei würde es ein Niemand bleiben; es kann nicht in allen Häusern wohnen, nicht überall Gewohnheiten und Aufgaben übernehmen. Es wählt also, wie man beobachtet hat, selbständig aus, wem es gehören will; damit seine Persönlichkeit sich bilden kann, wird die Vielzahl der Möglichkeiten reduziert. Manche Abenteurer der heutigen Familie, die unfesten »offenen Paare« zum Beispiel,[119] kommen jenem System schon recht nahe. Auch hier wählt das Kind aus dem Fächer mehrerer Entwicklungschancen selbst seine Zugehörigkeit.

Aus diesen vier Bindungstypen (»Pflanz-Vater«, »Trägerin-Mutter«, halbe-halbe, Eltern und Großeltern gemeinsam) und ihren Varianten ließe sich nun eine Vielzahl verschiedener Zugehörigkeitssysteme aufstellen.[120] Das Kind existiert also immer nur innerhalb eines bestimmten kulturellen Schemas. Die Benennung zeichnet ihm sein soziales Werden vor, legt ein Gutteil seiner psychologischen Entwicklung fest und läßt die Gefühle entstehen, die mit dem inneren Bild der Welt verknüpft sind. Das hat nichts mit biologischen Faktoren zu tun, die ohne innere Abbilder wirken und nicht notwendigerweise in die umgebende Kultur eingehen. Im Westen allerdings versucht man, biologische Vorgänge in der Kultur zu verankern. So kommt es, daß gewisse Wissenschaftler nur noch »Biologie reden«. Ich sage das absichtlich mit dem Akkusativ, um damit auszudrücken, daß »die Biologie reden« nichts anderes bedeutet, als sie mit Worten in unsere Kultur einzufügen. Es ist bedauerlich, daß viele Forscher heute nur noch ihre eigene Sprache sprechen. Es wäre kein Vergnügen, wenn wir lesen müßten: »Als das Chlorpromazin aufgrund seiner strukturellen Analogie zu den Hydroxytyraminen die postsynaptischen Dopamin-α2-Rezeptoren blockierte, verlor Marcel Proust plötzlich jedes Interesse an der Cattleya-Orchidee.« Aus biologischen Vorgängen schöne Literatur zu machen ist natürlich nicht leicht; deshalb treten sie ja auch ohne innere Begleitbilder auf.

Nicht weniger hinterhältig sind die ökonomischen Faktoren. Oft machen wir uns das erst bewußt, wenn die Folgen eingetreten sind. Im Westen hat die Industrialisierung die Familie in Stücke geschlagen. Hier wächst das Kind oft in einer Single-Familie auf, die meist aus einer Frau besteht, oder es gehört zu einem Mosaik aus einer vertrauten Großmutter, zwei weitläufig verwandten Müttern, einem fernen Vater und einem Stiefvater, zwei Brüdern, die nie da sind, und vier Halbschwestern. Ein solches Kind entwickelt sich in einer ganz anderen Gefühls- und Bedeutungswelt als ein kleiner afrikanischer Mossi in seiner streng durchstrukturierten 50-Personen-Familie. Der Vater des kleinen Mossi ist keine Figur, die sich in einem einzigen Menschen verkörpert. Das Mossi-Kind sagt »Vater« zu einem Dutzend Männern, die alle ihren genauen Platz in der Familie haben, als Vater, Großvater, Klein-Vater, Unter-Vater, Neben-Vater, Gegen-Vater und weiß Gott was für andere Väter außerdem. Das Erstaunliche ist, daß das Kind jedem der vielen Väter gegenüber ein anderes Verhalten annimmt, das genau dessen speziellem Rang angemessen ist.

In Paris, wo jeder zweite Mensch allein wohnt, wächst das Kind in einer verarmten Umwelt auf. Der Zeittakt ist durch die Schule und die Arbeit der Mutter vorgegeben. Die Identifizierungsbilder schrumpfen auf eine Person zusammen, außer das Kind entflieht dem Familienleben, indem es sich der Fernseh-Hypnose unterwirft, oder es sucht draußen Ersatz, Zufallsbekanntschaften, eine Straßengang, einen geldgierigen Guru.

Tierbabys kommen auf artspezifisch verschiedenen Wegen zur Welt: im Wasser, aus dem Mund, aus der Gebärmutter, aus einem Ei, einem Nasenbeutel, einer Bauchtasche. Im Körper des Neugeborenen verbergen sich unzählige genetische Verheißungen, die sich mehr oder weniger alle erfüllen, je nach dem ökologischen und sozialen Reichtum der Umwelt, in der es angekommen ist. Genau dasselbe gilt auch für das menschliche Baby, wenn es seine Wasserhöhle verlassen hat und nun seine genetischen Möglichkeiten in unserer Welt mehr oder weniger erfüllen kann. Seine neue Umwelt ist, wie gesagt, ökologisch und sozial strukturiert; vor allem aber ist sie semantisch, das heißt, sie hat Bedeutung. Die Wörter sind darin wie Sterne, Sätze sind ganze Sternbilder, und die Gedanken aus ihnen verleihen den Gefühlen und Handlungen eine Gestalt. Das Abenteuer des Sprechens ist für den kleinen Menschen zuallererst eine Art der Begegnung, eine Art und Weise, Gesten, Mimik und Laute hervorzubringen, mit denen er lieben kann, ein Gefühl mitteilen und auf die geliebte Person einwirken kann. Eine Sprache lernen heißt zwar auch einen neuen Code erwerben; vor allem aber ist es die Besetzung eines affektiven Ortes in der Kultur, die von dieser Sprache strukturiert ist.

Schon die ersten Gesten und Gegenstände (wie der Topf, die Kleidung, der Löffel) dienen dem Winzling dazu, die Kultur, zu der er gehört und die ihn formt, in sich aufzunehmen, lange bevor er die ersten Wörter versteht. Er verleibt sich diese Kultur ein, er »verkörpert« sie, indem er lächelt, das Gesicht verzieht, Geräusche mit dem Mund probiert. Ganz gleich, in welchem Kulturkreis ein Baby landet, immer zeigt es eine reichhaltige Mimik. Man fragt sich oft, woher es sie nur hat, so komisch sind diese Grimassen. Innerhalb weniger Wochen hat die Antwortmimik der Mutter bestimmte Gesichtsausdrücke des Babys verstärkt, und die wiederholt es nun und imitiert sie,[121] während andere Ausdrücke nach einigen Monaten verschwinden.

So hat etwa ein japanisches Baby ein ganz anderes Mienenspiel als ein amerikanisches Baby. Durch diese Spezialisierung des Ausdrucksrepertoires prägt sich dem Kind der Verhaltenscode seiner Kultur ein. Wenn eine Kultur überhaupt das Verhalten eines Kindes formen kann, dann deshalb, weil sie um das Kind herum ein Wahrnehmungsfeld für die Sinne schafft. Diese Umgebung ist zusammengesetzt aus Wärme, Geruch und Berührung, aus optischen und akustischen Reizen, aus den Rhythmen von Schlafen, Waschen und Essen. Sie ist es, die dem Austausch zwischen Mutter und Kind eine spezifische Gestalt gibt.

Dieselbe Überlegung gilt für stimmliche Äußerungen. Wenn die noch unartikulierten Schreie der ersten Tage auf ein anderes Menschenwesen treffen, nehmen sie sehr bald eine bestimmte Form an. Kurz nach der Geburt registrieren wir noch Tausende unterschiedlicher Laute; auch sie werden allmählich reduziert und bilden dann den Vorrat an Artikulationen, die für die Sprache der Umgebung erforderlich sind. Diese individuelle Entwicklung, eine wahre Ontogenese der kulturellen Durchdringung, ist gut beschreibbar.[122] Der Ausdruck und das Gespräch der Gefühle bahnen früh schon einen Weg für das bedeutungsvolle Zeichen, das später den Zugang zur Sprache eröffnet.

Auch die Ontogenese des Sexualverhaltens wird biologisch geprägt durch ein Wahrnehmungsfeld sinnlicher Zeichen wie Gesten, Mimik und Körperhaltungen, die dem Austausch der Gefühle Form verleihen. Wie bei der Gesichtsmimik werden auch hier einige Gesten des Kindes (sogenannte »männliche« oder »weibliche«) durch die Reaktionen der Mutter interpretiert und verstärkt, andere Gesten dadurch gelöscht. Bestimmte Verhaltensmerkmale sind dann, egal in welcher Kultur, ebenso männlich oder weiblich wie die entsprechende Anatomie. Allerdings: Was in der einen Kultur als männliches Auftreten gilt, wird in der nächsten als weiblich angesehen. Die Pygmäen zum Beispiel erzählen sich in einem Mythos, daß die Frauen einst einen gespannten Bogen gestohlen haben, der sie noch heute spitz und pieksig macht, und deswegen können sie das Baby nicht in den Schlaf wiegen. Also übernimmt der Vater nach der Vorschrift dieser Kultur die Aufgabe des Einschlafrituals für das Baby. Es gibt davon ganz entzückende Filmaufnahmen,[123] auf denen die Mutter das Kind säugt, es dann aber dem Vater übergibt, der es sich in den Arm legt, ihm ein zärtliches Wiegenlied ins Ohr singt und mit dem das Baby sofort einschläft. Um die Szene herum stehen die kleinen Jungen, horchen aufmerksam auf die Worte des Wiegenlieds, beobachten die Gesten des Vaters und lernen so ihre spätere männliche Rolle.

Solche Dokumente stützen eine Auffassung, die in unserer dualistischen Kultur bisher wenig Anklang findet: Das Kind wird geformt durch die kulturbedingte Rolle des Geschlechts, dem es angehört. Die Kämpfer für die nur vererbten oder nur erworbenen Eigenschaften haben einige Mühe, mit einer solchen Auffassung zurechtzukommen. Dabei ist die genetische Grundlage des Geschlechts leicht auszumachen: Es ist das Chromosomenpaar XX oder XY. Das biologische Element darf natürlich nicht unterschlagen werden, auch wenn uns seine Auswirkungen noch unklar sind; tatsächlich spielen Geschlechtshormone eine gewisse Rolle als Auslöser bestimmter Gefühle. Hinzu kommt aber noch das kulturelle Element, dieses Ensemble aus kleinen Gesten, Betonungen, Ausrufen, Zusprüchen und Verweisen; miteinander bilden sie jenes allmählich konstante Wahrnehmungsfeld, dessen formende Kraft wir kennengelernt haben.

Dem biologischen Geschlecht gehört man bereits vor der Geburt an. Aber sobald ich im Blick eines anderen Menschen bin, baut die Vorstellung, die er sich von meinem Geschlecht macht, um mich herum eine Wahrnehmungswelt auf, die mich kulturell formt, ein Ensemble aus Gebärden, Mienenspiel und Worten, aus Vorschriften und Ritualen zu Kleidung und Verhalten. »Selbstverständlich hatte sie einiges von meinem Großvater geerbt, durch sein Totemtier, das Krokodil. Ihr war es wegen dieses Totems erlaubt, ungestraft Wasser aus dem Fluß Niger zu holen.«[124] Der Mythos der Gruppe schreibt die Interaktionsrituale vor und schafft die formende Gesamtheit der Wahrnehmungen. Er begründet ein Gefühl der Selbstverständlichkeit, mit dem wir auf die Welt einwirken und uns als dazugehörig empfinden. Wir können uns zusammentun, miteinander tätig sein, uns lieben.

Der Mythos hat aber auch eine perverse Konsequenz: Er bringt uns dahin, Menschen, die einer anderen Welt angehören, für bösartig, verrückt und verlogen zu halten. Mit einem einzigen Wort kann ich die Zugehörigkeit eines anderen definieren: »Das ist ein Zigeuner.« Diese Bezeichnung, geladen mit kulturellen Vorurteilen, schreibt Zigeunern gegenüber ein bestimmtes Gefühl und Verhalten vor. Für den Sprecher sind Zigeuner das, was er von ihnen denkt. Mit dieser unreflektierten Sichtweise wird er solange leben, bis er versucht, die Zigeuner als das zu entdecken, was sie wirklich sind. Die Bezeichnung der Zugehörigkeit ermöglicht also eine praktische, aber vereinfachte Sicht; sie hat den Vorteil, dem Sprecher das Denken zu ersparen.

Der Text der Verhaltens- und Gefühlsstrukturen, die das Kind formen, entstammt dem Chor aller Erzählungen, die es in der Gruppe über die Gruppe gibt. Ein ungewöhnliches Beispiel: Viele Juden des 20. Jahrhunderts verachten den Reichtum, sie weigern sich, Geld zu verdienen, oder werfen es zum Fenster hinaus, nur um antisemitische Vorurteile wegzuzaubern. Die Erzählungen der Gruppe setzen sich zusammen aus Verboten, die ein bestimmtes Tun blockieren, Regeln, die anderes Verhalten erleichtern, Legenden, die Gefühlseindrücke hervorrufen, Mythen, die Sinn stiften, und Symbolen, durch die bestimmte Gegenstände zu Zeichen werden. Das heißt also, daß die Romanschriftsteller, Essayisten, Filmregisseure, die bildenden Künstler und alle anderen Mythenerfinder verantwortlich sind für die Welt, in der wir leben, weil sie es sind, die sie erschaffen, und nicht die Biologen, die unsere Kultur heute verteufelt, nachdem sie sie vorher in den Himmel gehoben hat.

Wir haben längst die Blutgruppen identifiziert, mit der Elektrophorese das Blutplasmaeiweiß untersucht und neuerdings auch das komplette Genom verkartet. Mit diesen Techniken könnten wir ohne weiteres die leibliche »Angehörigkeit« eines Kindes bestimmen. Aber da stellt sich sofort die Frage: Genügt ein quantifizierter biologischer Faktor, um ein Gefühl der Zugehörigkeit zu erzeugen? Die kindliche Verbundenheit erfüllt das Bewußtsein so vollständig, daß sie dem nur biologischen Wissen jeden Wert nimmt. Das Kind sträubt sich, die Amme oder Pflegemutter zu verlassen, auch wenn wir ihm seine Genomkarte vorhalten oder ihm erklären, daß es nach der elektrophoretischen Kurve hundertprozentig zu zwei biologischen Eltern gehört.

Bei den Erwachsenen liegen die Dinge nicht so einfach. Ihr Appetit auf Geschichte und Biographie ist so groß, daß er manchmal die Gefühlsbindung überspielt und den Neugierigen auf die Suche nach seiner genealogischen Abstammung schickt. Angenommen, ein genetisches Gutachten würde beweisen, daß einer zu 99 Prozent von Marilyn Monroe und zu einem Prozent von Louis de Funès abstammte, so wäre er wahrscheinlich verstört. Der Grund dafür läge aber nun keineswegs im Ergebnis der wissenschaftlichen Chromosomenanalyse, sondern im Bekanntwerden einer Biographie, die die Wissenschaft ans Tageslicht gebracht hat.

Die größte genealogische Datenbank der Welt haben die Mormonen in Salt Lake City errichtet.[125] Sie bietet viele aufschlußreiche Informationen über die Erblichkeit bestimmter körperlicher und psychischer Krankheiten. Vor allem aber stellt sich hier die behauptete Erblichkeit immer wieder als Wunschdenken heraus. Denn verläßliche Untersuchungen der Daten haben ans Licht gebracht, daß viele Kinder, die naiv ihren Vätern zugeschrieben wurden, biologisch gar nicht die Kinder dieser Väter sein konnten. Was uns beweist: Die Bande des Blutes existieren zwar, nur sind sie pure Einbildung. Am Institut de Puériculture in Paris mußte eine wissenschaftliche Arbeit über biologische Abstammungen abgebrochen werden: Die Ergebnisse hätten die betroffenen Familien sonst ziemlich durcheinandergebracht.[126]

Man weiß, daß Adoptiveltern manchmal die leiblichen Eltern treffen und ihnen zur Information Briefe des Kindes und Fotos von ihm bringen. Andere Adoptiveltern dagegen weigern sich, die biologischen Eltern zu treffen. Man hat herausgefunden, daß die stabilste Bindung an die Adoptiveltern bei denjenigen Kindern zu finden ist, die nichts von ihrer wahren Abstammung wissen.[127] Das Gefühl der Zugehörigkeit wächst also eher in einer gemeinsamen Geschichte des Alltags, als durch biologische Vererbung (die zudem oft dort vorkommt, wo man sie gar nicht erwartet).

Bei Tieren von einer Abstammungslinie zu sprechen ist offenbar unmöglich. Aber auch bei ihnen gibt es ein Gefühl der Vertrautheit, das sich im Lauf gemeinsamer Alltagsaktivitäten herausgebildet hat. Dieses Gefühl kann aber ebensogut außerhalb jedes Zusammenlebens erwachsen, etwa bei einer gefühlsgeladenen Begegnung. In diesem Gefühl affektiver Nähe hat das strukturelle Verwandtschaftsgefühl der Tiere vermutlich seine Wurzel. Das erklärt uns das seltsame Verhalten der Makaken, einer indischen Affenart. Die Männchen töten die Neugeborenen einer benachbarten Gruppe, aber ihre eigenen, biologischen Kinder verschonen sie dabei: Sie erkennen sie wieder, ohne sie je gekannt zu haben, dank gewisser Verhaltensmerkmale und sinnlicher Signale, die bei den Killer-Makaken augenblicklich ein besänftigendes Gefühl der Vertrautheit auslösen.[128]

Einige Bestandteile dieser sinnlichen Signalstrukturen sind erblich: Bei Katzen werden bestimmte Jagd- oder auch Schlafmuster vererbt; in der Erblinie von Ratten tritt in jeder Generation dieselbe Fähigkeit zu einer charakteristischen Gruppenbildung wieder auf. Auch die Gebellsalven eines Hundes sind alles andere als zufällig; die genetische Verhaltensanalyse enthüllt vielmehr die erbliche Weitergabe eines ganz bestimmten Bellstils.[129]

Und trotzdem ist es selbst bei den Tieren nicht leicht, das Vererbte und das Erworbene voneinander zu trennen. In zahlreichen Arten erben die Weibchen den Rangplatz ihrer Mutter. Im Lauf der familiären Sozialisation nimmt die Tochter eines ranghohen Weibchens sehr bald ihrerseits diese dominante Stellung in der sozialen Gruppe ein. Aber ihr Leben lang wird sie sich ihrer Mutter unterwerfen, die sie immer noch als beherrschend empfindet.

Im Jahr 1939 wurden in Indien 409 Makaken eingefangen, zur Wiedererkennung tätowiert und auf der Insel Cayo Santiago bei Puerto Rico ausgesetzt, wo ihre Nachfahren noch heute in Freiheit leben.[130] Sie wurden verdeckt mit Ferngläsern beobachtet. Dabei sah man, daß Imo, ein dominantes Weibchen, plötzlich ein neues Ritual erfunden hatte: Sie nahm Süßkartoffeln, wusch den Sand von ihnen ab und salzte sie, indem sie die Kartoffeln in Meerwasser tauchte. Dieses neue Ritual bürgerte sich bei den Makaken von Cayo Santiago so fest ein, daß nun auch die Jungen es lernen mußten. In jeder Generation nahm die Zahl der Kartoffelwäscher zu, und heute machen es dort fast alle so. Ein Ritual, das allein diese Gruppe charakterisiert.

Vererbbares und Vererbtes werden lange vor der Sprache durch die Generationen weitergereicht. Später tauchen dann auch die Wörter auf und dazu die Idee der vergehenden Zeit; erst dadurch werden ja Mythen und Erzählungen möglich. Wir müssen also vermuten, daß der kleine Mensch die Chromosomen seiner Eltern und gleichzeitig die Bibliothek des elterlichen Wissens erbt (gar nicht zu reden von der Teekanne, die Tante Agathe 1930 aus Tonking mitbrachte und die keiner haben wollte, was aber auch zeigt, wie sehr menschliche Dinge mit Geschichte gesättigt sind).

Jetzt verstehen wir auch besser, warum die künstliche Befruchtung bei Tieren regelmäßig Entwicklungsprobleme der Jungen hervorruft,[131] während wir derartiges bei den kleinen Menschen nicht feststellen. Bei diesem Verfahren erfährt das Weibchen eine Störung der für die affektive Bindung nötigen Paar-Interaktion. Es sieht sich plötzlich schwanger, ohne in seinen Gefühlen darauf vorbereitet zu sein. Ein Stück Biographie, das Verbundenheit schaffen sollte, fehlt. Wenn das Junge schließlich kommt, dann wie ein Blitz aus heiterem Himmel. Das Weibchen, das ja wie alle Wesen ohne Sprache auf die Nähe sinnlicher Reize angewiesen ist, verbindet sich nicht mit ihm. Es sieht das Neugeborene als Fremden an, als Eindringling, wenn nicht gar als Beute und Mahlzeit.

Anders der kleine Mensch: Er ist selbst bei Fremdinsemination in der gemeinsamen Sehnsucht von Vater und Mutter nach einem Kind gezeugt. Er gehört so sehr zu ihnen, daß er sich selten nach dem Namen seines biologischen Vaters erkundigt.[132] Das muß nicht bedeuten, daß dieser nicht vielleicht doch in irgendeiner geheimen Vorstellung existiert. Es bedeutet vielmehr dies: Das Kind sehnt sich danach, zu denen zu gehören, die es großziehen, auch wenn in der Tiefe seiner Seele das Geheimnis des Ursprungs eine psychologische Rolle spielt. Man beobachtet dasselbe Phänomen auch bei Kindern, die aus einem Inzest geboren sind. Wenn die Mutter, trotz allem, ausreichend glücklich war, um dem Kind eine ruhige Entwicklung zu schenken, fragt es nie nach seinem Vater. Und sein Schweigen sagt uns deutlicher als Worte: Es weiß, daß auf seinem fernen Ursprung ein schweres Geheimnis lastet. Es will unwissend bleiben, um den Menschen zu gehören, die es Tag für Tag lieben. Ihnen bleibt es verbunden und nah.

Niemandem gehören heißt niemand sein

Man muß also irgendwie »angehören«, wenn man jemand werden möchte. Gehört man zu einer und nur einer Kultur, so kann man auch nur eine einzige Person werden. Mehrere Personen auf einmal zu werden ist da unmöglich, außer auf Kosten von Identitätsstörungen; die aber gefährden die Eingliederung in die Gruppe.

Wir kennen Kulturen, nach deren Auffassung ein Kind ohne Zugehörigkeit den Tod verdient. In Algerien denken zahlreiche Frauen, ein Kind zu töten sei nicht so schwerwiegend, wie ein uneheliches Kind zu machen. In unseren Tagen wurde der Algerier Mahfeud Boucebci nur deshalb ermordet, weil er Heime für elternlose Kinder verlangt hatte. Auch in unserer Kultur hat man lange Zeit ebenso gedacht, bis die Institution der Ehe von ihrem Sockel gestürzt wurde und die Mütter nun ihre Töchter davor warnen: »Laß dir bloß Zeit, Kind! Nur nicht zu früh heiraten! Wenn du ein Kind kriegst, das machen wir schon irgendwie!« Nur eine Generation vorher war das uneheliche Kind ein Familiendrama, eine soziale Tragödie.

Die Zugehörigkeit hat zwei Stränge: die Vertrautheit und die Abstammung. Die Vertrautheit ist ein Gefühl, das man empfindet, das sich einwurzelt und verstärkt durch die Wahrnehmungen des häuslichen Lebens. Das Gefühl der Abstammung hingegen existiert nur in der inneren Vorstellung, die ihre Wurzeln im kulturellen Kontext hat. Vertrautheit wird genährt durch die Biologie, das Gedächtnis und tägliche Sinneserfahrungen, die Abstammung lebt von der Kultur. Die gesellschaftliche Tradition des Familienlebens schafft eine psychische und eine sinnliche Struktur, in der sowohl die Vertrautheit wie auch das Gefühl der Abstammung entstehen.

Wenn ein Kind zu niemandem gehört, befindet es sich außerhalb der Gesellschaft, ohne die Strukturen, die seine Gefühle der Vertrautheit und der Abstammung festigen müßten. Kinder ohne Familie bleiben gleichzeitig außerhalb aller anderen Sozialisationsgruppen, die eine Bindung ermöglichen würden. Mehr oder weniger entwickelt, finden wir sie als zügellose, unsoziale, nicht selten kriminelle Heranwachsende wieder. Ihre unbeherrschte Impulsivität treibt sie bedenkenlos zur Tat, ihr brüchiger Gefühlshaushalt bringt sie aus der Fassung und verwickelt sie in Beziehungsschwierigkeiten.

Die damit einhergehende Minderung des Selbstbildes führt dann zu verzerrten Alltagsbegegnungen und in der Regel auch zu Identitätsstörungen. Wenn man nicht weiß, woher man kommt, weiß man nicht, wohin man geht. Wer keinen Umkreis der Zugehörigkeit hat, dessen Gefühlsleben wird schattenhaft und verschwommen, weil die Welt um ihn herum ohne Struktur bleibt. Es wird dann fast gleichgültig, ob man Brahmane oder Krieger ist, Mann oder Frau, tot oder lebendig.

Wenn ein Kind nicht zu jemandem gehört, kennt es auch nicht die Geschichte seiner Familie oder seiner Vorfahren. Dieser Mangel hindert das Kind auch daran, seine Zeit strukturiert zu ordnen. Ein junger Mann von 25 Jahren hat dann plötzlich »Filmrisse«, vertut sich bei wichtigen Daten um zehn oder 15 Jahre, und wenn er seine Biographie erzählt, erscheint sie ganz unzusammenhängend.

»Menschen ohne Vergangenheit sind Menschen ohne Namen.«[133] Der Familienname stellt ein fundamentales Problem dar, da er uns ja von anderen gegeben wird. Fehlt jedoch die erzählte Vergangenheit, so bleibt auch die Nachkommenschaft stumm. Der Vorname wird durch eine enge, intimere Gefühlsbeziehung verliehen. Das Kind wird höchst aufmerksam bei auch nur entfernt ähnlichen Tönen oder Buchstaben, die seinen Vornamen sozusagen aufrufen und eintragen in eine Abstammungslinie. Das Kind, das seine chaotische Geschichte kennt, überträgt außergewöhnlich starke Gefühle auf seinen Namen. Ohne einen klaren Bezug zur Wirklichkeit verliert es sich in einem Durcheinander von Bezeichnungen.

»Ich mag meinen Vornamen Josiane, den hat mir meine richtige Mutter gegeben.«

»Deine richtige Mutter? Also die, die dich geboren hat?«

»Nein, nein! Die mich aufgezogen hat.«

Im Verlauf eines vorhergegangenen Therapiegesprächs war die »richtige« jedoch die leibliche Mutter gewesen. Manchmal hörte man da auch den Ausdruck »der Herr, der mich aufgezogen hat«, eine Umschreibung, die das Aussprechen des Wortes »Vater« vermeidet, was im vorliegenden Fall eine unerträgliche Gefühlsbewegung ausgelöst hätte. Im Kopf dieses Kindes stoßen sich die Namen und die damit benannten Personen gegenseitig herum. Wenn aber eine Erzählung konfus, das Selbstbild unscharf wird, bleibt auch ein Gesprächspartner ratlos und kann den Gedankenaustausch nicht wieder in Gang bringen. Das Gespräch verlöscht. Das Kind fühlt sich dann um so isolierter, denn bei jedem Versuch einer Begegnung wird ihm ja immer neu bestätigt, daß es von allen Sozial- und Gefühlswelten ausgeschlossen ist. Jede mißglückte Begegnung weckt aufs neue den bereits tiefsitzenden Eindruck der Verlassenheit. Sobald die Bezeichnungen ungenau werden, hat das namenlose Kind keinen Platz mehr in der Linie der Generationen. In familiärvertrauter Tonart kann niemand mit ihm sprechen.

Sogar die Gesichter werden unpersönlich. Dabei ist es für ein Kind schwer erträglich, nicht zu wissen, wem es ähnelt. Es gibt einen sehr häufigen Kindertraum, für den ich den Terminus »Magrittes Traum« vorschlage. Diese Kinder wissen, daß sie von einem Mann gezeugt und von einer Frau geboren wurden, aber das Aussehen ihrer Eltern kennen sie nicht. Sie träumen von ihnen als einem traut vereinten Paar wie auf dem üblichen Hochzeitsfoto. Aber an der Stelle des Gesichts haben die beiden Menschen ein Loch.

Wenn wir ohne Zugehörigkeit sind, wissen wir also auch nicht, wie die aussehen, die uns gemacht haben. Wir wissen nicht einmal, ob wir die Nase vom Vater oder von der Mutter haben. Wir können nicht sagen: »Ich bin so groß wie mein Vater, so lebhaft wie meine Mutter.« Bei den Niemandskindern verschwimmt sogar die körperliche Identität (was die hohe Bedeutung der Elternfotos erklärt – wenn es Fotos überhaupt gibt).

Mit Stolz unseren Platz im Raum einnehmen, einen affektiv, psychologisch und sozial markierten Platz: Das ist es, was uns die Zugehörigkeit schenkt. Auch der Stolz ist dabei wichtig, da er den Aufbau der Identität erleichtert. Es ist immer wieder erstaunlich zu sehen, wie stolz Kinder darauf sind, einer Gruppe anzugehören, obwohl diese von ihren Nachbarn verachtet wird. Die Roma in Rußland sind überrascht, wenn sie erfahren, daß Ex-Kommunisten stolz darauf sind, täglich zur Fabrikarbeit zu gehen. Ebenso überrascht sind die Ungarn, wenn man ihnen sagt, daß die Zigeuner stolz darauf sind zu betteln. Für diese wiederum ist das Betteln eine rhetorische Leistung. Wenn der Fremde ihm einen Groschen gibt, so hat der Zigeuner offenkundig die richtigen Worte und Gesten gefunden, um ihm das Geld aus der Tasche zu ziehen. Ein Almosen ist der Beweis für das hohe Redetalent des Zigeuners (das eigentlich jeder Mensch sich wünscht).

Kulturelle Widersprüche und Mißverständnisse sind deshalb so häufig, da Menschen zwar gleichzeitig am gleichen Ort leben und aufeinanderstoßen, nicht aber in der gleichen Ideenwelt, in der jeder stolz ist auf dieselben kulturellen Werte seiner Gruppe. Dieses Selbstbewußtsein ist durch eine ganz bestimmte Gebrauchsanweisung für die Welt vermittelt und ruft seinerseits das Vergnügen hervor, in ihr die eigene Identität aufbauen zu können.

Aber auf wen soll ein Kind stolz sein, das niemandem gehört? An seinem Ursprung liegt eine offene, schwärende Wunde, eine Mülltonne, in die man es geworfen hat, eine Bürde, die ihm das Recht auf die eigene Existenz raubt. Was für ein Verbrechen muß es wohl begangen haben, wenn die Mutter es verlassen hat: »Ich verdiene es nicht zu leben, weil meine Mutter von einem SS-Soldaten vergewaltigt wurde. Das ist der Beginn meiner Existenz, eine entsetzliche Tat. Wer will schon was mit mir zu tun haben? Wer könnte mich denn lieben?« Eine solche Vorstellung verunstaltet das Selbstwertgefühl.

Von den »Mülltonnen«-Kindern finden manche wenigstens die Kraft zu träumen. Sie legen sich einen Familienroman zurecht von Kindern ohne Familie; eine Fee übernimmt darin die Rolle der Mutter, ein kühner Ritter spielt den Vater. In diesen Romanen findet man oft auch die Phantasie der Schatzsuche: »Meine Eltern haben mir vor ihrem Tod einen versteckten Schatz hinterlassen, den ich jetzt suchen muß.« Wohingegen die Kinder, die im engen Käfig überfürsorglicher Eltern aufgewachsen sind, regelmäßig den Roman vom elternlosen Kind zurechtfabulieren: »Ich könnte ein Waisenkind sein, ich wäre ganz allein auf der Welt; ich würde leiden, aber ich wäre frei; wäre das schön, niemandem Rechenschaft zu geben; ich wäre der alleinige Verfasser meiner eigenen Geschichte.«

Nie hat ein Kind die Eltern, von denen es träumt. Nur Kinder ohne Eltern haben Traumeltern. Wenn sie jedoch ihre Erzeuger in der Wirklichkeit wiedersehen, bereitet die Begegnung ihnen einen stechenden Schmerz und schafft selten eine Bindung. Gleichzeitig erinnert der Familienroman der elternlosen Kinder stark an die Struktur der Mythen.[134] Aus diesem Grund sind die Lügen, die Legenden und Erfindungen über den eigenen Ursprung nicht nur notwendig, sondern auch respektgebietend. Sie sind nämlich die Grundlage einer imaginären Abstammungslinie und schaffen eine Welt, in der man tätig sein und alles einen Sinn annehmen kann.

Eine Patientin, ein nach der Geburt verlassenes Kind, hört eines Tages diesen Satz: »Wer in die Fremdenlegion will, muß Vater und Mutter verleugnen.« Ihr Kommentar dazu: »Also, da sagte ich mir: Meine Eltern haben mich ja schon verleugnet; ich kann demnach in die Fremdenlegion. Ich holte Auskünfte ein, lernte Motorradfahren und trieb Kampfsport, ging keiner Gefahr aus dem Weg, und jetzt bin ich Kassiererin in einem Supermarkt.« Der auslösende Satz entsprach so sehr ihrer Phantasie, daß die junge Frau noch heute einen bemerkenswerten körperlichen Mut beweist. Sie sucht den Streit, erotisiert das Risiko und gestaltet einen großen Teil ihres sportlichen Freizeitvergnügens, ihrer Lektüre und ihrer Kleidung im Rahmen paramilitärischer Aktivitäten.

Solche Kinder wollen sich jemandem geben, einer Familie, einer Gruppe. In Frankreich ist für elternlose Kinder ein spezieller Ausdruck im Schwang: »Das ist ein Kind der Assistance.« Keine offizielle Institution trägt diese Bezeichnung.¹³⁵ Mit diesem Ausdruck werden jedoch die Kinder an eine Organisation weiterverwiesen, der sie nun angehören sollen. Früher, generationenlang, haben wir aus ihnen Landarbeiter gemacht, Kirchendiener in der Bretagne, Schiffsjungen für die britische Marine oder Bauern für Afrika und Indochina.

Wenn Eltern ein Kind aus ihrem eigenen Kulturkreis adoptieren, sind sie im allgemeinen den leiblichen Eltern gegenüber sehr zurückhaltend.¹³⁶ Handelt es sich dagegen um ein Kind anderer Hautfarbe oder einer anderen Kultur, so haben sie oft den Plan, dem Kind eines Tages seine wahre Herkunft zu entdecken. Auch dies belegt, daß die kindlichen Gefühle nicht mehr seinen biologischen Eltern gehören, sondern den beiden, die ihm verbunden sind, obwohl es seiner Herkunft nach zu einer ganz anderen Kultur gehört. Hierin finden wir auch den Unterschied zwischen Vertrautheit und Abstammung wieder: Das Kind gehört denen, die zu ihm tägliche und tätige Verbindungen knüpfen, wohingegen irgendeine imaginäre Abstammung auf eine ganz andere Welt verweist, wo man sich anders anzieht, wo man anders denkt, wo man anders betet.

Die Zugehörigkeit erschafft die Welt, in der wir leben und unsere Fähigkeiten entwickeln können. Sie gibt unseren Wahrnehmungen Gestalt. Aus dem Chaos der Wirklichkeit schneidet sie Formen der Erfahrung heraus, Rollenspiele, in denen wir die Vertrautheit lernen, dieses früheste Beruhigungsmittel unserer Kultur. Wir haben uns daran gewöhnt, Regeln zu lernen, ein Mienenspiel zu erkennen, das etwas bedeutet, unsere Gesten so einzurichten, daß der Geliebte sie versteht. Damit nimmt unsere Welt vertraute Gestalt an. Erst dann wissen wir, was wir in dieser Welt tun, sagen und fühlen sollen.

Das Zugehörigkeitsgefühl, das unsere Wahrnehmung der Umwelt und ein angemessenes Auftreten strukturiert, gibt uns neben dem Gefühl der eigenen Kontinuität (ich bleibe derselbe und dieselbe, auch wenn alles um mich herum sich ändert) gleichzeitig unseren Platz zwischen den Generationen. Auch Tiere haben ohne Zweifel das Gefühl einer individuellen Kontinuität, aber nicht unser Geschichtsbewußtsein, das uns zu einer Person in einer Abfolge von Generationen macht. Um das zu leisten, muß man Namen geben, man muß zählen und erzählen können. Der eigene Name ist das deutlichste Etikett der Zugehörigkeit. Denn er steht für die Idee, die ich von mir selbst habe unter dem Blick der anderen. »Ich bin stolz auf meinen Namen«, oder im Gegenteil: »Ich schäme mich meines Namens, ich habe ihn im Hinblick auf eine militärische Ordensverleihung geändert.« Solche Äußerungen zeigen, wie stark gefühlsgeladen die scheinbar äußerliche Benennung ist.

Wenn einer zu seiner Frau sagt: »Hör auf! Du gehst mir auf die Nerven!« dann macht ihr das nicht gerade Vergnügen, aber sie hält es aus. Wenn er dagegen sagt: »Hör auf! Du erinnerst mich an deine Mutter!« dann wird es unerträglich für sie. Denn jetzt geht es um mehr als nur um ihre Person allein. So etwas ist ein Angriff auf sie und ihre Zugehörigkeit. Heute allerdings leidet das Ich, das doch für die innere Entwicklung so nützlich ist, im Käfig seiner eigenen Begriffskonstruktion. Das Ich kann aber nicht nur als ein Teil von mir definiert werden, wie ein Körperteil. Es findet seinen Sinn nur in einer Welt der zwischenmenschlichen Beziehungen, in der es sich mitteilt und in der es geformt wird.

Nur sich selbst und nicht gleichzeitig auch seine Zugehörigkeitsgruppe darstellen, das ist ein sinnloses Herumgerenne, die Aufrichtung einer Identität ohne Fundament, eine Anarchie.[137] Ohne eigenen Unterbau, ohne Ursprung und Herkunft stehen wir im Leeren, durch Zufallsbegegnungen treibend und getrieben. Dann können wir uns ebensogut zu einem Gespräch von Bauchrednern hergeben, bei dem der eine durch den Mund des anderen spricht. Die Welt unserer Gedanken verkommt zur intellektuellen Litanei, die uns in der Anbetung des Immergleichen vereint. Wir ersparen uns damit nur die Mühe des eigenen Denkens.

Aussprache und regionale Redensarten kennzeichnen ebenfalls unsere Angehörigkeit. Wenn man in der Provence sagt: »Il est fou« (er ist verrückt), dann spricht man im Ernst. Wenn dort hingegen gesagt wird: »Il est fada«, dann fügt der Provençale seinem Urteil eine scherzhafte, fröhlichere Note hinzu. Die Frau eines Patienten hatte erheblich zu leiden unter den Wahnvorstellungen ihres Mannes, die sie nicht mehr verstand; sie sagte von ihm: »Il déparle« (er »redet miß«). Mit diesem Ausdruck, der in Toulon recht häufig ist, sagte sie, daß der »déparlierende« Mann nicht mehr zu ihrer gesellschaftlichen Gruppe gehörte. Er war ihr fremdartig, entfremdet, seine Rede machte ihn zum Einwanderer, zum Ausländer in der Sprache.

Jeder Gedankenaustausch, jedes Gespräch erzeugt eine ganze Landschaft aus mimischen, akustischen und sprachlichen Sinneseindrücken, in der wir uns begegnen können, Gefühle mitteilen und Bindungen anknüpfen. Darin liegt wahrscheinlich auch die Erklärung für die plötzliche Freude, die wir empfinden, wenn wir im Ausland einem Menschen unserer Sprache begegnen. Es ist dasselbe Gefühl ruhiger Vertrautheit und stabilisierender Bestätigung, das auch die Gestik des kleinen Kindes formt, sobald es zu sprechen beginnt.[138]

Es gibt einige Völker ohne Geschichte und ohne Geographie. Ein Beispiel dafür sind die Zigeuner, die nicht durch beide Kräfte geprägt wurden. Sie verschaffen sich das Gefühl ihrer Identität durch verstärkte Alltagsrituale. Ihre Folklore ist voll von Anspielungen auf »das schöne Leben«. Mit ihren Liedern und Tänzen verankern sie den Zusammenhang der Gruppe in der Gegenwart. Da sie sich kaum für ihre eigenen Ursprünge interessieren, saugen sie die umgebende Kultur auf wie ein Schwamm oder ein Künstler, selbst wenn in ihrem Innern noch die Spuren der Vergangenheit liegen. Sie sind sich dessen nicht bewußt, denn das Vergangene wurde nur unvollständig in ihren Mythen weitergereicht, ausgenommen vielleicht die Aufstellung der Gläser bei Tisch sowie einige altindische Trachten und Redensarten.[139]

Da die Zugehörigkeit also eine Funktion hat, kann diese möglicherweise auch gestört sein. Aber man kann nicht nicht angehören. Wenn einer nicht mehr oder im Übermaß dazugehören will, ganz zu jemand anderem oder nur sich selbst gehören will, dann ist etwas schiefgegangen. Und dann funktioniert auch das Individuum nicht mehr richtig.

Ein Findelkind erzählte mir, es habe sich so stark mit seinem Vormund identifiziert, daß es die gleichen Fächer studierte, die gleichen Sportarten trieb, die gleichen Hemden trug und sogar seine Marotten und Ticks übernahm. Als der Vormund nun gestorben war, erwähnte sein Testament das Kind mit keiner Silbe, nicht der winzigste Gegenstand aus dem Nachlaß wurde ihm vererbt. Zum

Schmerz der Trauer, zum emotionalen Verlust, kam bei dem Kind nun auch noch ein Gefühl der Nichtigkeit hinzu, als wäre das Ende der Welt gekommen, paradoxer: als hätte die Welt keinen Anfang gehabt. Es gab nichts, überhaupt nichts, und es hatte nie etwas gegeben. Ein Buch hätte genügt, ein Bleistift, ein winziges Zeichen, um das Gefühl der Kontinuität hervorzurufen, das den Dingen ihren Sinn und unserer Identität Ruhe und Dauer schenkt. »Wenn er mir sogar den alten Kugelschreiber nicht vermacht hat, den er sowieso wegwerfen wollte, dann heißt das doch, daß ich nicht mal in seinem Kopf existierte.«

Die Weitergabe von Gegenständen, die Übereignung von Dingen, die getränkt sind von menschlicher Geschichte (der erwähnte Kugelschreiber war auf einer Reise in die USA gekauft worden), weist uns und unseren Gefühlen einen Platz in der Abstammungslinie an. Wenn wir die Geschichte unserer Eltern erzählen können, so ist das für uns von Bedeutung. Daß diese Erzählungen nur noch als »Schnee von gestern« und »Grufti-Gerede« gelten, ist ein weiteres Zeichen für das Verschwinden der Familie aus der Kultur.

Das Fehlen von Aufnahmeritualen läßt den einzelnen ohne Zugehörigkeit.[140] Es raubt seinen Bemühungen jeden Sinn: »Warum bin ich eigentlich Lehrer geworden wie er, wo ich mich doch viel mehr für Ökonomie interessiere? Warum habe ich geheiratet, obwohl ich doch lieber reisen wollte? Warum habe ich, trotz meiner Vorliebe für ruhige Farben, immer diese blöden amerikanischen Hemden getragen?« Ohne Zugehörigkeit bleibt man allein, in einer Welt von Dingen, die ihren Sinn verloren haben, ein kümmerliches Dahinvegetieren, punktiert von Augenblicken, die vorübergehen. Warum in Paris wohnen und nicht in Lille? Lieber reich oder besser arm sein? Mann oder Frau? Tot oder lebendig? Es kommt alles aufs gleiche heraus. Das alles hat keinen Sinn, keine Richtung, wird nicht zum Plan eines Lebens. »Ich werde träge. Ich gebe jedem Einfluß nach, der mich unterwerfen will und mich mal hierhin, mal dahin schiebt.«

Der Zufall gibt das vereinzelte Individuum seinen Ausbeutern preis. In unstrukturierten Gruppen treiben viele Menschen richtungslos dahin und warten auf ein zufälliges Ereignis, das sie packt. In diesen Fällen sieht man regelmäßig einen Retter auftauchen, einen

Erlöser, einen Guru, der den nirgends Dazugehörenden beibringt, daß sie verloren sind und glücklich erst, wenn sie »besessen« werden.[141] Sie lassen es zu bis zu dem Tag, an dem sie entdecken, daß sie nicht einmal mehr sich selbst gehören und ein fremdes Leben geführt haben.

Das menschliche Leben ist voll schillernder Doppeldeutigkeit: Ich kann nicht ich selbst werden, ohne daß ich einer Gruppe angehöre, die mir Entwicklungswege vorschlägt. Gehöre ich der Gruppe jedoch zu sehr an, werde ich wiederum nicht ich selbst, sondern das, was die anderen wollen.

Dieselbe Ambivalenz finden wir auch in der Suche nach der eigenen Herkunft wieder. Das Verlangen nach Abstammung mündet im Augenblick der Entdeckung in ein erstaunliches Gefühl von innerem Frieden, in einen wohltuenden Zusammenhang. Vielen ist noch die Freude gegenwärtig, die sie beim Fund eines Großvaterbriefes oder eines anderen »Beweises« ihrer Abstammung empfunden haben. Sehr oft benutzen diese Personen, wenn sie jenes Erlebnis des Zusammenhangs schildern wollen, den Ausdruck, sie hätten sich gefühlt »wie eine Tür in ihren Angeln«.

Und das, obwohl diese Entdeckung in einem staubigen Archiv stattfindet und das ausgegrabene Dokument zwar einen Beweis liefert, aber für etwas Imaginäres. Die offenbare Kuriosität erklärt sich, wenn man elternlosen Kindern zuhört. Seit es ihnen gesetzlich erlaubt ist, ihre Vorfahren ausfindig zu machen, laufen immer wieder die folgenden Szenen ab: Die Kinder finden ein Foto, einen Brief oder einen Zeugen, Material für den Roman ihrer Familie, und empfinden mit großer Freude das Gefühl des inneren Zusammenhangs, den alle Familienmythen erschaffen; kaum haben sie jedoch den Vater oder die Mutter in Wirklichkeit getroffen, so setzt eine ebenso große, oft schmerzhafte Enttäuschung ein, und der bittere Nachgeschmack verhindert eine tiefergehende Beziehung.

Das »süße Gefängnis« der Abstammung spielt uns manchen bösen Streich und führt uns nicht selten in eine Sackgasse. Jeder in Frankreich kennt die Sage aus Savoyen (»Les Voués au Fier«), in der eine arme Familie am Fier wohnt, einem Sturzbach im Gebirge mit gefährlichen Strudeln und Wasserfällen; dort hinein stürzen sich in jeder Generation die dreißigjährigen Männer, wie von einer dunklen Kraft angezogen.

Etwas ähnliches hat mir einmal ein junger Mann erzählt: In seiner Familie, ganz wie bei den Fier-Anwohnern, begingen alle Männer mit vierzig Jahren Selbstmord. Er konnte die Daten und Namen bis zu Onkeln und Großeltern auflisten. Auf der Suche nach einer Erklärung dieser wiederkehrenden Tragödie schwankte er zwischen der genetischen Vererbung einer Depression und einem bösen Fluch. Er lebte in der ständigen Angst, jene dunkle Macht würde auch ihn eines Tages ergreifen. Voll Düsternis, traurig und einsam wagte er sich an kein Lebensprojekt und fühlte sich in Gesellschaft unwohl: »Ich muß mich ja sowieso bald umbringen.« Das Warten auf den Impuls dazu gab jedem Ereignis seines Lebens den Geschmack des nahen Todes. Wie gebannt auf seine Familiengeschichte starrend, entdeckte er eines Tages, daß er heimlich adoptiert worden war. Es war wie eine Befreiung. Von heute auf morgen änderte sich seine Stimmung. Da er nun nicht mehr zu den Fier-Anwohnern gehörte, konnte er hoffen und Pläne schmieden.

Ebenso kommt es vor, daß die pathologische Zugehörigkeit vom Individuum ausgeht, etwa im Fall der eingebildeten Abstammung, der Idealisierung der Verstorbenen oder der altruistischen Melancholie. Dieser Kranke hat kein »Ich«-Gefühl. Er kann sich selbst nur als ein »Wir« denken. Da er sich den Tod als Befreiung vorstellt, nimmt er auch seine Kinder und nächsten Verwandten dorthin mit, aus Liebe, so sehr gehören sie alle zueinander. Auch viele Verbrechen aus Leidenschaft finden in dieser Intensität des »Wir«-Gefühls eine Erklärung: »Wenn sie mich verläßt, bringe ich sie um, und dann bringe ich mich um, ohne sie kann ich nicht leben.«

Derartig fluchbeladene Zugehörigkeiten sind leider nicht selten. Beispiele dafür sind die Kinder, die sich gegen eine höhere Bildung sperren, als ihre Eltern sie haben, aus Angst, sie zu demütigen, oder die Juden, die im Holocaust zu ihren Angehörigen zurückkehrten und sich mit ihnen zur Vernichtung führen ließen; noch heute fühlen sich viele Überlebende schuldig, weil sie dies nicht getan haben.[142] Die häufigste pathologische Form der Zugehörigkeit ist eine nach außen geschlossene Welt, in der nur eine einzige Art des Menschseins geduldet wird unter Ausschluß aller anderen. Wie ein

Wappenspruch klingt der hier oft gehörte Satz: »Wer anders denkt, ist bösartig!« Der Satz beweist, daß der Sprecher unfähig ist, aus sich herauszutreten. Nur ein Bild der Welt ist richtig: das seine. Die mit einem anderen Bild sind entweder Schlawiner oder verrückt.

Väter sind keine Eltern mehr

Das Zugehörigkeitsgefühl, das unser Verhalten und unsere Urteile formt, wird seinerseits geformt von unserer menschlichen Umwelt. Vor gar nicht so langer Zeit wurde jeder von uns noch zu Hause geboren und starb dort auch. Dabei wuchs das Gefühl, einer Familie oder einem Dorf anzugehören, leicht und wie von allein. In einer Zeit, als Hunger und Epidemien, ein hartes Klima und marodierende Räuberbanden den Rhythmus des Lebens bestimmten, war die Familie ein Ort der Sicherheit, Ruhe und Zuneigung. Nun aber ändert sich der menschliche Kontext: Unsere Überzahl stößt uns in die Anonymität, mehrmals in einem Leben wechseln wir Wohnort und Beruf, die Stadt wird zur Bühne von Zufallsbegegnungen und schnellebigen Vergnügungen. Die Bedeutung der Familie bleibt davon nicht unberührt. Sie ist nicht mehr die sichere Schonzone, in der wir leben, lieben und arbeiten lernen. Sie wird ein Ort der Repression und Regression. In einer schwierigen Umwelt litt man unter der Unbehaglichkeit und Unsicherheit des Lebens, während in einer überorganisierten Gesellschaft die Familie selbst das Leiden schafft, denn in ihr werden nun die sozialen Zwänge und Ängste weitergegeben.

Der Zusammenbruch der traditionellen Familie hat eine weitere Erkrankung des Zugehörigkeitsgefühls hervorgerufen: Die Väter sind keine Eltern mehr. Die mit »Vater« bezeichneten Männer wissen nicht mehr recht, was das Wort bedeutet, wozu es sie zwingt, was es ihnen erlaubt, welchen Platz es ihnen in der Familie und in der Gesellschaft anweist. Wenn ein Mann von niemandem mehr Vater genannt wird, weder von der Mutter noch von den Kindern, noch von der Gesellschaft, wie sollte er sich da als Vater fühlen? Wenn er nur noch das Samenkorn pflanzt und den Scheck unterschreibt, wie soll da die affektive Bindung entstehen, von der ein

Vatergefühl durchtränkt ist? Die kleinen Westler-Kinder wissen heute nicht mehr, wer ihr Vater ist. Sie kennen die Biographie von Franz Beckenbauer und wissen nicht, daß auch ihr Vater eine Geschichte hat.[143] Weder können sie seine Vorfahren aufzählen[144] noch seinen Beruf nennen.[145] Es braucht einige Zeit, bis Kinder merken, daß auch ihre Eltern einmal Kinder waren. Freud war der Ansicht, daß das Kind anfangs nur die Welt entdeckt, die aus den beiden Eltern besteht, und erst später, »mit der zunehmenden intellektuellen Entwicklung«, herausfindet, daß auch die Eltern selbst den Kategorien einer größeren Welt angehören: der Gesellschaft und ihren eigenen Eltern.[146]

Mir scheint heute der Vorgang, durch den die Geschichte des Vaters durch das Kind entdeckt und personalisiert wird, dies aber nicht als idealisierter Gott oder Tyrann, außerordentlich verzögert zu sein. Ein Kind des 19. Jahrhunderts sah seinen Vater oft noch arbeiten, es schaute sich die dazugehörige Arbeitskleidung und seine Werkzeuge an. Es wußte, wie es zuging in einem Bergwerk oder auf dem Feld, weil alle ringsherum davon sprachen. Wenn heute Kinder gerade noch den väterlichen Beruf wissen, so können sie ihn nicht beschreiben und kennen weder das Gehalt noch das dafür nötige Studium oder gar den persönlichen Berufsweg des Vaters. Gelegentlich täuschen sie sich auf eklatante Weise. Eine junge Abiturientin fuhr mich einmal aggressiv an: »Mein Vater ist wahnsinnig reich; er verdient 2300 Mark im Monat, und uns gibt er fast nichts.« Den Beruf ihrer Mutter können Kinder heute beschreiben; fragt man sie aber nach dem Beruf des Vaters, so wenden sie sich mit einem fragenden Lächeln an ihre Mutter.

Durch diese Lücke in ihrer Herkunft sind sie herausgelöst aus der Abstammungslinie und vollständig der Gefühlsmacht der Mutter unterworfen, die sie später in Frage stellen müssen, um selbständig zu werden. Eine solche Verleugnung der Genealogie steht im scharfen Kontrast zur Überbetonung der Genealogie bei Aristokraten, aber auch bei einigen Intellektuellen und Künstlern. Diese stark personalisierten Abstammungslinien geben dem Kind ein Gefühl von Kontinuität und Stolz, das seine Identifizierung erleichtert.

Wenn das Gefühl für die Abstammungslinie schwindet, erhöht

sich die Schuldzuschreibung an die Eltern. Vor allem die Mutter trägt nun die gesamte Verantwortung, da sie über das Monopol der Identifizierungsbilder verfügt, während die übrigen Familienmitglieder wegen des Mangels an Biographie im Dunkeln bleiben. Jugendliche ohne Geschichte kommen mit Jugendlichen ohne Familie zusammen. Ihre Geschichte beginnt mit ihnen selbst, sie sind ihr eigener Ursprung, persönlich wie kulturell. So erklärt es sich vielleicht, daß die »Vererbung« des Berufs heute fast verschwunden ist – mit der noch erkennbaren Ausnahme des Lehrberufs.

In einer Zeit mit einem Zuviel an Vater waren die Frauen nichts als ein Anhängsel. Sie selbst nannten sich das »zweite« oder »andere Geschlecht«.[147] Eine Entwicklungskrise des Jugendlichen gab es in traditionellen Gesellschaften nicht,[148] weil hier der Beruf durch den Vater verordnet wurde und die arrangierte Heirat den Erhalt der Familienstruktur durch alle Generationen hindurch sicherte. Alles stand scheinbar zum besten in einer stabilen Gesellschaft, die sich jedoch zahlreiche (Mit)Glieder selbst wegamputiert und viele Entwicklungsmöglichkeiten unmöglich gemacht hatte. Damals sprachen die Gesetze noch von der »elterlichen Gewalt«. Inzwischen haben sie (wie tolerant!) den Ausdruck durch »elterliche Autorität« ersetzt,[149] der jedoch, kaum offiziell geworden, schon wieder veraltet ist.

Ein Kind ohne Zugehörigkeit ist ein Kind, das sich jeder nehmen kann. Ein Kind ohne väterlichen Halt sucht sich einen Ersatzhalt. Später wird es ein Massen-Männchen,[150] ein Stück Menschenmenge, anonymes Individuum, süchtig nach der Herrschaft eines charismatischen Vaters, nach dem Leiter einer Sekte oder einem anderen naiven bis brutalen Identifizierungsbild. Von ihm besessen, erfährt es seine Ekstase – um den Preis der eigenen Person.

Der im Westen gültige Mythos der Unabhängigkeit steht im Gegensatz zu den Mythen der Zugehörigkeit. Der Konflikt zwischen den zwei widerstreitenden Sehnsüchten ist schwer überwindbar. Wir müssen uns wohl fühlen in unserer Haut und an unserem Platz, um das Gefühl zu empfinden, wir seien auch jemand in unserer Kultur. Unsere heutige Freiheit ist bezahlt mit der Angst vor der Einsamkeit. Also wünschen wir uns eine Gruppe Gleichgesinnter, eine Verehrerschar, einen Fanclub, mit dem wir in ein und demselben Universum leben und dessen Mitglieder einander verbunden sind, und sei es um den Preis der Autonomie.

Heute scheint die Furcht vor Abhängigkeit am Ende eines langen Weges zu stehen, am Ende einer Geschichte der Intimität, die eine eigene Art des Erwachsenwerdens geprägt hat.[151] Die jungen Frauen haben einen Beruf gelernt, »um nicht von einem Ehemann abhängig zu sein«, also nicht so sehr wegen einer sozialen Funktion, sondern zur Beruhigung: »Wenn es mal ein Problem gibt, dann bin ich unabhängig von ihm.« Das Diplom ist demnach eine Art Versicherungspolice. Die berechtigte Zurückweisung der Abhängigkeit führt heute allerdings zu einer Furcht vor der Liebe, zur Angst, sich zu verlieren: »Wenn ich Pech habe und ihn liebe, dann tu ich alles, was er will.« Fliehen wir also vor dem Geliebten, bewahren wir unsere Unabhängigkeit! Nur so bleiben wir frei – und einsam. Das ist es, was sie oft in der Psychotherapie sagen: junge, schöne, intelligente Menschen, nicht wenige mit Universitätsabschluß, und so einsam, daß ihr tägliches Leben ohne Sinn und Wert bleibt.

Es scheint, als ob unter den Frauen, die die emotionale Abhängigkeit am meisten fürchten, diejenigen zu finden sind, die die größte Sehnsucht nach ihr haben. In einer Kultur, die die Zugehörigkeit hoch bewertet, ist auch die Abhängigkeit von einem Mann, einer Familie, einem Staat als Beweis einer gelungenen Persönlichkeit angesehen: »Was für eine wundervolle Frau! Sie hat sich für den Erfolg ihres Mannes und das Glück ihrer Kinder aufgeopfert!« In einer Kultur jedoch, die die Selbstverwirklichung predigt, ist ein so selbstvergessenes Aufgehen in der Gruppe das Zeichen eines persönlichen Scheiterns.

Viele Frauen sind hin- und hergerissen zwischen zwei gegensätzlichen Wünschen: »das eigene Leben zu leben« und gleichzeitig »eine männliche Schulter als Stütze zu finden«. Es ist unglaublich, wie häufig Frauen diese Worte benutzen. Wenn die Männer wüßten, wie interessant ihre Schultern für die Frauen sind, sie würden diesen Körperteil zur Verführung einsetzen und das männliche Dekolleté erfinden. Aber die männliche Schulter hat nun mal keine sexuelle Bedeutung, eher eine beruhigende Qualität, eine Stützfunktion für den Alltag. Die starke und vergewissernde Anwesenheit einer Mannesschulter gibt der häuslichen Frauenarbeit einen Sinn. Wenn eine Frau kocht, dann um die Liebe zu inszenieren, nicht um jemanden zu ernähren. Zur Ernährung reicht, wenn sie allein ist, ein schnell ausgelöffelter Joghurt, ein Becher Milchkaffee, ein Apfel oder ein Knäckebrot. Steht sie dagegen für einen anderen in der Küche, dann wird die Mahlzeit eine Begegnung, bei der Worte und Gefühle eine Rolle spielen werden und nicht nur Glukose, Fette und Proteine. Wenn aber ein Mann kocht, dann um den kulinarischen Akrobaten zu spielen, um bewundert zu werden. Dieselbe Sache nimmt je nach Geschlecht einen ganz anderen Sinn an: Auch das Kochen ist geschlechtsspezifisch, sobald sich die beiden Geschlechter begegnen, ist auch die Küche dabei. Der Aufschwung der Fertiggerichte für Singles ist aber ein deutlicher Hinweis auf die Entsexualisierung unserer Gesellschaft: Die Zugehörigkeit zu einem bestimmten Geschlecht wird bedeutungslos.

Die Häufigkeit der psychisch bedingten Anorexie bei jungen Mädchen im Westen beweist ebenfalls die starke emotionale Bedeutung der Küche für die Frau: Die krankhaft Appetitlosen kochen zwar, um sich zu binden, weigern sich dann aber, am gemeinsamen Essen teilzunehmen, aus Angst um ihre Unabhängigkeit. Wenn etwa die Scheinidylle zwischen Mutter und Tochter so beherrschend ist, daß sie jedes persönliche Abenteuer des jungen Mädchens verhindert, versucht die Tochter trotzdem ihre Selbstfindung, indem sie das Essen ihrer Mutter unter Gefahr des eigenen Lebens verweigert.

Die Verkündigung an Mama

In unserer Welt, in der alles Bedeutung trägt, erweist sich sogar die Armbanduhr als guter Indikator für die Ablehnung, sich in die Gesellschaft einzufügen. Noch vor einer oder zwei Generationen schenkte man eine Uhr zur Firmung oder zur Konfirmation. Der kleine Apparat hatte seinem Träger etwas zu sagen: »Ab jetzt gehörst du zur Welt der Erwachsenen. Du nimmst einen Platz ein in der Gesellschaft, in die du nun eintrittst. Deine Zeit wird zur sozialen Zeit, du wirst pünktlich zu deinem Arbeitsplatz kommen, den Rhythmus deines Tageslaufs nach den Regeln unserer Kultur einrichten. Ein Teil deiner Zeit gehört jetzt der Gruppe.«

Seit einigen Jahren jedoch versuchen die Jugendlichen, ohne Armbanduhr zu leben. Man schenkt ihnen keine mehr, sie tragen keine, und immer öfters sieht man sie auf der Straße nach der Uhrzeit fragen, obwohl die Uhren noch nie so billig waren wie heute. Auch die Schlafrhythmen sind nicht mehr »sozial« gebunden. Während der Weltkriege gab es keine Schlaflosigkeit, weil die sozialen Rhythmen vollständig auf Sperrstunde, Verdunklung und frühes Aufstehen eingestellt waren. Die Schlafsucht der heutigen Jugendlichen[152] enthüllt ihren Wunsch, keiner Gruppe anzugehören; sie verschärft damit auch die Probleme des sozialen Miteinanders.

Der Bedeutungsgehalt von Dingen und Verhaltensweisen zeigt, in welchem Ausmaß die Technik an den Mythen teilhat. Wenn Prometheus aus Zeus' Himmel das Feuer stiehlt, so ist die Flamme ein technischer Gegenstand, der nun im Mythos Platz nimmt. Nach einer mythischen Erzählung der Baruyas haben die Frauen die Macht, Salz zu machen, das wiederum gegen Stein- oder Palmholzklingen für die Waffenproduktion getauscht werden kann. Hier haben sich Mythos und Industrie vereint, um den Männern die Macht zu verleihen.[153] Im Staub der frühen Gräber finden wir die Skelette umgeben von Steinbeilen, Knochennadeln und verziertem Tongeschirr: Auch hier sind die Gegenstände der Technik die Träger eines Gefühls und einer Bedeutung.[154]

Die immer größere Zahl von Dingen, die uns nichts mehr zu sagen haben, liefert uns Hinweise auf eine zunehmende Desolidarisierung der Gesellschaft. Der Fischfang findet heute tiefgekühlt im Supermarkt statt. Das spart uns Zeit, aber welchen Sinn hat es da noch, vom Wunder des reichen Fischfangs zu erzählen? Oder sich an den dunklen Morgen zu erinnern, als wir mit dem Großvater auf seinem Schiff hinausgefahren sind, an den Geruch der hölzernen Planken, den Kaffee, den uns der Steuermann anbot? Es gibt nichts mehr, woraus sich eine Erzählung machen ließe. Die Dinge werden wieder zu Sachen, die ein Gewicht, einen Preis und Kalorien haben. Sie werden zur Materie ohne Bedeutungswert. Die Sinngeber, also Künstler, Filmemacher, Schriftsteller und Philosophen, könnten solchen Sinnverlust ausgleichen, wenn nicht auch sie der Versuchung eines »Zurück zu den Sachen« nachgäben.

Der Bedeutungsverlust der Dinge berührt sich mit der Krise der Zugehörigkeit. Er schlägt den sozialen Körper in Stücke und befreit das Individuum, das ihm nicht mehr angehören will. Die klinische Beobachtung liefert uns weitere Aspekte dieser Zugehörigkeitsangst, die Furcht vor der Abhängigkeit durch eine emotionale Bindung.[155] Da haben wir die Angst vor der Psychotherapie, der Unterwerfung unter den Therapeuten; die Angst vor medizinischer Versorgung, vor Abhängigkeit von einem chemischen Molekül. Auch hier zeigt sich jedoch, daß diejenigen, die sich am meisten vor der Zugehörigkeit fürchten, sich am meisten nach ihr sehnen. Nur: Sie schämen sich dieses Verlangens, kämpfen dagegen an und betonen, zu laut, ihre Unabhängigkeit. Damit verstehen wir auch das paradoxe Verhalten einiger, die sich öffentlich gegen Medikamente einsetzen, sie aber heimlich einnehmen. Ebenso die Handlungsweise anderer, die einen unbeugsamen Widerstand gegen jede Beeinflussung zeigen, sich dann aber einer Sekte unterwerfen, die sie in Beschlag nimmt.

Das aussagekräftigste Indiz für die Gefühlszerrüttung ist vielleicht das Dahinschwinden der Eifersucht am Ende dieses Jahrhunderts.[156]

Noch vor hundert Jahren wurde die Eifersucht als etwas so Normales angesehen, daß sie niemals als geistige Verwirrung galt. Niemand behauptete, daß Othello krank sei: Wenn er Desdemona beim Nachtgebet erwürgt, dann aus Leidenschaft, nicht aufgrund einer Krankheit. Was er brauchte, war Vergebung, nicht Pflege. Das Gefühl der Zugehörigkeit war ein unbestrittener kultureller Wert; ein Kind gehörte zu seiner Familie wie eine Frau zu ihrem Mann, ebenso wie ihr Bauch Gott gehörte und der Mann seinem Regiment und dem Vaterland.

Unser Jahrhundert aber hat aus der Eifersucht eine Gemütskrankheit gemacht, ein pathologisches Leiden, also ein biologisches Phänomen. Typisch für das gegenwärtige Verschwinden der Eifersucht ist auch die geringere Anzahl der Verbrechen aus Leidenschaft und die sexuelle Toleranz bei modernen Paaren. Indem die Eifersucht gestrichen wird, relativiert sich die Treue. »Wenn das nur körperlich war«, sagt die Ehefrau, »nur ein Abenteuer, will ich ihm gern verzeihen.« In diesem mittlerweile banalen Satz liegt die unausgesprochene Überlegung: »Hauptsache, er bleibt bei mir – für die Gefühle, für die Kinder, das Haus, das Geld.«

Die großen Leiden, die das Gefühlsleben für immer ruinieren können, treffen natürlich nur Menschen mit großer Leidenschaft: »Ich bin bereit, ihm ganz zu gehören; ebenso erwarte ich, daß er ganz mir gehört.« Hier wird der Schmerz über eine Untreue unerträglich. Diese Form der Liebe wird bei den Jugendlichen selten: Sie wollen niemandem gehören außer sich selbst und ertragen lieber die Unbeständigkeit in der Paarbindung.

Auch die Wahn-Verwandtschaften nehmen ab. Seit langem habe ich keinen Napoleon und keinen Christus mehr getroffen. Vor 20 Jahren gab es sie noch. Nach der Studentenrevolte von 1968 sind sie verschwunden. Woran wir wieder sehen können, daß die Kultur das Futter unserer Wahnvorstellungen bildet. Man wünscht sich nicht mehr die großen Ruhmestaten. Das einst sichere Wertpapier der Abstammung hat einen Kurssturz erlitten, denn die Selbstfindung der Jugendlichen führt eher dazu, sich im eigenen Ich zu definieren, als in Beziehung zu ihren Ursprüngen.

Auch an der Zunahme der offenen oder »Patchwork«-Ehen läßt sich der Abbruch der Genealogie ablesen. Das von diesen Paaren gewählte Leben verrät ihren unbewußten Wunsch, sich nicht mehr als Glied einer Abstammungskette zu sehen, keine eigenen Nachkommen mehr zu erschaffen. Und doch bleibt es das Paradox des menschlichen Lebens, daß wir nur unter dem Einfluß der anderen wir selbst werden können. Der Mensch allein ist kein Mensch. Ein Kind ohne Kultur ist nicht etwa ein besonders natürliches Kind, sondern ein gehirnloses Lebewesen, da sein Gehirn keine Chance hatte, durch kulturelle oder affektive Ereignisse angeregt zu werden. Wie sollen wir in einer chaotischen Umwelt wir selbst werden? Können wir einer anonymen Menge angehören? Wir wären nur mitgeschleift, weitergestoßen, wechselnden Einflüssen unterworfen, wie ein steuerloser Kahn im Strudel; wir gehörten nicht zu einem Strom, der uns trägt.

Damit wir in einer Gesellschaft Platz nehmen, braucht es eine Struktur. Um unseren Namen einzutragen, brauchen wir ein klares

Ordnungsschema. Das »Ich« kann nur existieren innerhalb eines »Wir«, zu dem es gehört. Die Armee bietet dafür ein einzigartiges Beobachtungsfeld. Der Karrieresoldat ist ein ganz besonderes Menschenexemplar mit einem ausgeprägten Zugehörigkeitsgefühl. Je präziser die Einheit definiert ist (Beispiele: U-Bootfahrer, Fallschirmspringer, Kampfschwimmer), um so stärker ist das stolze Gefühl der Zugehörigkeit, der eigenen Identität. Die U-Bootsoldaten in der Hafenstadt Toulon sind eine hochselektive Gruppe, psychischen und körperlichen Extremsituationen ausgesetzt, und sie können nur schwer Außenbeziehungen anknüpfen. Und doch treten in dieser Gruppe die wenigsten psychosomatischen Symptome auf,[157] was verständlich wird durch den Schutzeffekt des Zusammengehörigkeitsgefühls. Ein und derselbe Streß wird je nach Stärke der Zugehörigkeit einer Person auf spezifische Weise empfunden und ruft etwa bei einem Mitglied der Mannschaft oder einem Passagier ganz verschiedene psycho-organische Effekte hervor. In den französischen Deportationslagern (während der deutschen Besatzungszeit) hielten die Kommunisten und die Zeugen Jehovas besser durch als andere, die nicht verstanden, warum man sie da eingesperrt hatte. Diese Menschen ohne Zugehörigkeit litten schlimmer als jene, die ihrem Leiden einen Sinn gaben und es im Kontakt untereinander linderten.[158]

Auffallend ist, daß dieses Zugehörigkeitsgefühl noch intensiver und bewußter wird, wenn eine nicht dazugehörige Person anwesend ist, zum Beispiel ein Fremder, ein »Anormaler«, ein »Pekinese«[159], oder eine andere Gruppe. Fast sieht es so aus, »als ob die Komplizenschaft des Gefühls nur auf Kosten eines Dritten zustande kommt«.[160] Dasselbe Gruppengefühl bildet sich auch speziell bei Studenten und jungen Rekruten.[161] In nur wenigen Monaten verschafft es ihnen eine neue Persönlichkeit, neue Verhaltens- und Ausdrucksweisen. Wenn also dieses Gefühl noch einen Zwanzigjährigen so sehr prägen kann, um wieviel stärker dann prägt es ein Kind, das begierig nach Eindrücken aus der Welt seiner Eltern greift.

In einer Kultur der Entpersönlichung, wo die Identität ins Flattern gerät und der Stolz auf die Zugehörigkeit verblaßt, kehrt verständlicherweise der Nationalismus zurück und bietet ein »Wir«

an, eine Prothese für das wacklig gewordene »Ich«. Wenn dieses »Wir« die Geschichte des Landes oder auch einer Landschaft erzählt, mag das ein Fortschritt sein, es stärkt die Identität des anonymen »man« der Massen-Männchen.[162] Wenn jenes »Wir« jedoch seine Krallen ausfährt gegen den Fremden, den Nachbarn, den Andersartigen, so löst dieser klassische Gruppenmechanismus nur noch haßerfüllte Tragödien aus. Seine logische Konsequenz ist der Krieg. Der Nationalismus ist eine weltliche Religiosität, voller Zuwendung und Versöhnung[163], die das Gefühl der Zusammengehörigkeit verstärkt. Den Schaden hat ein Sündenbock.

Daß die Mythen und ihre Erzählungen der Gruppe ihr Sinnbild geben, bedeutet nun nicht, daß ihre Phantastik von der Wirklichkeit völlig abgeschnitten wäre. Ganz im Gegenteil: Die Erzählung in einem sozialen Kontext nährt sich von der Wirklichkeit. Aus eben diesem Grund werfen die neueren Entdeckungen der Biologie, vor allem die Fortschritte der fotografischen Aufnahmetechnik unsere Vorstellungen von Abstammung und Zugehörigkeit über den Haufen: »Unsere objektiven biologischen Erkenntnisse verschleiern uns einen fundamentalen psychischen und kulturellen Vorgang: Jedes Kind wird gemacht im Miteinander einer biologischen Vereinigung und einer kulturellen Allianz.«[164] Diese Entstehung im Schnittpunkt von Menschen und Göttern verschwindet aus unserer Kultur in den Schatten des nur noch biologischen Kindermachens. Die physiologischen Entdeckungen im Reich der Moleküle und Chromosomen geben keinen Stoff für mythische Erzählungen her, da sie keine Bilder und Worte liefern, die sich erzählen ließen. Ganz anders die Welt der Bilder, die wir uns heute von der lange unvorstellbaren Geburtsgrotte machen können: Hier schwimmt der menschliche Fötus mit seinem hundeähnlichen Kopf, lutscht am Daumen und applaudiert, wenn seine Mutter spricht.

Die medizinische Bilderwelt verschleiert uns nicht etwa einen psychischen Vorgang, sie verändert ihn. Im medizinischen Mythos setzen die modernen Götter der Zeugung ein Kind aus geschichtslosen menschlichen Teilen zusammen: Man nehme ein paar winzige, schwänzelnde Spermatozoen und pflanze sie in große Eizellen. Der weibliche Körper wird dabei als ein System von Kanälen gesehen: die Scheide als Verkehrsweg am besten in beiden Richtungen, die

Eileiter als strikte Einbahnstraßen unter der Strafe der Bauchhöhlenschwangerschaft, neunmonatige Parkerlaubnis in der Gebärmutter. Der Körper der Frau wird abgesteckt und verkartet wie eine Autobahn, auf der sich keine Begegnung mehr von göttlichen und kulturellen Bündnissen ereignet, sondern nur noch die phantasielose Verschmelzung zweier Keimzellen. Aus sexuellen Absonderungen wird ein Stück Mensch zusammengebastelt. Und daraus soll dann ein Kind werden.

Der technische Erfindungsreichtum hat recht überraschende Fortpflanzungsarten entwickelt. Eine 62jährige Neapolitanerin wurde mit Hilfe eines Reagenzglases geschwängert, ähnlich wie in der Bibel, wo Sarah von Jahwe »besucht« wird, was Abraham beruhigt, der wegen seines Alters der Aufgabe nicht mehr gewachsen ist. Aber dort ist es Gott, der Sarah befruchtet, während es in Neapel Doktor Raffaele Magli ist, der der Signora Concetta Ditessa ein Retortenbaby macht. Technisch möglich sind heute Schwangerschaften nach dem Klimakterium bis zum Alter von 100 Jahren.[165] Man stelle sich vor: Eine bettlägerige Hundertjährige hängt am Glukose- und Hormontropf und hat in der medikamentös gestützten Gebärmutter die Frucht einer Injektion tiefgefrorener Spermien ihres seit 80 Jahren toten Mannes. Welchen Sinn hat eine derartige Schwangerschaft? Was fängt man mit einem Kind an, das einer hundertjährigen Mutter gehört und einem Vater, der schon Jahrzehnte vor der Geburt des Kleinen gestorben ist?

Diese Verkündigung an Mama[166] kommt nicht mehr aus dem göttlichen Bereich. Sie ist äußerst fragwürdig, und das so zustande gekommene Kind muß sich lebenslang fragen, ob es der Gynäkologie gehört oder dem Reagenzglas, aus dem es verpflanzt wurde, oder zwei Eltern, die es nie richtig lebendig gesehen hat.

Solange die Fortpflanzungstechnik nicht ins Absurde gesteigert wird, entwickeln sich die Kinder aus künstlicher Befruchtung durchaus gut.[167] Aber Gabriel, der Engel der Verkündigung an Maria, ist inzwischen durch die Fernsehnachrichten ersetzt. Warum soll also nicht auch das Kind erfahren, daß es geboren wurde aus der Befruchtung seiner Großmutter durch das Sperma ihres Enkels, wie es in Südafrika tatsächlich vorkam.[168] Wem gehört dieses Kind? Wie soll man ihm sagen, daß es von einem technischen Inzest abstammt?

Wird der Richter nun den Jungen bestrafen wegen Vergewaltigung eines Reagenzglases? Oder die Großmutter, weil sie unbedingt von ihrem Enkel schwanger sein wollte?

Was ist das? Eine technische Perversion? Eine neue Elternstruktur? Ein veränderter Abstammungsmythos? Auf jeden Fall hat Gott das Monopol der Fernzeugung verloren. Ein Kind kann heute geboren werden aus der Begegnung einer Pipette mit einer Tiefkühltruhe. Aber welche Erzählung ergibt so etwas? Das Kindermachen wird dasselbe wie die Herstellung von Autos (was vielleicht einen Fortschritt bedeutet, nach der Liebe zu urteilen, die so viele Menschen ihrem Wagen zuwenden).

Man könnte auch daran denken, lebendes Menschengewebe zu nehmen und es einem schlecht entwickelten Kind einzupflanzen. Die Erzeugung eines Schweinestamms, der zahlreiche menschliche Genketten trägt, ist bereits Wirklichkeit.[169] Man könnte einem Menschen das Herz eines Schweins transplantieren, dazu die Nieren eines Pavians, die Bauchspeicheldrüse eines Hundes: ein sehr funktionaler biologischer Fleckerlteppich.

Wem werden diese zusammengestückelten Kinder gehören?

Weit entfernt von den alten Methoden, wo jeder Mensch sein Werkzeug für die Erzeugung der Kinder noch am Körper trug, halten die modernen Techniken, diese biologischen Angehörigen, eine Vielzahl von Verfahren für uns bereit. Wir können wählen zwischen homologer und heterologer Insemination, Kryo-Konservierung und Mikro-Injektion (auch IOSI genannt), IVF beziehungsweise FIVETTE, GIFT, TOAST und so weiter.[170]

Diese Methoden sind tatsächlich rationeller als das natürliche Verfahren, bei dem eine ungeheure Menge menschliches Material verschwendet wird. Trotz ihrer 400 bis 500 Eizellen bringt die Durchschnittsfrau nur 1,78 Kinder zur Welt. Ein Durchschnittsmann, der mit einer einzigen Ejakulation alle Frauen Frankreichs befruchten könnte, schwängert in seinem ganzen Leben höchstens zwei oder drei. Eine straff organisierte Gesellschaft könnte glatt die ganze Sexualität einsparen. Man könnte, nur als Beispiel, einen weiblichen Fötus herausoperieren, ihm einige hundert Eizellen entnehmen und diese befruchten mit den aufgetauten Spermien eines Profifußballers oder Nobelpreisträgers. Auf diese Weise könnten in einigen Jahrhunderten Tausende von Kindern eines Toten und einer Abgetriebenen geboren werden. Man könnte aber auch Embryos ineinander transplantieren, also nach Lust und Laune Kinder mit vier oder sechs Eltern machen, oder auch endlich das Kind unserer Träume aus diversen Einzelteilen zusammensetzen, eine Art Seepferdelefantchamäleon – gar nicht zu reden von den Weißgänsen, die sich von Makrelen befruchten ließen (denn diese Chimäre gibt es schon).

Die Juristen haben noch kaum begonnen, das Undenkbare zu denken. Es ist nicht erlaubt, mit befruchteten Embryos im Reagenzglas zu experimentieren; sie müssen nach dem 15. Tag vernichtet werden. Die »Eltern« dürfen sie fünf Jahre im Kühlschrank aufheben. Aber was machen sie dann damit? Sie können sie einem anderen Paar zu Weihnachten schenken; aber wie sieht im Scheidungs- oder Todesfall die Abstammungslinie aus? Und wie vernichtet man einen Embryo: Muß man ihn in den Müll kippen, verbrennen, in geweihter Erde begraben oder in die Bratensoße rühren?

Das allgemeine Erschrecken vor derartigen Praktiken ist möglicherweise nicht mehr als die Angst, die an jeder Jahrtausendwende auftritt. Immer wenn eine wissenschaftliche Entdeckung oder eine Wertediskussion unser Menschenbild erschüttern, wird eine puritanische Panik ausgelöst, die jede Veränderung verwirft. Auch Galilei, Darwin und Freud mußten diese Erfahrung machen. Der Romancier Balzac bekämpfte im 19. Jahrhundert verbissen das eben entdeckte Chloroform. Die schmerzlose Geburt, fürchtete man, würde die Frauen dahinbringen, wie die Kühe zu gebären, ohne das doch so erlösende Leiden. Die Entdeckung der Beruhigungsmittel rief noch schlimmere Ängste hervor. Gegen Tuberkulosemedikamente, aber auch gegen Impfungen und Blutaustausch gingen wütende Menschen auf die Straße. Heute produzieren Genetik und medizinische Fortpflanzungstechnik Ängste vor Entwicklungen, die in Wirklichkeit wahrscheinlich ganz anders verlaufen werden.

Die Antwort auf die Frage dieses Kapitels »Wem gehört das Kind?« wird in unserer Kultur der Selbstfindung nur so lauten können: »Es gehört sich selbst.« Diese reizende Antwort ergibt keinen Sinn, denn das Kind von niemand wird niemand. Es braucht jemanden, um jemand zu werden. Ein Neugeborenes, das nicht jemandem angehört, ist dazu verurteilt, zu sterben oder sich fehlzuentwickeln. Andererseits ist ein Kind, das jemandem gehört, dazu verurteilt, sich von denen formen zu lassen, denen es gehört. Die Freude, zu mir selbst zu finden, zu wissen, wer ich bin, woher ich komme, wie ich das Leben lieben lerne, entsteht durch das Band, das ich zu anderen hin knüpfe.

Das Paradox des Menschen: Wir gehören zu einer mitmenschlichen Welt, deren Erzählung die Sinneswahrnehmungen strukturiert, die ihrerseits das Kind formen. Die gemeinsamen Vorstellungen und Ideen sind nicht losgelöst von der Wirklichkeit. Sie sind aus einer Erzählung erwachsen und geben jeder Geste, jedem Gesichtsausdruck, der Kleidung, kurz: allen Dingen Form und Gestalt. Diese Dinge schaffen für das Kind eine Welt aus Worten, Taten und Bedeutungen, die seine Gefühle lenken und ihm Entwicklungswege vorschlagen.

Es geht also nicht darum, einer subjektiven Einbildungswelt die objektive Welt entgegenzuhalten, als wären sie zwei Ufer ohne Brücke. Wichtiger ist, sich das Kind vorzustellen als eine Schatztruhe voller Verheißungen, die sich durch den Mythos der Gruppe, der das Kind angehört, durch das Angebot einer erfahrbaren und bedeutsamen Welt entfalten werden.

VIERTES KAPITEL

Die Gewalt: zerstörend oder schöpferisch?

Das Volk war dabei, als König Ludwig XVI. geköpft wurde, und war begeistert. Die Nationalgardisten standen kostümiert in Uniformen und in schnurgerader Ausrichtung, zwei weiß-blaue Parallelen, die zum Schafott führten. Mit schweren Schritten stieg der König, sehr blaß, die Holztreppe hinauf. Dann ging alles sehr schnell: Das Volk hatte Mühe, das Brett mit dem Körper in die Waagerechte kippen zu sehen, das zischend herabsausende Fallbeil und den Kopf, der ins Sägemehl rollte. Ein Aufschrei, das schon, aber man hatte kaum wirklich etwas sehen können. Dann ging man wieder auseinander.

In den Tagen nach dem großen Ereignis wurde in allen Pariser Theatern die Enthauptung Ludwigs XVI. nachgespielt.[171] Hier wenigstens hatte man freien Blick auf den König, seine edlen Gewänder, seine noble Haltung, man konnte ihn sogar schluchzen hören, wenn er sich mit seinen Beratern, mit seinen Angehörigen oder Marie-Antoinette besprach. Hier nun, im Parkett, wurde ausgiebig geweint, war die Erregung stärker als bei dem Ereignis live. Hier konnte man dem Vergnügen, dem Schrecken oder auch dem Nachdenken die nötige Zeit geben. Das Schauspiel ermöglichte eine Arbeit des Bewußtseins und des Gefühls, eine Umsetzung in Worte und Bilder, um daraus eine Erinnerung und noch später eine Erzählung zu machen. Den Theaterleuten war klar, daß ihre Vorstellung nachhaltiger wirkte als das tatsächliche Ereignis, das, obwohl unmittelbar wahrgenommen, sich dem Seelenleben nicht zwangsläufig einprägte.

Es kommt immer wieder vor, daß ein vom nächtlichen Schreien seines Säuglings entnervter Vater das Kleine packt und schüttelt. In der Welt des Neugeborenen ist das eine ungeheuerliche Aggression, eine physische Gewalt, die ihn vielleicht zerstören könnte. Dabei fällt auf, daß der Akt der spontanen Gewalt dem Körper des Täters sozusagen entgeht – es gibt keine Bremse, keine Bewußtmachung. Erst nachher, wenn es zu spät ist, erkennt der Gewalttätige seine

Gewalttat. Für diese Bewußtwerdung muß er aber einen Augenblick aus sich heraustreten (oder eben ins Theater gehen), einen anderen Stand- und Gesichtspunkt akzeptieren. Genau das ist so selten der Fall bei einem gewaltbereiten Menschen, im Gegenteil, er sucht die vorgeworfene Tat zu rechtfertigen, empört und entrüstet, da er in sich selbst keine Gewalt spürt.

Wir wissen alle, wie sich die Gewalt auf unserem Planeten breitmacht, wie ganze Völker unregierbar und menschliche Beziehungen zerstörerisch werden. Ich will versuchen, die Gewalt in ihren natürlichen Wurzeln zu verstehen, und vergleiche sie bei verschiedenen Arten, untersuche wann und wie sie in der Entwicklungsgeschichte eines Individuums auftaucht und wie eine Gruppe diese Energie in kulturellen Neuschöpfungen sublimieren kann.

Wie Katz und Maus

Ein Adler schlägt einen Hasen. Ist der Vogel gewalttätig? Man kann sich leicht vorstellen, wie glücklich er in seiner Adlerwelt ist, wenn er da auf der Erde den Hasen hoppeln sieht. Jetzt muß er also durch alle Luftschichten hindurch nach unten stoßen und seine Beute packen. Empfindet er vielleicht gar eine Art Euphorie dabei? Hat er ein sauberes Gewissen, weil er den Hasen seinen hungrigen Adlerjungen heimtragen wird? Wohl nicht. Der Adler, der den Hasen tötet, ist sicher nicht gewalttätiger als eine Frau, die eine Blume pflückt.

Neulich hat meine Katze eine Maus gefangen. Zuerst hat sie ihr nur ein wenig das Hinterteil zerquetscht. Sie wollte sie nicht gleich töten, nur ihre Fluchtgeschwindigkeit verringern. Dann legte sie die Maus auf die Fußmatte vor der Küche. Sie blinzelte wie verliebt, legte die Ohren zurück, schnurrte und blickte meine Frau an, während die Maus, unter Schock, sich kaum noch bewegte. Die Katze drückte in ihrem Verhalten ein Gefühl mütterlicher Zärtlichkeit aus. Sie meinte wohl, daß meine Frau in der Menschenwelt die Freuden des Mäusefangens entbehren mußte, und hatte als gute Mutter beschlossen, sie mit diesem unwiderstehlichen Vergnügen bekanntzumachen. Was sie dabei in ihrer Katzenwelt erlebte, entsprach jedoch überhaupt nicht den Gefühlen meiner Frau oder denen der Maus, die sich beide plötzlich furchtbar aufgeregt gebärdeten.

Ein Gewaltakt stellt sich nur dann als emotionaler Widersinn dar, wenn dem Beobachter eine Vorstellung vom Weltbild des anderen fehlt und ein Mangel an Kommunikation die Mitteilung von Gefühlen und Gedanken verhindert. Zwischen meiner Katze und der Maus, zwischen meiner Frau und einer Blume liegt ein so offener Fächer an Bedeutungen, daß daraus keine Verständigung hervorgeht. Das Fehlen einer organisierten Form der Verständigung zwischen zwei extrem verschiedenen Arten erklärt, weshalb die eine die andere in aller Ruhe vernichten kann.

Die Form, die zwischen zwei Organismen, Personen oder auch Völkern die Kommunikation strukturiert, ist das Ritual. Man kann es in der Verhaltensforschung beschreiben als eine sinnlich erfahrbare »Zwischenwelt«, in der die Körper sich aufeinander einstimmen, Gefühle und Gedanken sich mitteilen können. Wenn sich das Ritual nicht einstellt, bricht die Gewalt ein, weil sie für das Überleben notwendig ist: »Um zu leben und zu überleben, findet sich jedes Lebewesen beteiligt an einer Umwelt, mit der es in tatsächlicher Beziehung steht und in der es seine Nahrung holt, sich verteidigt, agiert und reagiert; es ist notwendigerweise gezwungen, die ›spezifischen Informationen‹ zu analysieren, die es in dieser Umwelt sucht und empfängt.«[172] Durch das Lebensprinzip selbst wird der Zwang auferlegt, andere zu verschlingen. Wer nicht verschlingt, ist zum Tod verurteilt, außer seine Umwelt führt ihm dauernd neue Lebenskräfte zu.

Ist ein Lebewesen ohne fundamentale Gewalt überhaupt vorstellbar?[173] Ein untätiges weißes Blutkörperchen, ein Phagozyt, der keine feindlichen Mikroben phagozytiert, ein Adler, dem der Anblick eines Hasen das Herz rührt, eine Löwin, die nicht in das frische, noch lebende Gnu beißt, ein zu braver Säugling, der stumm darauf wartet, daß ihm jemand freundlicherweise ein bißchen Milch in den Mund schüttet?

Bestimmte Tierarten sind für andere Arten durchsichtig wie Luft. Sie nehmen zusammen denselben Raum ein, ohne sich zu sehen. Hier wird es nie Gewalt geben, weil keine Art der anderen irgend etwas bedeutet. Man nennt dieses Phänomen Kommensalismus: Verschiedene Arten leben miteinander, ohne einander wahrzunehmen, wie jene Kleinfische, die von den Fleischresten zwischen den Zähnen im Maul der Raubfische leben.[174] Auf der anderen Seite wird eine Katze von einer Maus ganz erheblich stimuliert, da die biologische Ausstattung der Maus (Gestalt, Fortbewegung, Farbe, Geruch) der Katze eine Vielzahl »spezifischer Informationen« liefert.[175] Die Katze antwortet auf eine ganz bestimmte Reizstruktur, aber sie denkt sich keine Mauswelt dabei. Der Gedanke, sie könnte vielleicht eine Mausmama fressen, so daß nun ein paar Mauswaisen in der Welt herumirren, stört die Katze nicht im geringsten. Auch wir selbst tun dasselbe, wenn wir einem Mutterschaf das Lämmchen wegnehmen und es als saftigen Braten auf dem Tisch wiedersehen. Wir beglückwünschen die Köchin und haben nicht das Gefühl, gewalttätig zu sein. In jedem Fall, ob bei Raubtieren, Parasiten oder Kommensalen, berechtigt die affektive Gleichgültigkeit zur Vernichtung des anderen. Die Gleichgültigkeit kommt daher, daß wir in zwei Welten leben, zwischen denen keine Kommunikation bestehen kann. Die Welt der Menschen und die der Tintenfische sind so verschieden, daß wir uns schlecht vorstellen können, daß diese Tiere nachdenken, Probleme wälzen, Lösungen suchen und ihre Kinder lieben.[176] Also dürfen wir sie mit einem Schuß aus der Harpune durchbohren wie ein Stück Holz, ihnen die Haut abziehen, das Fleisch weichklopfen und sie in heißem Wasser kochen – mit dem besten Gewissen der Welt.

Nun sind wir Menschen aber sicher diejenige lebende Art, die am ehesten Zugang hat zu einer »Theorie des anderen«,[177] das heißt zu der Weise, in der der andere sich seine Welt vorstellt. Die Gewalt entspringt also unserer Intoleranz, anders gesagt: der Unfähigkeit, aus unserer Vorstellungswelt herauszutreten.

Innerhalb derselben Art können Aggressionen leichter ritualisiert werden, weil hier die Partner dieselbe neurologische Ausrüstung besitzen und in derselben Wahrnehmungswelt leben. Zwischen verschiedenen Arten geht die Vernichtung ohne Gewalt vor sich. Unter Artgenossen jedoch kommt es zur Vernichtung des anderen, wenn das gemeinsame Ritual seine Kraft verliert.

Die Geschichte der Tierrituale begann 1901, als Selous den Paarungstanz des Haubentauchers beschrieb. Im Jahr 1914 beobachtete der Zoologe Julian Sorell Huxley als erster die gesamte Hochzeitszeremonie dieses schönen Wasservogels. Der Haubentaucher ähnelt in der Größe und mit seinen Schwimmhäuten einer Ente; auf dem Kopf trägt er einen bunten Federbusch, der an die Lebedamen der noblen Stadtviertel erinnert, die sich ja auch Federn in die Haare steckten, um damit behaubt, und das hieß: vornehm auszusehen. Haubentaucher spielten also nicht nur eine wichtige Rolle in der Soziologie des alten Paris, sondern ermöglichen auch uns, Struktur und Funktion des Rituals zu verstehen: »Der Tanz verläuft auf rituelle Weise«, schrieb Huxley über den Schwimmvogel, »und dient dazu, innerhalb des Paares eine emotionale Bindung herzustellen.«[178]

Wer als erster etwas beobachtet, erntet erst einmal Mißtrauen. Dann kommen die nächsten, sehen dasselbe und sagen, das sei ja ganz offenkundig und kinderleicht gewesen! Nachdem Huxley den »Hochzeitstanz« des Haubentauchers beschrieben hatte, folgte eine wahre Lawine ähnlicher Beobachtungen. Montagu beschrieb das gleiche Phänomen bei einer weiteren Vogelart, dem Gambett-Wasserläufer, dann Heinroth beim Sterntaucher, dann Whitman bei den höheren Säugetieren, bis endlich Konrad Lorenz, der die Gedanken von Charles Darwin wiederaufnahm, dieselbe Struktur auch bei den Affen, den Schalentieren, den Kopffüßern, den Insekten und beim Menschen entdeckte.

Man muß sich selbstverständlich hüten, alles auf tierisches Verhalten zu reduzieren. Wenn ein Mann einer Frau nachläuft und ein Gliederfüßer, sagen wir ein Pfeilschwanzkrebs, um sein Weibchen herumläuft, können wir daraus nicht schließen, daß der Mensch ein Pfeilschwanzkrebs ist (nicht einmal dann, wenn er die Frau ins Ohrläppchen zwickt). Die vergleichende Methode der Biologie beschreibt lediglich Verhaltensstrukturen und ihre Funktion für die Handhabung der Gefühle, mit der die Partner einander auf eine Tätigkeit einstimmen. Das kann die sexuelle Harmonie sein, ein Kampf, ein Mutter-Kind-Kontakt, ein intimes Gespräch oder die Selbstorganisation einer ganzen Gruppe. Aus der Tatsache, daß zwei Verhalten dieselbe Form zeigen, darf nicht gefolgert werden, daß sie dem Wesen nach gleich sind. Das soll uns jedoch nicht daran hindern, das Verhalten eines Paares zu beschreiben und seine Funktion versuchsweise zu bewerten. Wenn etwa ein Seemöwenpärchen am Strand oder auf einer Müllschütte daherstolziert, so erscheinen uns die Motive dieser Parade zweifellos freundlich. Keine einzige Haltung, keine Bewegung, kein Schrei, kein Signal ruft in uns, dem menschlichen Beobachter, einen Eindruck hervor, den wir mit dem Wort Gewalt bezeichnen würden. Wir haben bei der Beobachtung vielmehr den Eindruck, daß die beiden Tiere in ihrem Verhalten ein starkes und durchaus beherrschtes Gefühl ausdrücken.

Wenn wir genauer hinsehen, bemerken wir bald, daß der Vogel, der die Annäherung versucht, etwas im Schnabel trägt, einen Fisch, ein anderes Nahrungsmittel oder auch ein Stück Holz für irgendwelche Notfälle. Versetzen wir uns einmal in die Seemöwe, die die Annäherung erwartet: Sie sieht, denken wir uns, den Partner mit dem Fisch im Schnabel und empfindet ein aus Furcht und Interesse gemischtes Gefühl. Furcht vor diesem Eindringling, dessen emotionale Intensität ein wenig beunruhigend ist; aber auch Interesse an dem Fisch, der ihr Appetit macht. Zudem erinnert das Herbeitragen des Fisches deutlich an ein Elternverhalten. Die Gefühlsintensität der umschwärmten Seemöwe wird also von dem Interesse für die Nahrung und dem Erwachen eines Kindgefühls bestimmt. Wenn der paradierende Vogel nun den Fisch fallen läßt (etwa durch einen Eingriff des Beobachters) oder wenn man einen Farbfleck auf den Vogelkopf gemalt hat, so löst die Annäherung eine Furcht aus, die weder durch die Nahrung noch durch vorherige Vertrautheit gemildert ist. Die wartende Seemöwe empfindet nicht mehr ein kindliches Zutrauen, sondern ein Angstgefühl und reagiert darauf mit Flucht oder Angriff.

Wenn das zwischen zwei Tieren etablierte Annäherungsverhalten seine ritualisierte Form verliert, so lösen im gleichen Augenblick intensive Gefühle eine Kaskade von Haltungen, Schreien und Bewegungen aus, die unkontrolliert in alle möglichen Richtungen zielen, mit dem Risiko der Vernichtung des einen oder des anderen Tieres.

Sobald die emotionale Intensität nicht mehr durch das Ritual gelenkt ist, läßt sie die Gewalt hervorbrechen. Im genannten Ritual hat der Fisch im Schnabel der Seemöwe seine Funktion verändert: Er ist kein Nahrungsmittel mehr, das der Vogel sich etwa gepickt hätte, um es zu verschlingen. Er ist jetzt vielmehr ein Gegenstand, mit dem der Vogel seinem Gefühl freien Lauf geben kann. Sowohl beim werbenden, wie beim umworbenen Vogel ruft der Fisch eine Eltern-Kind-Erinnerung wach, mit der jede Aggression unvereinbar wäre. Er wird also nicht als das benützt, was er ist, sondern weil er an etwas erinnert; er strukturiert die Kommunikation und färbt die Wahrnehmung des Augenblicks mit einer kindlichen Eindrucksspur aus der Vergangenheit. Der Fisch ist im gegenwärtigen Kontext schon keine Nahrung mehr. Der Gegenstand übernimmt eine neue Funktion, und zwar die Erinnerung an ein vergangenes, also abwesendes Ereignis, das seine Spur im Gedächtnis der Seemöwe hinterlassen hat.

Nicht nur bei Möwen und Haubentauchern, bei allen gruppenbildenden Tieren erlaubt das Ritual die Harmonisierung der Partner miteinander, zudem aber auch des einzelnen Individuums mit der Gruppe. Wenn zum Beispiel das für Umweltreize höchst empfängliche Paar den Hochzeitstanz beginnt, so werden durch den simplen Anblick der beiden auch bei den übrigen Mitgliedern der Gruppe verstärkt Sexualhormone stimuliert, und sie alle beginnen nun ebenfalls zu tanzen. Das kann so synchronisiert ablaufen, daß alle Weibchen zur gleichen Zeit Eier legen, alle gleichzeitig ihre Jungen aufziehen und sich später gleichzeitig auf den Flug nach Süden machen. Dasselbe Ritual, das dem einzelnen und seinem Verhalten seinen biologischen und emotionalen Platz in der Gruppe gibt, dient also auch als Bindemittel für die ganze Gruppe. Dadurch bleibt sie vereint und funktioniert »wie ein Mann«. Auf dieser Entwicklungsstufe des Lebens ist das Ritual also ein Verhalten, das sowohl das einzelne Individuum als auch die Harmonie der Gruppe stimuliert.[179] Aber die Wirkung geht noch tiefer: Das rituelle Nahrungsangebot blockiert nicht nur die Aggression, sondern fördert auch die biologische Reifung der Geschlechtsdrüsen, wie man bei Hausspatzen, Wasserelstern und Großaffen beobachten konnte.[180]

Damit das Ritual seine Wirkung ausüben kann, muß das Signal innerhalb des gesamten Wahrnehmungsfeldes eine deutliche Struktur annehmen. Aus diesem Grund tritt das rituelle Verhalten oft übertrieben auf, etwa bei den polygamen Arten oder auch bei Tieren, die in größeren Gruppen zusammenleben. Hier kennt man schreiende Farben, ausgreifende Haltungen, exzessive Geräusche aller Art. Anders bei den monogamen und in Kleingruppen lebenden Tieren, wo ein Kontext der Vertrautheit und Diskretion die gegenseitige Wahrnehmung schärft und jeder Partner schon auf das kleinste Zeichen zu reagieren gelernt hat.

Dies gilt auch für die Menschen. Wenn sie als Paar oder in einer kleinen Gruppe leben, werden sie äußerst sensibel für das geringste Signal eines Partners. In der Großgruppe hingegen oder gar in einer Menschenmenge wird der Mensch nur durch ein Makrosignal, eine groteske Überzeichnung stimuliert, etwa durch eine Militärparade und ähnliche Schauspiele, bizarr, aber bewegend. Brasillach hat die Masseninszenierungen der Nationalsozialisten so beschrieben: »Sie singen, man rührt die Trommel, ruft die Namen der Toten, die Partei und das Volk verschmelzen ineinander, und nun rührt der Meister die Seele dieser ungeheuren Menschenmenge auf und macht sie, indem er spricht, zu einem einzigen Wesen.«[181]

Wenn solche Karikaturen zu einer Menge sprechen, in einer Großveranstaltung, dann ertragen wir ihre politischen Reden und ihr übertriebenes Verhalten gerade noch. Dieselbe Rede, dieselbe Gestik jedoch am Fernseher, in der Intimität der Wohnung, und wir empfänden sie als vulgäre Schimpferei, ein Rüpelspiel. Wer in einer Parteiversammlung den gemeinsamen Gegner beleidigt, versetzt die Masse in ekstatische Trance. Die gleiche Beleidigung am Bildschirm macht den Eindruck einer unanständigen Pöbelei.

Wir haben das Verhaltensritual als eine Art sinnlich erfahrbare Zwischenwelt beschrieben. Wir finden sie in abertausend verschiedenen Formen: zwischen zwei Tieren, zwei Menschen, zwei Geschlechtern, zwei Altersstufen, zwei Gruppen, zwei Völkern und so immer weiter. Wir könnten nun als Experiment vielleicht eine bestimmte Variable einführen und das dadurch geänderte Ergebnis festhalten: etwa die Entfernung variieren, Nasenlöcher und Ohren verstopfen, auffällige Farbflecke anbringen, Geräusche modifizieren oder einen Gruppenfremden auftreten lassen. An diesem Gedankenexperiment können wir beobachten: Das Ritual ist eine homöostatische, eine Gleichgewichtsstruktur; die Veränderung eines Elements führt zur ausgleichenden Veränderung anderer Elemente, die das globale Gleichgewicht aufrechterhalten.

Bei unseren Kindern, lange bevor sie zu sprechen beginnen, kann das ritualisierte Verhalten den Wert eines Symbols annehmen. Auch in einer Gruppe von Kindern vor dem Sprechalter sind Konflikte unvermeidlich, ausgelöst durch einen Sandhügel, eine Plastikschaufel oder ein Stück Schokolade. Wenn der Wille des einen sich gegen den des anderen durchsetzen will, bricht schon die Gewalt durch, und die kleinen Engel würden einander am liebsten umbringen, wenn sie könnten. In diesem Kleindrama kann man nun oft beobachten, daß ein gut entwickeltes, friedliches und gleichzeitig starkes Kind, eine Art »stille Kraft«, zwischen die streitenden Parteien tritt, imponierend die Hand hebt, aber nicht zuschlägt. Das Kind läßt den Arm in der Luft stehen, nähert beherrschend sein Gesicht, reißt den Mund weit auf und spricht mit strenger Stimme, vermeidet jedoch jede aggressive Mimik.[182] Dieses Verhaltensensemble schafft und vermittelt ein Gefühl, das die Kämpfer auf der Stelle auseinanderbringt. Der kleine Polizist besitzt eine natürliche Autorität, und sein Mittel der Abschreckung ist ein festgelegtes Gestendrehbuch, ein Ritual, das einen anderweitigen Handlungsablauf symbolisch repräsentiert. Es ist, als ob er liebenswürdig gesagt hätte: »Vorsicht! Ich habe die Möglichkeit zuzuschlagen!« Die sprechende Geste macht ein mögliches Risiko bewußt, verbunden mit einem Gefühl der Beschwichtigung.

Angefangen beim Adler und seinem Hasen bis hin zu dem Jungpolizisten können wir also sagen, daß die Gewalt ein Blickwinkel ist, ausgedrückt durch ein Verhalten, das von der Existenz des anderen keine Notiz nimmt. Manchmal sind daran Exemplare zweier verschiedener Arten beteiligt, wie der Adler und der Hase; ein anderes Mal sind es stark affektive Organismen, wie der Vergewaltiger, der die Gefühle der Frau mißachtet, weil er sie sich nicht vorstellen kann; gelegentlich sind es auch Intellektuelle, zum Beispiel der Theoretiker, der seinen Ideen Gehör verschafft, indem er alle anderen zum Schweigen bringt; schließlich und vor allem eine ganze Gruppe, die eine andere vernichtet, um deren Land zu erobern oder ihre eigene Wirtschaftsordnung durchzusetzen.

Tiere lenken ihre Gefühle mit hoher Effizienz. Die Raubtiere aus der Familie der Canidae (auch »Wölfe« genannt) geben uns ein anschauliches Bild, wie die beherrschte Gewalt in ein Befriedungsverhalten übergehen kann. Sie könnten unter sich kaum sagen, daß der Wolf dem Wolf ein Mensch ist. Was dem Clan der Wölfe seinen Zusammenhalt gibt, ist seine intensive Bewegungsenergie. Ein Wolf braucht zum Überleben einen aggressiven Schub. Aber schon, um in der Gruppe seinen Platz zu finden, muß er zwei gegensätzliche Impulse ins Spiel bringen: angreifen und befrieden. Würde er das nicht schaffen, brächte er also seine Impulse nicht »in Form«, so würde er den Zusammenhalt der Meute zerstören, indem er unnötige Zweikämpfe provoziert und die Teamarbeit bei der Jagd unmöglich macht. Aber ein Wolf läßt niemals seine Aggressivität in Gewalt umschlagen.[183]

Tierische Rituale und menschliche Riten

Der Mensch ist überzeugt, daß er alles besprechen kann, was ihn bedrückt. Er versucht mit dem Tod fertig zu werden, dessen Macht er bestreitet. Er findet sich weder mit Hunger noch mit Krankheit ab. Er bezwingt seine eigenen genetischen und Umweltzwänge, indem er fähig wird, sein eigenes Genom zu verändern und den Planeten zu verlassen. Die Rituale der Menschen etablieren sich nicht wie die der Wölfe, und zwar aus einem einfachen Grund: der organischen Gleichzeitigkeit zweier gegensätzlicher Energien.

Die Seemöwe mit dem Fisch im Schnabel weckt im Partner ein Kindgefühl und reichert die Begegnung mit einer Vergangenheitsspur an. Auch meine Frau, die mir eine Dose russische Salzgurken auf den Tisch stellt, bereichert das Essen durch einen Familienmythos. Die Gurke vergegenwärtigt mir die Geschichte meiner Familie. Sie bedeutet: Wir machen uns Kartoffelfladen, trinken Wodka und reden über Gott und die Welt. Dann müssen wir die russischen mit den deutschen Gurken vergleichen, müssen beklagen, daß die russischen kaum zu kriegen sind, Erinnerungen an Kindheit und Eltern hervorholen, die halbe Familiengeschichte erzählen, und ganz unvermeidlich sind allerlei philosophische Betrachtungen zum Charakter von Menschen und Völkern. Das russische Gemüse schafft also ein Familienereignis, strukturiert die Zeit und ritualisiert den Mythos unserer Einigkeit. Genau wie die affektive Entwicklung des Fisches bei der Seemöwe gibt es auch unter meinem Dach eine Philosophie der russischen Salzgurke. Beide Gegenstände haben teil an der Strukturierung der wahrgenommenen Welt. Scheinbar hat man nur ein Kürbisgewächs, das mit Salzlake getränkt ist, in Wahrheit jedoch haben wir eine russische Gurke, die gesättigt ist mit Geschichte. Die Philosophie dieses Gemüses hilft uns zu verstehen, was wichtig ist in der Welt. Freilich ist da auch der Geschmack, der uns einen gemeinsamen Genuß schenkt (die russische Gurke ist natürlich der deutschen weit überlegen), aber wichtiger ist der Struktureffekt der Erzählung, die unserer Wahrnehmung der Welt einen Sinn zuschreibt.

Auch die Tiere holen sich so ihre eigene Vergangenheit zurück und sogar die ihrer Mutter. Die Erlebnisse, die das Gefühlsleben der Mutter geformt haben, kehren als Echo wieder in der Entwicklung des Kindes.[184] Daher findet man auch in freier Wildbahn ganze Dynastien dominanter Affen, bei denen die Jungen ohne weiteres den sozialen Rang ihrer Mutter einnehmen.[185] Und zwar bis zu dem Tag, an dem der Gefühlshaushalt der Mutter durch eine Krankheit oder einen Unfall gestört wird, wodurch sie nun ihre Nachkommen verunsichert.[186]

Bei einem kleinen Menschen ist es die Sprache, die in der Gegenwart ein Gefühl auslöst, das mit einem Ereignis der Vergangenheit oder der Zukunft verknüpft ist. Die Sprache kann aber ebenso leicht etwas verbessern wie verschlimmern. Die Rede der Eltern (aber auch die der Öffentlichkeit), die ein fernes Ereignis in der Sprache wiederbelebt, kann mit einem Segensspruch heilen oder mit einem Urteilsspruch verdammen: eine Macht, die nur das gesprochene Wort besitzt.

Viele Tiere leben in einer Welt, in der ihre Gefühle den Ritualen ihrer wechselseitigen Beziehungen Form verleihen. Bei diesen Tieren ist die Gewalt durch das Verhalten unter Kontrolle. Beim Menschen jedoch entsteht die Form des Rituals aus seinen Ideen und Vorstellungen, so daß sich immer eine Theorie finden läßt, die die Vernichtung des anderen rechtfertigt und dabei ein Gefühl engelsgleicher Reinheit verschafft. Die Idee wird zum unberührbaren, perfekten Antrieb idealisiert. Wenn ein Tier durch sein unangepaßtes Verhalten den Angriff einer Leitfigur verursacht, kann es ihn sehr schnell besänftigen oder sogar verhindern, indem es sich unterwirft oder eine Kindhaltung einnimmt. Beim Menschen aber, der sich von dem anderen eine haßerfüllte Vorstellung gebildet hat, hält keinerlei Sinnesinformation den Angriff auf. Dieser Angreifer gehorcht nur noch seiner eigenen Vorstellung und nicht mehr einer Wahrnehmung des Tatsächlichen. Daher haben Rassisten sogar das befriedigende Gefühl der Pflichterfüllung, wenn sie ein Ausländerkind umgebracht haben; es war »in Ordnung«, daß die zehnjährige Türkin verbrannt ist, denn »eines Tages hätte sie uns doch nur das Brot vom Tisch genommen«. Der Rassist macht sich von dem kleinen Mädchen eine abstoßende Idee, empfindet Abscheu und antwortet darauf mit einem Akt der Zerstörung. Man kann sich vorstellen, daß er mit dem türkischen Mädchen vielleicht Freundschaft geschlossen hätte, wenn er sie kennengelernt hätte. Dann hätte ihn die Verbrennung bei lebendigem Leib sicher mit einem vergleichbar starken Abscheu erfüllt.

Nur beim Menschen entsteht eine innere Idee einer Welt unabhängig von jeder Wahrnehmung, während beim Tier die beiden Prozesse gleichzeitig ablaufen. Eine gegenwärtige Wahrnehmung ruft beim Tier eine Erinnerung hervor, die ihrerseits innere Reize produziert, gewissermaßen »die Botschafter des Denkens«.[187] Mit Sicherheit ist es unsere menschliche Fähigkeit, in einer Welt innerer Vorstellungen zu leben, die gleichzeitig unserer Begabung zur Kultur und zur Gewalt zugrunde liegt. Das Tier bleibt der Wirklichkeit unterworfen, die seine Gewalt unter Kontrolle hält; der Mensch hingegen arbeitet daran, sich der Idee zu unterwerfen, die er sich von der Welt macht. Und das verleitet ihn zur schöpferischen Gewalt: eine Ordnung zerstören, um eine neue Ordnung zu erfinden. »In der Natur des Menschen entspringt die Ordnung wohl der extremen Unordnung.«[188]

Tiere sind nicht gewalttätig, solange die Vorgänge in ihrer Biologie und ihrem Milieu im Gleichgewicht sind. Menschen dagegen sind gewalttätig, weil sie sich die Möglichkeit verschaffen wollen, diejenigen, die in einer anderen Ideenwelt leben, auszurotten. Das Fehlen eines Rituals führt ins Chaos, wie umgekehrt die Vorherrschaft des Rituals zur Vernichtung des anderen führt: zwei Formen der Gewalt, die am Ende auf das gleiche hinauslaufen.

Der einzige Ausweg ist die Erfindung eines Rituals zur Konfrontation der Rituale und zu ihrer gegenseitigen Anerkennung. Dieses Ritual hat viele Namen: »sozialer Konflikt« oder »philosophische Debatte« oder »wissenschaftliche Zeitschrift« oder »Disputation« wie im Mittelalter oder »Runder Tisch« und noch ein paar mehr. Das dummerweise Beunruhigende an ihnen ist, daß sie die Unsicherheit geplant installieren, während die Illusion der einzigen Wahrheit ein herrliches Beruhigungsmittel ist: »Wo die Existenz des mittelalterlichen Menschen noch innerhalb einer einzigen, zusammengehörigen Gemeinschaft stattfand, spielt sie sich heute innerhalb einer langen Kette von Institutionen ab, vom Kindergarten über Schule, Armee, Arbeitsplatz und Vereine aller Art bis endlich zum Sterbehospiz.«[189] Jede Institution hat ihren eigenen Mythos, der dazu zwingt, die Weltordnung aller anderen in Frage zu stellen. Unsere Kultur bereichert sich, der Preis dafür ist die Gewalt. Ein Menschenleben läuft heute in einem Dutzend verschiedener kultureller Welten ab, und der Übergang von der einen zur nächsten enthält jedesmal den Erwerb einer ganz neuen Art des Menschseins und dazu die Absage an die vorhergehende. Jugendliche werden gewalttätig gegen andere und sich selbst, unbemerkt wächst die Zahl der geprügelten Eltern, Selbstmordversuche und Autounfälle sind vor lauter Häufigkeit schon keine Nachrichten mehr. Rauschgifte und Aids dagegen, die Symbole der zerstörerischen Gewalt der Jugend, sind zu den Medienstars unserer Kultur geworden.

Jeder Mensch wird von zwei gegensätzlichen Bedürfnissen bewegt: er selbst zu werden (was ihn seiner Gruppe entreißt) und seiner Gruppe anzugehören (was ihm zwar eine Gruppenpersönlichkeit gibt, ihm aber einen Teil seiner inneren Möglichkeiten beschneidet). Nun beweihräuchert unsere Kultur nur noch das Selbst, atomisiert damit die Gruppe und schafft Tausende von Untergruppen, jene Verehrer möglichst vieler verschiedener Existenzformen. Wer hier sein Verehrergrüppchen gefunden hat, seinen Totem aus dem Feld des Sports oder der Kunst, seinen Geld- oder Intellektuellen-Clan gefunden hat,[190] wird sich vernünftig und ohne die Gefahr der Vernichtung eines anderen Clans entwickeln. Vielleicht wird er sogar glücklich sein darüber, das Weltbild eines anderen als Infragestellung seines eigenen zu erfahren.

Eine Welt ohne Riten ist eine Welt im Rohzustand, reduziert auf ihre Stofflichkeit, auf Maß und Gewicht; eine ritualisierte Welt aber füllt die Dinge mit Geschichte an, gibt ihnen Sinn und erlaubt uns das Zusammenleben. Eine Welt ohne Riten ist eine zerstückelte Welt, in der die Individuen aufeinanderstoßen, sich treffen oder abstoßen nach Lust und Laune ihrer Bewegungsenergie und ihrer Bedürfnisse. Eine ritualisierte Welt jedoch verbindet und harmonisiert die Individuen miteinander, macht aus ihnen einen Sozialverband, eine Gruppe, zu der sie gehören und die ihnen Sicherheit gibt.

Das Dumme daran ist nur, daß wir wissen, was die übertriebene Sicherheit mit sich bringt: Eine Kultur, die jede menschliche Gewalt unterdrückte, wäre nicht mehr schöpferisch. Ein immer gleiches Ritual, das sich um seiner selbst willen verbissen wiederholt, wird allmählich ein sinnloser Akt, ein stereotypes Gestikulieren. Für den Atheisten ist das Sichbekreuzigen nur lächerlich, für den Christen aber voller Sinn, da es auf die Erzählung des Ursprungs seiner Gruppe vor bald 2000 Jahren hinweist. Wenn sich der Gläubige bekreuzigt, ruft die Geste in ihm das Gefühl einer wahrhaft menschlichen Transzendenz hervor. Das Tier kennt keine Transzendenz, es bleibt dem Tatsächlichen angepaßt. Im Gegensatz dazu ist der Mensch von Natur aus zur Transzendenz veranlagt, da er in einer Vorstellungswelt lebt und sich nicht dem Diktat der Wirklichkeit unterwirft.

Angenommen, ich lebte allein in einer Wüste, so hätte ich nur eine Art von Beziehungsproblem zu lösen: meine Bedürfnisse den biologischen und Umweltzwängen anzupassen. Sobald jedoch ein anderer auftaucht, muß ich meine Bedürfnisse mit den seinigen in Einklang bringen. Ich könnte nicht weiterhin trinken, ohne an seinen Durst zu denken, nicht mehr in der Nacht herumlaufen und schreien, während er schläft. Die Freuden und die Beschränkungen, die mir seine Gesellschaft eingebracht hat, zwingen mich, meinen Wünschen eine bestimmte Form zu geben, und verbieten es, ihnen nach Belieben Ausdruck zu verschaffen. Seine Gegenwart regt mich an und lädt mich zur Begegnung ein, ebensosehr wie sie mich hemmt und mir verwehrt, ihn etwa auszurauben. Unser Zusammenleben in der Wüste schafft eine ebenso anregende wie hemmende zwischenmenschliche Welt.

Auf dieser Stufe der Begegnung sind wir noch Wesen ohne Sprache, fast wie die Tiere, wie Babys oder auch wie Erwachsene, die sich aus größerer Entfernung als in Rufweite wahrnehmen. In einer Hundewelt ist alles, was von einem anderen Hund kommt, außerordentlich anregend, ganz wie in einer Babywelt alles, was von einem anderen Baby kommt, noch aufregender ist als die eigene Mutter. Was ich in meiner Außenwelt wahrnehme, ist das, wofür ich durch meine innere Welt besonders empfänglich bin. Der Gegenstand wird zur Enthüllung der Person. Ebenso enthüllt die Katastrophe, die einen Organismus zusammenbrechen läßt, die Kraftlinien, die ihn bis dahin am Leben erhielten.

Die Sprache führt in solche Wechselwirkungen nun eine abwesende Welt ein. Wenn der andere unserer Wüstenzweisamkeit die gleiche Welt hinzufügt, die auch ich habe, so wird uns unsere zwischenmenschliche Welt auf Anhieb vertraut sein. Ich werde ihn erkennen, ohne ihn je gekannt zu haben, wie ja auch der Pudel den Dobermann erkennt oder wie ein Baby von wenigen Monaten beim Anblick seines Spiegelbilds aufjubelt.[191] Dieses mimische Verhalten[192] schafft im ersten Anlauf eine glückliche Zwischenwelt, da es anregt, ohne zu ängstigen.[193] Aber diese Vorbedingung des Glücks setzt wiederum voraus, daß der andere genau der gleiche ist wie ich, denn die geringste Abweichung ruft ein Gefühl beängstigender Fremdheit hervor, und wir sind in Gefahr, aus der Ekstase in den Schrecken umzukippen, vielleicht gar getrieben, den zu vernichten, dessen winzige Nichtübereinstimmung unser Glück verdorben hat.

Man kann dieses Phänomen vielleicht auch im Verhalten der Hunde beobachten: Kaum hat einer einen Artgenossen erblickt, stürzt er wahnsinnig vor Glück auf ihn zu und trifft dann unvermeidlich auf einen mimischen Unterschied, durch den er sich nun bedroht fühlt. Eben waren sie noch glücklich über ihre Begegnung, und im nächsten Augenblick greifen sie einander an. Das ambivalente Verhalten aus Anziehung und Furcht, Anregung und Widerwillen, Glück und Angst erlaubt ihnen die gleichzeitige Existenz nur dann, wenn zwischen ihnen eine beruhigende Sinneswahrnehmung ritualisiert ist. Sie werden einander also am Geschlechtsteil, an der gesamten Hinterpartie abschnüffeln, denn in der Welt der witterungsfähigen Säugetiere sitzen hier die interessantesten Informationen. Als ordentliche Herdentiere werden sie dann versuchen, ihre Rangplätze einzunehmen, indem sie einander besteigen, unterwerfen oder sich in aller Freundlichkeit anfletschen.[194]

Wenn ich in meiner Wüste einem anderen begegne, der wie ich eine Welt der sprachlichen Zeichen und Regeln erfinden kann, dann sehe ich auch gewisse sexuelle und soziale Anzeichen, die er am Körper trägt; denn ich lebe in einer eher visuellen Welt als einer Geruchswelt. Danach werde ich mich für seine Worte interessieren, wodurch wir unsere innere Welt und unsere Geschichte einander bekannt machen. Unsere Begegnung ist gegenwärtig, aber durchtränkt von Zeit- und Raumferne. Unsere Rituale gestatten uns, beieinander zu bleiben. Wir benützen abwesende Dinge, um aus ihnen Zeichen zu bilden, die ferne Welten bezeichnen. Damit ist der Gründungsmythos unserer Zweiergruppe geboren. Er stellt die Partner aufeinander ein. Droht eine einzige, einheitliche Erzählung die Welt erstarren zu lassen, so wird die Gewalt zur Schöpferin eines neuen geistigen Universums. Wenn jedoch die Schnelligkeit des Wandels dem Mythos nicht mehr die Zeit läßt, die Gesten und die Dinge mit Sinn zu erfüllen, dann zerstört Gewalt nur noch, ohne etwas aufzubauen. Zwischen der abstumpfenden Litanei und der nur noch zerstörerischen Gewalt steht der Ritus, die erinnernde Feier des Gründungsopfers, die Fußspur der Zeit und Bremse der Gewalt. Wir brauchen Riten, um die Zeit zu verlangsamen, und wir brauchen Riten des Wandels, um der tödlichen Verlangsamung zu entgehen. Alle Kulturen haben bis heute diesen doppelten Kampf geführt, sowohl gegen die Dauer als auch gegen die Beschleunigung der Zeit, gegen die geistige Versteinerung und gegen den alles umstürzenden blinden Eifer. Sie haben sich Rituale der Umkehr und des Neubeginns ausgedacht, etwa die orgiastischen Feiern der Bacchanalien, bei denen es erlaubt war, den Gefühlsgewohnheiten der alten Riten den Respekt zu verweigern.

Wenn das Ritual erkrankt

Das Ritual sucht weder den Kompromiß noch den goldenen Mittelweg. Es richtet nur ein Gleichgewicht ein, das wie die Gesundheit ein ständiger Kampf zwischen entgegengesetzten Kräften ist. Eine Winzigkeit genügt, und das Ritual wird krank.

Hunde drehen sich oft eine Weile im Kreis, bis sie die richtige Stellung zum Einschlafen finden. Sind sie jedoch zu aufgeregt, dann kann dieses Im-Kreis-Gehen ewig dauern. Man könnte sich das so vorstellen: Der müde Hund beginnt mit der für das Hinlegen typischen Abfolge von Bewegungen; er empfindet dabei ein ähnliches Gefühl der Beruhigung wie wir, wenn wir uns vor dem Einschlafen das Kopfkissen zurechtboxen. Unsere Motorik behält zwar ihren Beruhigungseffekt, aber wenn wir nun danach fortfahren würden, das Kopfkissen erneut richtig hinzutupsen, um dann einzuschlafen, könnten wir nicht mehr einschlafen, denn die eigentlich beruhigende Bewegungsfolge wird zu einer Verkrampfung, die abermals nach einer Beruhigung verlangt, also verschieben wir das Kissen noch einmal, was uns aber wiederum verkrampft und so weiter – die Charakteristika der Schlaflosigkeit. Der Bewegungsanteil des Einschlafverhaltens ist zwar erhalten, aber die beruhigende Wirkung, seine erwünschte Beendigung, ergibt sich nicht.

Das stereotype Verhalten der Tiere im Zoo zeigt uns, wie ein Ritual krank werden kann. Alle Tiere im Käfig kennen die vom Menschen aufgezwungene Reduzierung des verfügbaren Raumes und die Einschränkung der Sinneswahrnehmungen. Beides verhindert den Ablauf des rituellen Verhaltens. Die dadurch erzeugte emotionale Anspannung kann sich nicht mehr in den gewohnten Mechanismen lösen. Jeder von uns hat schon das endlose Hin- und Hergehen der Zootiere gesehen, die Marotte der Pferde, sich den Kopf am Tor zu reiben,[195] die Bären, die einen Fuß auf den anderen setzen und damit ihre Gelenke schwächen, oder selbst die Affen mit ihrer unaufhörlichen, mechanischen Schaukelei an einem Ast.

Dieses körperliche Verhalten des Tieres im Raum ist eine Anpassung an einen doppelten Zwang: sich in eingeschränkter Umgebung trotzdem zu bewegen. Der innere Drang, der dauernd an äußere Grenzen stößt, nimmt eine bestimmte Form an. Den Bewegungsdrang unterdrücken hieße die Lebensfreude vernichten. Man kann das auch mit chemischen Substanzen herbeiführen, die die vitalen Neurotransmitter zerstören, etwa mit dem blutdrucksenkenden Reserpin, das Melancholien auslöst,[196] oder mit dem Hanfsekret Tetrahydrocannabinol, das die Synapsen angreift. Am einfachsten ist es jedoch, die Umwelt räumlich zu beschränken und jede sinnvolle Tätigkeit darin zu unterbinden. Dies, nebenbei bemerkt, führt außerdem zum Verschwinden der Neurotransmitter im Gehirn.[197]

Wenn sich ein noch gesunder Lebensdrang in einem ungesunden Milieu ausdrückt, wird das Ritual deformiert und verkommt zum Stereotyp. Schematisch gesagt: Ein beschränktes Milieu schafft eine Frustration, ein unerfülltes Verlangen, einen Konflikt (einen aggressiven Antrieb, der auf einen zweiten aggressiven Antrieb stößt) oder Streß (eine allgemeine Alarmreaktion des Organismus, der sich angegriffen fühlt).[198] Die Deformation des Rituals und das stereotype Verhalten entstehen also durch die Störung einer Gefühlsbewegung. Das Tier bleibt in der krankhaften Wiederholung stecken, während die eigentliche Störung in seiner unmittelbaren Umwelt steckt.

Diese durch Tierbeobachtung bestätigte Überlegung macht uns vielleicht auch den folgenden Gedankenfehler durchschaubar: Wenn wir ein verwahrlostes Kind vor uns haben, einen einsamen, grobgesichtigen Strawanzer, der Wasser läßt, wo es ihm gefällt, und grunzt, weil er nicht sprechen kann, dann halten wir ihn für krank. Dabei ist es aber die durch eine bestimmte Kultur geschaffene Umwelt, die seine Entwicklung verhindert.

Sowohl ein zu anregungsarmes Milieu als auch eines mit zu vielen Anregungen verursachen stereotypes Verhalten. In beiden Fällen nimmt die Welt der Sinne keine Form an. In der eingeschränkten Umwelt interessiert sich das Tier für die letzten noch verfügbaren Reize; das kann ein Lichtstrahl sein, ein auffliegendes Staubkorn, seine eigene Pfote, die es bis auf den Knochen abschleckt. Aber in einer Welt der Reizüberflutung können auch die Informationen keine Struktur gewinnen. Ein Überangebot an Anregungen stürzt unaufhörlich von allen Seiten herein und erstickt das Tier unter einem Hagel von Informationen, ohne daß diese der

Welt irgendeine Gestalt gäben. Die Reaktionen eines so reizübersättigten Organismus werden konfus und regellos.

Genau dasselbe beobachten wir bei Kindern. Das »Zellenkind«, eingesperrt in eine beengte Umwelt, beschäftigt sich ebenfalls mit den Sonnenstrahlen, mit einem Fleck auf der Kleidung, irgendwie bedeutsamen Geräuschen und den Bewegungen der eigenen Hände. Während hingegen das überreizte Kind in seiner Überflußwelt abstumpft durch ein Zuviel an Informationen, die in ihm das paradoxe Gefühl einer »affektiven Einzelhaft«[199] hervorrufen.

Das Stereotyp ist also ein Verhaltensschema, das sich in einer gleichförmigen Umwelt dem anderen nicht verständlich macht und sich bis zur Erschöpfung wiederholt. Die Ersatzhandlung ist ein Verhalten, das nur auf sich selbst oder auf einen nahen Gegenstand gerichtet ist; in einer strukturierten Umwelt wirkt es beruhigend, da es die emotionale Intensität der Begegnung verringert. Das sind recht abstrakte Definitionen. Leichter verständlich sind sie, wenn wir einen Bären oder eine Raubkatze im Käfig beobachten. Der Bär, Tatze auf Tatze, läuft endlos hin und her und reibt sich die Schnauze am Gitter wund. Das ist ein Stereotyp. Anders die Raubkatze: Lange leckt und putzt sie sich, bis sie am Ende einschläft. Das ist eine Ersatzhandlung. Das Stereotyp behält in einer formlosen Welt noch eine Anregungs- oder Reizfunktion. Die Ersatzhandlung dagegen hat einen Beruhigungseffekt in einer geformten Welt. Und doch: Der Käfig ist für beide der gleiche – in der Welt der Menschen. In der Bärenwelt ist er eine furchtbare Einschränkung, denn dieses Tier braucht die weiten Räume. Der kümmerliche Weg einer endlos und bis zur Entkräftung wiederholten Fortbewegung ist der Versuch, sich der Enge des Raums anzupassen.

In der Raubkatzenwelt, die weniger räumlich und mehr zeitlich strukturiert ist, bedeutet der Käfig keine derartige Einengung. Das Tier paßt sich an, indem es an seiner Haut knabbert, sein Fell absucht, sich die Fellhaare glänzend leckt und glattstreicht. Die Tätigkeit entspricht in etwa der eines Menschen, der sich das Kopfkissen zurechtstopft und sich in die Bettdecke hüllt, bis er schließlich, wenn alle Sinneseindrücke befriedigend, also nicht mehr anregend sind, einschläft. Katzen adaptieren sich an die Raumenge mit Hilfe ihrer Katzenwäsche, eine Vorbereitung der Ruhephase, denn diese Tiere sind Weltmeister im Schlafen. Menschen passen sich durch den Rückzug auf sich selbst an, auf ihre innere Sprache und die Welt ihrer Ideen und Vorstellungen, denn die Menschen sind die Champions der Sprache. Bären passen sich an durch das stereotype Hin- und Herlaufen, die tückische Wohltat einer Handlung um jeden Preis, die sich unglücklicherweise gegen sie selbst richtet. Dies alles beweist uns, daß es keine Verallgemeinerung geben kann in der Welt des Lebendigen.[200] Wer lebt, interpretiert schon.

Wenn die Umgebung in Unordnung gerät, bleibt auch die innere Welt nicht mehr stabil. Der eigene Körper wird der einzige Gegenstand der Außenwelt, der die Innenwelt noch zu strukturieren vermag. Im verkümmerten Milieu wird er zum Objekt der Ordnung und der Beruhigung. Das ist der Grund, weshalb sich alle Lebewesen in einem beschädigten Milieu abkapseln und auf ihr eigenes Verhalten zurückziehen, wie die Tiere im Zoo, aber auch Tiere im Haus oder in einer affektiven Enge[201] und – wie immer man das interpretiert – die hypersensiblen autistischen Kinder[202] sowie psychotische Personen mit ihren stereotyp pendelnden Körperbewegungen, aber auch der Redner, der vorher im Auf- und Abgehen seine Ansprache noch einmal im Kopf rekapituliert. Zwangsneurotiker amüsieren sich selbst über ihre Waschrituale oder endlosen Überprüfungen, ihnen ist die Lächerlichkeit ihres Verhaltens durchaus bewußt, und sie sprechen es auch aus. Gleichwohl und trotz der offenkundigen Absurdität behält die magische Litanei ihren Beruhigungseffekt.

Warum, fragen wir nun, wird ein Ritual krank, selbstzentriert und zum Stereotyp ohne Alterität, das heißt ohne Harmonisierung mit dem anderen? Vor allem deshalb, weil der andere gar nicht da ist, wie bei den Zootieren oder bei mangelndem Sozialkontakt überhaupt.[203] Ein Verhaltensplan, die Orientierung zum anderen hin existiert zwar noch, aber mangels Partner hat die Harmonisierung kein Ziel mehr, und das Ritual dreht sich im Leerlauf.

Andererseits kann es auch vorkommen, daß eine Person gerade verletzlich oder in hohem Maße verwirrt ist, daß ihr also die offensive Kraft fehlt, auf die Begegnung mit dem anderen zuzugehen, sich bereitzumachen für die Harmonisierung zweier Wissenssysteme.[204] Der Mangel mag in dem einen oder im anderen System zu suchen sein, in einer Innen- oder in der Außenwelt, er macht sich in jedem Fall bemerkbar im Moment der Wechselbeziehung, selbst wenn er weit zurück in der Vergangenheit liegt. Das mißgebildete Ritual kann die gemeinsame Existenz der Partner nicht mehr sichern.

Gelegentlich entstammt die Mißgestalt einer schweren Störung in der Umwelt, etwa einer Übervölkerung, die das Ritual mit einem Zuviel an Information entwertet. Durch zu häufige Veränderungen wird das Ritual instabil, gleichzeitig werden die Individuen durch den kollektiven Streß unruhig. Eine Entwicklungsstörung kann aber auch aus der frühen Isolierung entstehen, die dem Tier den Reifungseffekt des herumtollenden Spiels geraubt hat. Die Verkümmerung kann nur kurzzeitig sein, wie zum Beispiel eine schnell heilbare Gesichtslähmung viralen Ursprungs, eine äußere Verletzung oder auch ein ungewohnter Schrei, der die Form des Rituals durchbricht und das Gefühl in eine Verwirrung stürzt, die sich den Gruppenmitgliedern mitteilt und sie desolidarisiert. Die davon betroffenen Tiere können nur noch den Entwurf eines Rituals ausführen, die allerersten Bewegungsfolgen, die zu ihrem Ablauf nur einen inneren, im genetischen Erbe aufgeschriebenen Antrieb brauchen.[205]

Wenn unsere Gedanken und Beobachtungen bis hierher einigermaßen zusammenhängend waren, heißt das, noch einmal, daß die Unterscheidung zwischen inneren und äußeren Ursachen ebenso unerheblich ist wie der Gegensatz zwischen Natur und Kultur. Um den inneren »Schrittmacher« kommen wir nicht herum: Kein Organismus kann ohne biologischen Anstoß leben. Sobald er jedoch ins Leben getrieben ist, begegnet er einer anderen Lebensform, sei es ein Artgenosse, eine Umwelt- oder Sozialstruktur. Der Begegnungsraum zwischen den beiden Antrieben nimmt die Form eines Rituals an, einfach zum Zweck der Harmonisierung der Kräfte, ähnlich wie zwei Wasserarme beim Aufeinandertreffen Strudel und Wirbel bilden, bevor sie friedlich zusammen weiterlaufen.

Es ist erstaunlich, wie je nach dem Standpunkt verschieden der Begriff der Gewalt sein kann. Einigen Arten ist er sozusagen in Fleisch und Blut übergegangen (Beispiel: die Maus), andere verschwenden keinen Gedanken daran (die Katze). So auch bei den Kulturen der Menschen. Eine Erziehung, mit der Kinder dem Selbstopfer geweiht werden, erschiene uns der Gipfel der Gewalttätigkeit; und doch war dies ein Kultur-Ritus der Azteken, der die Gruppenmitglieder zusammenhielt. Die Welt ihrer Opfer wurde nicht weiter in Betracht genommen. Aus demselben Grund metzelten die Eroberer Südamerikas ein paar tausend Indianer nieder; aus demselben Grund organisierten die Nationalsozialisten ihre Massenrituale, bei denen auch so gebildeten Kollaborateuren wie Robert Brasillach und Drieu La Rochelle das Herz höher schlug vor urtümlichem Vergnügen. Solche Veranstaltungen schweißen die Mitglieder eines Clans zusammen – gegen alle anderen.

Auch die geschichtliche Epoche spielt für das Gewaltempfinden eine Rolle. Wenn eine hohe Dame im alten Rom ihre Kammerzofe tötete, nur weil diese eine falsche Dauerwelle legte,[206] so fand das jeder normal: So ging es ja nun wirklich nicht! Als im zweiten Jahrhundert die Mutter des Claudius Galenus in Pergamon ihre Diener in die Hand biß, weil der Tisch nicht ordentlich gedeckt war, kam das niemandem gewalttätig vor, da jede Herrin des Hauses es genauso machte. Von anderen Feinfühligkeiten, etwa den rechtlichen Folgen eines Ehebruchs, gar nicht weiter zu reden; dabei riß man dem Mann die Leber heraus, um sie an einem Schandpfahl auszustellen,[207] und die Frau wurde mit zehn wilden Katzen in einen Sack genäht und in den Fluß geworfen. Der Ehebruch wurde als so schlimmes Verbrechen betrachtet, daß er diese Folter einfach verdiente; irgendeinen Schrecken löste das nicht im geringsten aus.

Heute sind die Verbrechen aus Leidenschaft erheblich seltener geworden, was uns zeigt, daß in unserer Kultur der Partner nicht mehr als Eigentum unserer Gefühle empfunden wird. Zwar leidet man unter diesem Vorurteil, aber man maßt sich nicht mehr das Recht an, den ehebrecherischen Partner gleich umzubringen. Unsere Richter verurteilten die einstigen Verbrecher aus Leidenschaft ohnehin ziemlich selten. Wenn sie nach allgemeiner Auffassung nicht sogar im Recht waren, so konnte man sie immerhin verstehen. Heute dagegen ist es gerade die Gewalt des leidenschaftlichen Verbrechens, die ein Gefühl des Schreckens hervorruft.

Von der räumlichen, aber auch der geistigen Entfernung wird das

Gefühlsleben nicht mehr angeregt. Aus den Augen, aus dem Sinn, sagen wir. Was nicht im Kopf ist, ist auch nicht im Herzen. Die Spanier stellten sich die Azteken als Pflugochsen vor; für die Nationalsozialisten waren die Juden Ratten, die eine nordisch-blonde Kultur beschmutzten. Noch fünfzig Jahre danach beschweren sich die Funktionäre dieser Todesmaschinerie über die Probleme mit der Verwaltung des SS-Staats: Er habe ihnen nicht die Mittel gegeben, ihre Arbeit richtig zu machen! Gegen die Befehle, denen sie ohne Mitgefühl gehorchten, erheben sie keinen Widerspruch.[208]

Auch die zu große Nähe verhindert die Entstehung eines Rituals. Um irgendeinen Körperteil von mir selbst zu berühren, brauche ich kein Ritual. Aber ich kann nicht ohne weiteres den Körper meiner Nachbarin irgendwo berühren: Er ist durch Gebote und Verbote so geregelt wie die Straßenverkehrsordnung. Wenn ich diese Regeln respektiere, wird man von mir sagen, ich habe ein gutes Benehmen. Die zu große Nähe, in der sich kein Ritual etablieren kann, erklärt uns auch, warum gerade unter Menschen, die zusammenwohnen, die Gewalt so plötzlich und ungebremst ausbricht. Als die Diener noch im gleichen Haus lebten und dem Hausherrn gehörten, strafte er sie mit der Peitsche. Später, als sie ihr Dienstmädchenzimmer unter dem Dach hatten, ließ er sie die Rute spüren. Heute wohnt unsere Putzfrau in ihrer eigenen Wohnung, und niemand schlägt sie mehr.

In jeder Kultur ist die Familie ein Herd der Gewalt. Dieses kleine Ensemble von Menschen, zementiert durch Gefühle, Sexualität, Kindererziehung und soziale Zwänge, schafft sich ein so engräumiges affektives Feld, daß jedes Ritual ohne Wirkung bliebe. »Aus dem Kreis der Familie oder, allgemeiner, der sich Nahestehenden rekrutieren sich die meisten Mörder.«[209] In unseren kulturellen Produktionen, ob im mittelalterlichen England, im Frankreich des 19. Jahrhunderts oder im Islam der Gegenwart[210], ist sehr wenig davon die Rede. Wir tun so, als hielten wir die einschlägigen Fälle in Büchern und Filmen für herzbewegende, aber rare Ausnahmefälle. Die Zahlen der verschwiegeneren Polizeiberichte sind jedoch beeindruckend: Mit einer Wahrscheinlichkeit von 80 Prozent findet man den Mörder immer im Familien- oder Freundeskreis, gar nicht zu reden von Mißhandlungen, Beleidigungen oder, zwangsläufig, dem heimlichen Inzest. Die Familie, dieser sichere Hafen, ist gleichzeitig der Ort der äußersten Gewalt.

Die affektive Nähe verhindert das Ritual, da sie die Körper für jede Geste, jedes Wort, jede Gefühlsmitteilung zugänglich macht. Genau wie beim eigenen Körper, der zur Selbstberührung kein Ritual braucht.

Aus dem gleichen Grund finden die wichtigsten Gefühlsmitteilungen innerhalb derselben Art statt. Jede Art hat es darin zu wahrer Meisterschaft gebracht. Die kleinste Gefühlsregung teilt sich sofort den Artgenossen mit, und wenn das Ritual nur im geringsten gestört ist, kann dieses Gefühl durch nichts mehr zurückgehalten werden. Bei den Tieren ist das Wasserloch ein bedeutsames Signal. Es beschäftigt Dutzende von Arten, die sich alle an seinem Rand versammeln. Ihre Aufmerksamkeit ist so sehr auf das Wasser gerichtet, daß Raub- und Beutetiere durcheinanderstehen und trinken, wobei sie sich gegenseitig nur insoweit wahrnehmen, daß sie nicht aneinanderstoßen.[211] Nur die Krokodile machen da eine Ausnahme. Sie achten nicht auf das Wasser, in dem sie baden, ebensowenig wie wir auf die Luft, die wir atmen. Statt dessen lauern sie auf Vögel in der Nähe und andere Tiere, die sie sich mit Vergnügen schnappen.

Die zu nahen Reize werden zwar wahrgenommen, weil man sich ihnen angepaßt hat; ihnen entspricht jedoch kein inneres Abbild. Wenn die Aufmerksamkeit mit dem Sammeln von Signalen einer einzigen, dominanten Informationsquelle beschäftigt ist, werden alle anderen Signale zweitrangig. Deshalb berührt der Löwe an der Wasserstelle nicht das Tier direkt neben ihm; er sieht es zwar, greift es aber nicht an, weil seine Aufmerksamkeit vorrangig auf das Wasser gerichtet bleibt. Das andere Tier sieht, daß der Löwe das Wasser vorzieht; es sieht ihn nicht als Raubtier und sich selbst nicht als Beute. Also können wir, sagt es sich, ohne Angst nebeneinanderstehen.

Die Gefühle liegen jedoch immer sprungbereit. Problemlos läßt sich eine panische Angst auslösen durch die Injektion von Salzkrautlaktat. Andere Substanzen, etwa stark dosierte Harnsäure, rufen unbeherrschten Jähzorn hervor; wenn einem Organismus das Enzym fehlt, durch das normalerweise die Harnsäure abgebaut wird, so reagiert er auf jeden Reiz mit einer unaufhaltsamen, zerstörerischen Wut. Tierzüchter haben einen genetischen Faktor isoliert, um damit bestimmte Hunderassen zu züchten, zum Beispiel Pitbull-Terrier, die mit ungehemmter Gewalt angreifen. Diese Tiere nehmen von anderen keine Signale mehr wahr, so daß auch das Unterwerfungsritual ohne Wirkung bleibt.

Auch der Anteil des Gehirns an der Gewalt wurde identifiziert und mit hoher Theatralik vorgeführt. Ein spanischer Neurochirurg[212] war sich der Kontrolle des Gehirns über die Gewalt so sicher, daß er ohne zu zögern in der Arena einem Kampfstier gegenübertrat. Allerdings hatte er vorgesorgt: Er hatte dem Tier eine winzige Elektrode in das Corpus amygdaloideum des Limbischen Systems eingepflanzt (das mit der Speicherung emotionaler Erinnerungen zusammenhängt). Als stolzer Spanier warf er sich in die prächtige Uniform, hielt die große rote Capa in der Hand und ging dem Tier entgegen. Derart schutzlos bot er ein leichtes Ziel, das der angreifende Stier ohne Umstände auf die Hörner nehmen konnte. Aber zwei Meter vor seinem Ziel wurde durch einen einfachen Fingerdruck auf die Fernsteuerung das Corpus amygdaloideum stimuliert, und der Stier blieb mitten im Angriff abrupt stehen. Ließ der Neurochirurg den Finger los, so löste sich auch die Hemmung im Tiergehirn, und der Stier griff von neuem an, aber immer nur solange, bis er das hemmende biologische Signal empfing, das ihn auf der Stelle friedlich werden ließ. Die biologischen und neurologischen Vorgänge machen uns auch manche Gewaltausbrüche verständlich, die von Drogen wie Crack ausgelöst werden oder von anderen Veränderungen im Gehirn, bei denen die emotionalen Partien geschädigt wurden.

Die häufigsten Störungen der emotionalen Gehirnpartien stammen aus der frühesten Entwicklung des Individuums. Viele Lebewesen sind bei ihrer Geburt noch nicht »fertig« und brauchen einen anderen zu ihrem Schutz und Beistand. Wenn dieser fehlt, sei es durch frühen Tod, eine zufällige Trennung oder auch eine Versuchsanordnung im Labor,[213] so zieht sich das einsame Tier- oder Menschenkind auf den eigenen Körper zurück, das Ritual verliert seine Kommunikationsfunktion und dient nur noch zur Selbstanregung und Selbstberuhigung.

Man kann das an gruppenbildenden Tieren beobachten, wenn sie in ihrer frühen Entwicklung isoliert wurden. Bei der kleinsten Gefühlsregung richten sie ihre Angriffe gegen sich selbst: Ratten fressen die eigenen Füße auf, Hunde werfen sich Kopf voraus an die Wand, Affen beißen sich die Handgelenke auf oder stoßen sich den Finger in die Augen. Bei Menschenkindern verursachen frühe Mängel an Sozialkontakt in der Regel heftige Störungen der biologischen Vorgänge, im Gehirn und im Hormonhaushalt, sowie später eine verzweifelte Suche nach selbstzentrierten Reizen.[214] Die kleinste Gefühlsbewegung verstärkt bei ihnen die gegen sie selbst gerichteten Handlungen, die bei hoher Intensität bis zur Selbstverstümmelung gehen.[215]

Ein letzter Gewaltfaktor schließlich liegt in der Umwelt, in der Übervölkerung. Bei den Tieren regelt sich die Population durch einen selbsttätigen Mechanismus: Die durch die Überzahl geschaffene Flut an biologischen Reizen, die räumliche Einengung, die massenhaften Begegnungen machen eine Lenkung der Gefühle unmöglich. Man stellt bei Übervölkerung bald schwere Hormon- und Verhaltensstörungen der Tiere fest. Säugetiere produzieren weniger Sexualhormone, Hirsche werden lustlos, Wanderratten pflanzen sich nicht mehr fort, schwangere Häsinnen resorbieren den eigenen Fötus. Dieser sexuelle »Winterschlaf« ist die natürlichste Geburtenkontrolle.[216]

Die Überzahl, sagten wir, schafft ein Überangebot an Sinnesreizen, wodurch die Rituale geschädigt werden. Silberreiher führen dann groteske und völlig wirkungslose Rituale auf. Sie beginnen einen unglaublich intensiven, geradezu brutalen Hochzeitstanz, der aber plötzlich in eine allgemeine Schlägerei umkippt. Die Eltern kümmern sich nicht mehr um ihre Jungen; infolgedessen versuchen nun die älteren, »altmodischen« Tiere, die noch in einem geordneten, ritualisierten Milieu aufgewachsen sind, die Jungtiere zu sich zu nehmen.[217] Affen, die man auf eine kleine Insel umgesiedelt hat, vermehren sich dort so stark, daß die Rituale verkommen. Die Tiere prügeln hemmungslos aufeinander ein, verfolgen und verletzen einander und haben alle Sexual- und Tischmanieren verloren. Die ganze Gruppe wird geschlossen krank, sowohl körperlich wie emotional und sozial.[218]

Im klassischen Experiment zum Nachweis, wie Übervölkerung

das Gruppenleben verhindert und die Biologie der Tiere beschädigt, teilen sich zwanzig männliche und zwanzig weibliche Ratten einen Käfig mit allem erdenklichen Komfort.[219] Nach zwei Jahren und drei Monaten im Schlaraffenland hätten, so die Berechnung, auf den tausend Quadratmetern des Käfigs fünftausend Tiere leben müssen. Aber die Zahl der Bewohner stieg nie über fünfhundert. Sobald diese Zahl erreicht war, traten Verhaltensstörungen und biologische Mängel auf, die sowohl die Individuen als auch die Gruppe vernichteten. Die Beziehungen wurden so gewalttätig, daß die Männchen auf Leben und Tod miteinander kämpften und sogar die sonst weniger aggressiven Weibchen einander zu töten versuchten. Die sexuellen Kontaktversuche wurden nicht mehr mit einem Paarungstanz eingeleitet, der die Partner aufeinander eingestimmt hätte. Der menschliche Beobachter nannte die sexuelle Eile ohne die Weile des Rituals eine »Vergewaltigung«. Die Weibchen wurden immer weniger fruchtbar, bauten kein Nest mehr, gebaren wie nebenbei und ließen ihre Jungen im Stich, und diese wurden sofort von den Erwachsenen gefressen. Sehr schnell erreichte die Sterberate der Gruppe 90 Prozent und sank erst wieder, wenn die Bevölkerungsdichte abnahm. Dann verschwand auch die Krankhaftigkeit des Individualverhaltens, und die natürliche Gewalt, durch die Entritualisierung entfesselt, erlosch von selbst, sobald die soziale Umwelt wieder die Formung der Rituale übernahm.

Angst in der Stadt, Angst auf dem Land

Man könnte die Umwelt des Menschen vielleicht als eine Art äußere Biologie ansehen, in der ein Milieu organisiert wird, ein Habitat. Damit wird den Sinnesinformationen ihre Struktur gegeben, also dem Raum, dem Geräusch, dem Licht, den affektiven Reizen und den biologischen Rhythmen der Zeit. Die Verstädterung des Planeten, ein Kunstprodukt alter Zeiten, schreibt den Kindern heute einen anderen Entwicklungsgang vor. Um 1930 gab es auf der Welt nur drei Städte mit mehr als acht Millionen Einwohnern, und alle lagen in den Ländern der Reichen. Im Jahr 2000 wird es 21 Städte mit mehr als zehn Millionen Einwohnern geben, und 18 davon werden von Armen bewohnt sein.[220] Die demographische Situation mit ihren wirtschaftlichen, politischen, technischen und sozialen Auswirkungen zeigt im Großexperiment, wie auch in der menschlichen Überbevölkerung die Rituale verkommen.

In nur zwei Jahrhunderten der Künstlichkeit hat er sich die Umwelt gebaut, die ihn jetzt formt. Megastädte sind ein seltsames Ding: Man flieht die kleine Gemeinschaft, um in einer Riesenmasse von Menschen einen noch viel kleineren Platz einzunehmen. Die verlassenen Dörfer versteinern vor Langeweile, was sich in ihnen noch ereignet, ist kaum der Rede wert, ihre Monotonie ist einschläfernd. Ein Fremder, der in solch ein sterbendes Dorf kommt, ist ein Eindringling, wie ein Gerichtsvollzieher, wenn nicht gar ein Räuber. Die Rituale schwinden, man geht sich aus dem Weg, lächelt nicht, ja grüßt sich kaum noch. In Dörfern mit lebendigen Ritualen hingegen wurden so altehrwürdige Formeln benützt wie »Behüt dich Gott«.

Im Widerspruch zu einem weitverbreiteten Vorurteil treten am Land die psychischen Störungen ausgeprägter auf als in der Stadt. In den Alpendörfern der Haute-Provence habe ich katatonische Angstneurotiker gesehen, die in einer Verkrampfung des ganzen Körpers erstarrt sind. In den kleinen Siedlungen ohne Rituale sind die Selbstmorde gewalttätiger, der Alkoholismus entwürdigender, Wahnanfälle und geistige Verwirrungen intensiver als irgendwo sonst.

Überraschenderweise sind Angstzustände weniger stark in der Stadt, wo man immer irgendeine Beschäftigung als Beruhigung und Ablenkung oder auch eine anregende Begegnung findet. In den großen Städten leidet man unter der wunderbaren Qual des Tantalus, der einer unstillbaren Begierde aufsitzt. Bestimmte Viertel am Stadtrand sind immer voller Lärm und Leben. Wie leicht kann man da jemanden treffen, einen Gegner verhauen, ein Drama inszenieren, ein Erlebnis erzählen. Noch das armseligste Leben ist hier intensiver und menschlicher als in einem todgeweihten Dorf. Jene Stadtviertel leben in der Gegenwart, im Augenblick, der vorübergeht (nur das Stadtzentrum gilt als historischer Ort und Vergangenheit). Hier findet man eine fiebrige Affektivität, eine Art der Liebe von heftigem, scharfem Reiz, die andere »Haß« nennen, die aber auf jeden Fall ein wirksames Band ist für die, die sich so lieben, indem sie alle anderen zur Hölle wünschen.

In den vornehmen Villenvierteln sitzen die akademisch gebildeten Zuschauer und geben nur ungern zu, daß die Menschen der Außen- oder gar Elendsviertel nicht freiwillig dort wohnen: Die können eben nur so leben, heißt es dann. Tatsächlich läuft dort ein endloses Schauspiel mit aufregenden Vorstellungen, eine Gratisparty mit Todesahnung, ein tägliches Bacchanal. Bei jeder Begegnung werden die Bewohner von Liebe und Haß berührt, vom Eindruck eines intensiveren Lebens, das weit überlegen ist dem psychischen Tod der kleinen Dörfer oder der gelackten Zurückhaltung der Villenviertel. Aber wie in jedem geschlossenen Universum führt auch hier die affektive Fieberhaftigkeit ins Unglück. Denn diejenigen, die sich keiner Bande anschließen, weil sie eigentlich den dörflichen Frieden oder die Stille der vornehmen Viertel lieber haben, weil sie jenen Rückfall in die Anarchie nicht wollen oder einfach keinen Anschluß bekommen – sie leiden hier erst recht. Die Schizophrenen etwa, die nur mit großer Mühe ihr »Guten Tag« herausbringen, fühlen sich ausgestoßen aus dem sozialen Wettbewerb und angezogen von jener Art Primärgesellschaft. Aber in der neuen Umgebung schaffen sie es nicht, die gewalttätigen Rituale zu erlernen. Sie, diese dem Ritual endgültig Entfremdeten, bevölkern nun die Straßen: Sie stellen heute 30 Prozent der Obdachlosen in Paris, 40 Prozent in Venedig (das damit angefangen hat, seine Geisteskranken aus der Stadt einfach auszuweisen) und 80 Prozent in New York[221] (wo man ebenfalls auf die Ausweisung schwört und dadurch eine Menge Geld gespart hat).

Wenn die Kultur aufhört, die gemeinsame Welt der Menschen zu prägen, dann bewahrt sich in den geschlossenen Clans noch ein Rest ursprünglichen Gefühlslebens. Man liebt und eint sich im Haß, kurz vor dem Zusammenbruch aller Rituale, vor der völligen Auflösung der letzten Solidarität der Gesellschaft unter dem Slogan »Jeder für sich!«.

Die früheste Beschreibung einer entritualisierten Gruppe ist die über die Iks[222], einen Stamm an der Ostgrenze Ugandas. Er wurde von der Regierung in eine hübsche Gegend verpflanzt und mit öffentlichen Geldern finanziert. Er hatte eigentlich alles, um glücklich zu sein. Aber geschichtslos, ohne Plan und Aufgabe im Leben verloren die Iks ihre sozialen Bindungen, und innerhalb weniger Monate verwandelten sich ihre Beziehungen in gewalttätige Zusammenstöße. »Die brutale Vernichtung ihrer Lebensart... versetzte sie an den Nullpunkt der Menschheit.«[223] Kaum hatten sie ihre Rituale verloren, fingen die Lebensmitteldiebstähle an, die Rempeleien und Vergewaltigungen. Die Menschen ließen ihre Kinder allein und begruben ihre Toten nicht mehr. In einer derartigen Lage erhält der Clan eine entlastende Aufgabe; er leistet Hilfestellung, fordert auf zum »Rette-sich-wer-kann«. Bei den Banden der Straßenkinder bilden sich sogar kleine Aufnahmerituale heraus, archaische Bräuche, die die Gruppenmitglieder vereinen durch Gewalt gegen andere, zum Beispiel Straßenkämpfe oder gemeinsame Diebstähle. Ebenso kann man hier aber auch Rituale im Innern der Gruppe beobachten, etwa Gefühlsmitteilungen, die der Beruhigung oder dem Einschlafen dienen.[224] In Kambodscha tauchte bei vertriebenen Volksgruppen eine Art Neuritualisierung auf: Jugendliche gruppierten sich in eigenen Banden, um in einer Art Machtergreifung ihren Willen gegen die isolierten anderen durchzusetzen.[225]

Wenn die Gruppe sich vergrößert, verweigern immer mehr Individuen dem grundlegenden Ritual ihren Respekt. Und ist sie zu groß geworden, schwinden seine Wahrnehmbarkeit und seine einigende Wirkung. Was dann eintritt, ist eine Individualisierung in Untergruppen, die zwar mit der Hauptgruppe noch ein gemeinsames Ritual haben können, daneben aber eigene Rituale entwickeln.

Im Dorf der guten alten Zeit ist jedes Zusammentreffen zweier Bewohner rituell von einem Lächeln begleitet, einem Austausch von Blicken und einer wichtigen Äußerung, etwa »Wie geht's?«. All diese Gesten schaffen einen ritualisierten Wahrnehmungsraum. In einem Supermarkt wird dieses Ritual absurd. Man kann dort nicht alle grüßen. Also läßt man vom anderen am besten kein inneres Bild mehr zu. Man nimmt ihn noch wahr, aber man tauscht sich nicht mehr aus mit ihm. Die Überzahl macht ihn notwendigerweise durchsichtig, so daß im Fall einer Gefühlserregung die Gewalt durch nichts mehr gebremst wird.

Gegen Ende des 19. Jahrhunderts hatten die westlichen Gesellschaften noch nicht ihre heutige Struktur. Damals entwarf der

Soziologe Emile Durkheim das Konzept der Anomie. Anomie besagte, daß gesellschaftliche Gruppen sich weder einer naturgegebenen noch einer rechtlich gesicherten Form unterwerfen. Bedeutet die Wiederkehr der Anomie am Ende des 20. Jahrhunderts, im Strukturverlust fast aller Gesellschaften, daß sich eine neue Weltordnung vorbereitet? Das Unangenehme an dem Gedanken ist, daß die Anomie durch die Entritualisierung die sozialen Gruppen auflöst und alle Brutalitäten hervortreten läßt. Es sieht so aus, als schafften sich die Großgruppen ihre kulturelle Identität nicht mehr anders als durch Gewalt, während ritualisierte Kleingruppen durch Diskussionen und öffentlichen Meinungsaustausch alte Denkweisen und Strukturen umformen.

Es war die öffentliche Debatte, die der Masturbation ihre Schuldbeladenheit nahm und die Homosexualität, wenigstens hier und da, akzeptabel machte. Durch den öffentlichen Diskurs hat der Feminismus die Lage der Frau verbessert, ohne daß Bomben hochgingen oder ein einziger Mann umgebracht wurde. Bei steigender Teilnehmerzahl jedoch verläuft die Diskussion nicht mehr in Form eines Rituals. Wir haben gesehen, daß auch bei einem Paar, einer Familie die durch eine Debatte erregten Gefühle nicht leicht zu lenken sind, da die Nähe das Ritual verhindert. Aus diesem Grund kann die Intervention eines außenstehenden Dritten das Familiengespräch wiederherstellen, den Austausch der Meinungen ritualisieren. In der großen Masse ist die Diskussion ebenso unmöglich. Der Meinungsaustausch zwischen dem Redner und der Menge kann nicht mehr vernunftgeleitet sein. Ein einziger Anführer kann sich nicht mit jedem Mitglied seiner Gruppe aussprechen. Er kann sich ihr jedoch als einer Körperschaft zuwenden, wobei nun die Mitglieder nicht mehr als Individuen gesehen werden: »Ich betrachte also die Hypnose als eine Kommunikation, bei der der Inhalt gegen Null und die Beziehung gegen Unendlich tendiert.«[226] Die hypnotische Beziehung zwischen dem Anführer und seiner Menge erhält die Struktur eines intellektuell inhaltslosen Gefühlsaustausches, ähnlich dem zwischen Mutter und Kind.[227] Das kann so weit gehen, daß selbst Intellektuelle, die bereits die Qualität ihrer geistigen Tätigkeit bewiesen hatten, dieser kollektiven Ekstase einer Massenveranstaltung in die Falle gingen.

Zwischen der zu großen Nähe, die die Gewalt in der Familie hervorbringt, und der zu großen Entfernung, die zur Gewalt in der Gesellschaft führt, erlauben nur noch die Kleingruppen den Austausch von Gedanken und Gefühlen. Einige sind als »unsichtbare Akademie« organisiert, in der Ideen und Affekte hin- und hergehen; andere schließen sich zu Pressure groups zusammen und machen damit ihren kulturellen Einfluß geltend; wieder andere bilden zum Zweck der Machtübernahme politische Einflußgruppen; und die Sekten benutzen ebenfalls dieses verständliche Zugehörigkeitsbedürfnis, um sich die Seele ihrer Mitglieder und dann auch ihr Bankkonto anzueignen.

Die Kleingruppe strukturiert sich um gemeinsame Ideen, Handlungen und Gefühle herum. Sie ist eine menschlich überschaubare Organisationsform, in der jede Person noch sie selbst werden oder bleiben kann. Das einfachste Beispiel des Kampfes gegen die Anomie ist der Stamm oder der Clan: Er gruppiert einige Familien in der Verehrung eines affektiven, geistigen oder auch lebensnotwendigen Totems. Wir fühlen uns wohl – solange kein anderer Clan unsere Vernichtung plant.

Der Beruhigungseffekt des Einigungsrituals wird durch eine Untersuchung der steigenden Selbstmordrate in Algerien auf das schönste bestätigt. Dort wurde in einer einzigen Generation die alte Kultur über den Haufen geworfen. Zwar sichert dies den Heranwachsenden sowohl intellektuell wie affektiv günstigere Entwicklungschancen. Im Alter zwischen 15 und 20 Jahren jedoch endet dieser Fortschritt in einer soziokulturellen Leere. Aufgrund wirtschaftlicher Probleme haben sich keine sozialen »Laufbahnen« entwickelt, in denen die Jugendlichen ihren Platz finden könnten. Was nun entsteht, ist das tiefreichende Phänomen einer Konfliktjugend, das noch vor einigen Jahren nicht zu beobachten war.[228] Zu sehen ist eine neue Spezies Jugendlicher, die sogenannten »Mauerstützer«, die stundenlang und ganze Tage nebeneinander an Mauersteine gelehnt dahindämmern.[229] Das Phänomen einer quasi eingeschlafenen Jugend kennt man auch in Frankreich, wo dieselbe Gewohnheit, die in Algerien als »Mauern stützen« bekannt ist, »sich die Ohren einklemmen« heißt.

Im Kontext einer solchen kulturellen Leere stellt man ein alarmierendes Ansteigen von Selbstzerstörung fest: übertriebene Risikolust, absurdes Heldentum, Drogenabhängigkeit, Triebhandlungen und anderes mehr. In jedem dieser Fälle, und zwar unabhängig von der umgebenden Kultur, handelt es sich um jugendliche städtische Einzelgänger mit Schulabschluß. In Frankreich ist Mayenne die Stadt mit der höchsten Selbstmordrate; sie liegt um 50 Prozent über dem Landesdurchschnitt.[230] Nur wenige leiden nicht unter psychischen Störungen. Fast alle sind ohne sozialen Zusammenhang. Die Risikogruppen sind Mädchen und Frauen von 15 bis 24 Jahren; ihre schulischen Leistungen waren gut und fallen dann plötzlich ab. Sie kennen keinerlei kulturelle, sportliche, affektive oder geistige Beschäftigung. In einer innerlich abgelehnten Familie ohne Solidarität, ohne Freundeskreis, ohne Gefühlsbegegnung, ohne sozial relevante Pläne suchen sie häufig einen praktischen Arzt auf, so sehr hat die seelische Krankheit bereits ihren Körperzustand beeinträchtigt. Die Lösungen des Problems obliegen in erster Linie der Kultur,[231] denn in diesem Stadium der Persönlichkeitsentwicklung kann ein Impuls zum Leben nur von außerhalb der Familie erfolgen. Aber dieses Draußen ist leer.

Im Fastenmonat Ramadan, einem Ritual, das jeder in Form täglicher Familien- und Freundestreffen befolgt, sinkt die Selbstmordrate vom ersten Tag an: »Während dieses Fastenmonats findet die engere Familie wieder ihre Festigkeit, ihren Zusammenhang und ihre Funktion, dem Individuum durch die Gruppe Beistand zu geben.«[232] Die Kraftlosigkeit unserer eigenen Kultur wird an einem Indiz deutlich, der signifikanten Zunahme von Depressionen und Selbstmorden zu Weihnachten und am Muttertag. Wer dann Mitglied einer funktionierenden Familie ist, fühlt die Freude des Festes im vertrauten Kreis.

Diejenigen aber, deren Familienleben gestört oder gar nicht vorhanden ist, empfinden ein bis zum körperlichen Schmerz gehendes Gefühl des Scheiterns oder des affektiven Mangels. Die Statistik enthüllt ein erstaunliches psychologisches Moment in der Bevölkerung: Gleichgültig in welcher Kultur, an religiösen und weltlichen Festtagen wird weniger gestorben als sonst. Sonn- und Feiertage sind sogar für alte Menschen die selteneren Sterbetage. Man wartet für den letzten Abschied auf den Montag, den Dienstag.[233] Es scheint, als würden die affektiven Anregungen der Vertrauten noch dem Sterbenden die Kraft verleihen, an ihnen festzuhalten und das Entschlafen auf den Tag nach dem Fest zu verschieben.

Übervölkerung und soziale Anomie

Vor 8000 Jahren, als die Menschen noch Büffel jagten, waren sie glücklich: Von Zeit zu Zeit erlegten sie ein Tier, um jedes, auch das kleinste Teilchen seines Körpers in Nahrung oder einen Gebrauchsgegenstand zu verwandeln, etwa ein Messer, eine Knochennadel, Fellkleider oder Schuhe. Jeder Augenblick, jedes Geburts- oder Jagdfest oder auch die Teilung der Beute füllte die Gesten und Ereignisse mit Sinn und Gefühlen, während man auf das baldige letzte Ereignis wartete, die Totenfeier. Das ging ziemlich lange gut. Bis eines Tages einer mit dem Vorschlag daherkam: »Ab jetzt wollen wir nicht mehr von einem Territorium abhängig sein, sondern von einer höheren Idee. Ihr betet einen Gegenstand an, und wir erfinden dazu die geheime Botschaft.« In diesem Augenblick war die schöpferische Gewalt geboren, jener »Siedekessel der Menschheit«.[234] Von da an vereinten sich das Wunder und der Schrecken und zeugten die Zivilisation. Denn nur in der Welt der Menschen gibt es das Verbrechen. Schlimmer noch: »Durch das Verbrechen öffnet sich die Menschheit zu sich selbst.«[235] Der Mensch weiß, daß er eine Sache oder ein Lebewesen endgültig vernichten kann. Er wird es auch tun, wenn er dazu einen Befehl erhält, der in ihm eine Überzeugung schafft. Das Tier dagegen tötet ein anderes, weil ihm ein entsprechendes Bewußtsein fehlt oder auch, weil ein Ritual beschädigt ist. Aber sobald das Tier von einer kräftigen Emotion gehemmt wird, bricht es die Vernichtung ab, selbst wenn eine übergeordnete Idee ihm das Weitermachen befiehlt.

»Interessenkonflikte unter den Menschen werden also prinzipiell durch die Anwendung von Gewalt entschieden. So ist es im ganzen Tierreiche, von dem der Mensch sich nicht ausschließen sollte; für den Menschen kommen allerdings Meinungskonflikte hinzu, die bis zu den höchsten Höhen der Abstraktion reichen und eine andere Technik der Entscheidung zu fordern scheinen.«[236] Die Unterscheidung, die Freud hier trifft, ist einleuchtend. Im Tierreich ist der Terror an den Kontext gebunden: Der alte Elefant wird in kleine Stücke zerlegt und aufgefressen, und während die Gazelle ihr Junges auf die Welt bringt, hacken die Geier in das erst halb Geborene. Nur der Mensch, der die Emotionalität ja kennt, fügt noch den Alptraum der Unterdrückung hinzu.

Dieser Terror begleitet nun die Verkündigung der Ideale, die Technik, die das Gefühl vernichtet, und sogar die öffentliche Gewalt, die kälteste aller kalten Unterwerfungen. So konnte man in Zeiten des Krieges, der aufgelösten Zivilisation, Menschen sehen, die, obwohl kultiviert, ganz ungeniert Kinder zum Tode verurteilten, die sie nie gesehen hatten. Und das im Namen einer bloßen Vorstellung, die sie sich von ihnen machten. Hätten sie die Kinder wenigstens einmal an den Haaren gezogen! Der schlichte Körperkontakt hätte den Austausch von Gefühlen wiederhergestellt und die Gewalt zunichte gemacht.

Die Welt der Zeichen schafft eine neue geistige Ordnung, die alle Gewalttaten ermöglicht, weil sie auch alle Freiheiten erlaubt. Die Freiheit, eine Regel umzustoßen, um eine neue an ihrer Stelle einzurichten; die Freiheit, den anderen zu töten, weil er gegen die Regel verstoßen hat; eine ganze Gruppe zu vernichten im Namen einer Idee, die man sich von ihr gebildet hat, oder auch nur, weil sie bedrohlich wirkt. Das Tier bleibt immer eingetaucht in die Beziehung zwischen dem Organismus und dem Gegenstand. Die Nähe eines Reizes, auch wenn das Tier ihn verarbeitet und zu einer inneren Vorstellung umarbeitet,[237] entfernt es niemals so weit aus dem Kontext, daß das Ritual die Gefühle nicht mehr lenken und kontrollieren könnte. Wohingegen der Mensch, der sich dem Kontext entreißt, um sich Zeichen und Sprache zu erfinden, diesen regulierenden Effekt abgeschaltet hat.

Die Gewalt der Tiere entsteht durch die Schwächung der natürlichen Gesetze, die Gewalt des Menschen jedoch durch seinen Übergang in die Sprache und die Umgangsformen.

Das kann nun keineswegs heißen, daß wir den Menschen bloß am Sprechenlernen hindern müßten, um die Gewalt zu unterdrücken. Im Gegenteil: Die klinische Erfahrung zeigt jeden Tag, daß ein Mensch zuschlägt, weil er nicht sprechen kann: »Es ist die Tat, die nun überwiegt und Ausdruckswert besitzt.«[238] Wenn in einer Zweierbeziehung ein Mensch sich nicht ausdrücken kann oder der andere es ihm verboten hat, wenn die Beziehung selbst keinen Treffpunkt mehr bildet, dann ergreift die Tat das Wort und zerstört den anderen und jeden Gedanken.

Andererseits verhindert aber auch die Sprache allein nicht den Gewaltausbruch. Es genügt uns eben nicht, mit unserem Spiegelbild zu sprechen, um uns zu beruhigen. Erst das Ritual des Gesprächs ermöglicht im Handgemenge der Auseinandersetzung die Arbeit der emotionalen Annäherung. Ein Beweis dafür ist, wie wir unseren Körper in Haltung bringen, bevor wir unsere Wörter austauschen. In dieser Begegnung bleibt nichts dem Zufall überlassen: Jede Körpergeste strukturiert, wie in allen wahren Ritualen, den Austausch der Gefühle.[239] Die Sprache geht immer einher mit einer Verteilung der Affekte: Wenn du sprichst, schweige ich; ich starre dich nicht an, weil dich das irritiert; du nickst und ermutigst mich damit zum Weitersprechen; du lächelst, um mir zu zeigen, daß du zu der Welt gehörst, die meine Worte ausdrücken; du findest mich unwiderstehlich, wenn ich dir zuhöre, damit du deine Kräfte ausspielst; oder vielleicht schüchtere ich dich ein, um deine Rede zu stören. All diese unzähligen Inszenierungen unseres Verhaltens lenken die Gefühle, die unsere Worte ausgelöst haben. Das Gespräch ist zweifellos unsere menschlichste Handlung. Es schafft ein Wahrnehmungsfeld, das wie ein Ritual gebaut ist. Im Gespräch begegnen sich zwei Seelenleben und knüpfen das affektive Band, das sie einen wird. Im Lauf dieser Handlung tauschen wir wieder und wieder Gefühle aus, während sich gleichzeitig unsere Geschichte erzählt, die unsere Identität sichert.

Indes: So leicht das Zweierritual sich aufbaut, so leicht ist es auch zu stören, wenn die Zahl zwei weit überschritten wird. In einer Kleingruppe entstehen und funktionieren die Rituale noch recht gut und verteilen Aufgaben und Rollen. Wächst die Zahl der Teilnehmer, so erstarrt das Ritual, um sich nicht darin aufzulösen. Dann müssen die geltenden Gruppenregeln eigens festgelegt werden, was niemals nötig war im Zweiergespräch, wo sie sich aus der Nähe der Körper ganz von allein ergaben.

Einen Schritt weiter sind wir bei der Menschenmenge und der

Übervölkerung. Hier bildet sich und herrscht Ordnung erst durch die Diktatur, die ohne Diskussion und mit Gewalt der Verwaltung regiert. Solange bis die Menge in eine Vielzahl von Kleingruppen und Clans explodiert, deren interne Ordnung die Gewalt nach außen kehrt.

Dies geschieht nur dann nicht, wenn eine Kultur die richtige Sprache findet, in der Menschen sich selbst ausdrücken, miteinander sprechen und sich regieren können, ohne ihren Nächsten zu vernichten. Diese Sprache, dieser Code hat einen Namen: die Toleranz. Man muß lernen, aus sich und dem eigenen Denken herauszutreten, um anzuerkennen, daß es nicht nur eine Art des Menschseins gibt. Solange wir den anderen verachten, schwanken wir zwischen der Gewalt der fehlenden Ordnung und der Gewalt der einzig richtigen Ordnung. Aus diesem Grund bieten sich die Bewerber um die Diktatur auch immer so an: »Ich oder das Chaos!« Die Ordnung, die sie der barbarischen Clanorganisation entgegensetzen und die mit ihnen herrschen soll, ist tödlich. Gelegentlich ist es auch eine »fossile Ordnung, aufgebaut auf der unwandelbaren Überzeugung, daß wir uns einer verkündeten Wahrheit unterwerfen müssen«.[240] Meist einer Wahrheit, die vor Urzeiten auf ein Pergament geschrieben wurde, dessen Inhalt nur den Eingeweihten bekannt ist. Wer das Pergament nicht lesen kann oder sich ihm nicht unterwerfen will, macht sich damit von selbst zum Angreifer, der seinerseits mit bestem Gewissen angegriffen werden muß. Er wird eliminiert, dann herrscht wieder Ordnung.[241] Eine derartige Ordnung ist die schlimmste Gewalt, da sie zur kulturellen und physischen Vernichtung des Fremden führt und zur beruhigten, besser, leblosen Existenz des Eigenen.

Solange es ein weiteres Stück Zivilisation zu erfinden gilt, werden wir gewalttätig sein, weil wir die alten Gesetze umstoßen müssen. Eines Tages dann, wenn alles getan ist, genießen wir endlich die Ruhe der Friedhöfe. Abseits der barbarischen sowie der versteinerten Ordnungsvorstellungen sind die einzigen Zivilisationen, die sich erfolgreich entwickelt und die Gewalt gezähmt haben, diejenigen, die den Umsturz geregelt und institutionalisiert haben. Sie erlauben, ohne Unterlaß neue Weisen des Zusammenlebens zu suchen, sie haben gangbare Wege für den Konflikt, die Diskussion, ja die kulturelle Wende eingerichtet. In den traditionellen Gesellschaften bedeutete das Wort »Fest« regelrecht die gemeinsame Zersetzung der etablierten Ordnung, wenigstens für kurze Zeit. »Einen Tag lang ist der Bettler König; die Frauen verkleiden sich als Männer; die Jungen gehen den Alten vor.«[242] Sogar dies: Bei »bestimmten Festen konnte die sexuelle Promiskuität bis zum allgemeinen Inzest gehen«.[243]

Die gewalttätigen Saturnalien begünstigten aber auch die Rückkehr der Ordnung am nächsten Morgen. Anders ist es in den Kulturen, die das Ritual ihrer eigenen Entwicklung organisiert haben: Hier verbindet sich der punktuelle Umsturz mit dem planvollen Neubau zur Einrichtung einer der Entwicklung förderlichen Gewalt.

Solcher Umsturz-Neubau ist eine menschliche Notwendigkeit. Sie zeigt, wie unsere Eignung, Zeichen und Bedeutungen zu erfinden, uns zu Wesen macht, die für das Schreckliche wie für das Wunderbare begabt sind.

FÜNFTES KAPITEL

Wie inzestuös ist der Inzest?

Ödipus hat nie einen Arzt konsultiert, und doch bringen ihn die Psychiater immer wieder als Beispiel und Beweis. Den Fall berühmt gemacht hat niemand anderer als Sigmund Freud. Gegen Ende seines Lebens nannte er seine Tochter »meine Antigone«.[244] Er enthüllt uns damit, wie er den Ödipusmythos als perfektes Alibi benutzte: Er nahm die Geschichte eines anderen, um damit sein eigenes Verlangen nach der Frau seines Vaters auszudrücken.[245] Er war außerdem schon als Kind überzeugt, seine Mutter hätte mit seinem älteren Bruder ein viel schöneres Paar ergeben als mit dem Vater, schließlich war ja auch Rahel, die zweite Frau des biblischen Jacob, nicht älter als Sigmunds große Brüder.[246] Ödipus hatte also nur die Aufgabe, Freuds eigene Geschichte zu erzählen, bei dem die familiären Gefühlsrollen etwas instabil waren: der ältere Bruder anstelle des Vaters, die Mutter anstelle der eigenen Frau. Claude Lévi-Strauss konnte sich sogar vorstellen, daß der Inzest nicht mehr verboten wäre, falls die Gesellschaft andere Bindungsstrukturen etablierte: »Es ist möglich, daß das Inzestverbot eines Tages insoweit verschwindet, als sich andere Mittel bieten, den sozialen Zusammenhalt zu sichern.«[247] Ich fange dieses Kapitel an, wie man es nicht machen sollte, mit dem Schluß. Ich stelle ihn nur scheinbar als Hypothese hin. Sie lautet: Der Mutter-Sohn-Inzest ist nur denkbar bei gleichzeitigen wesentlichen Veränderungen der familiären Beziehungsstruktur.

Der genannte Inzest kann begreiflicherweise nicht im Labor untersucht werden. Zugänglich ist er uns nur durch die Beobachtung in der Realität, die uns jedoch wenige Aspekte liefert. Hinzu kommen einige Informationsquellen: rechtsmedizinische Gutachten, künstlerische Produktionen, die klinische Erfahrung, vor allem aber nichtklinische Forschungen. Mir ist nämlich bei diesen ein merkwürdiger Gedanke gekommen, der eine kurze erkenntnistheoretische Überlegung wert ist. Ich hatte über die Inzesthemmung bei Tieren gearbeitet und war zu einem vorläufigen Schluß gekommen:

Ein vom menschlichen Beobachter »Inzest« genannter Geschlechtsakt zwischen einer Mutter und ihrem Sohn ist nicht zu verhindern, falls die Verbundenheit der beiden beteiligten Organismen durch die individuelle Entwicklung gestört wurde. Diese – zufällige oder auch experimentelle – Störung gefährdet die Entstehung einer Mutter-Kind-Bindung und eröffnet den beiden Tieren die Möglichkeit der sexuellen Partnerschaft. Ödipus hatte also ganz unrecht, aus seiner Geschichte einen Komplex zu machen. Die Verhaltenswissenschaft hätte sie ihm restlos aufklären können. Die Gesetze der Natur selbst hätten ihn gerechtfertigt. Nur hatte leider der blinde Seher Teiresias bereits sein Urteil gesprochen: »Du hast vier Kinder gemacht mit deiner Mutter, obwohl du kein menschliches Recht dazu hattest.«

Dieser Spruch stach ins Auge. Ich hatte ihn in einem Buch veröffentlicht,[248] legte ihn auf Tagungen dar und stellte ihn im Fernsehen vor. Und nun erzeugte die Bekanntgabe eine unerwartete Menge an Informationen aus dem nichtklinischen Bereich: Mehrere Personen, oft sogar Mutter-Sohn-Paare, kamen zur mir um Rat und Hilfe. Ein paar wollten gar mit mir zusammen über das Thema arbeiten, das ihnen am Herzen lag und über das sie nie sprechen konnten. Ich erhielt eine Unmenge Briefe, die ich in zwei Gruppen einteilte: auf der einen Seite die Tugendhaften, schockiert davon, daß man die Sache auch nur erwähnte, denn das Tabu verbietet ja nicht nur die Sache, sondern auch die Benennung; auf der anderen Seite die Perversen, die mich zum Bannerträger für die Befreiung der Sitten und des unterdrückten Inzests machen wollten. Mit knapper Not rettete ich mich vor beiden.

Hinzu kam dann noch die Überraschung, daß nun auch einige meiner Patienten endlich über diese Sache zu sprechen wagten: Niemals hätten sie dazu den Mut gefunden, wenn nicht die öffentliche Debatte ihnen die Erregtheit gemindert und dem schärfsten aller Tabus die Spitze genommen hätte. Was wiederum beweist, daß die Verdrängung kein nur persönlicher Vorgang ist, sondern auch ein Kulturphänomen.

Muttergefühle und kulturelle Abstammung:
ein Strukturvergleich

Da wir nicht alles sehen und hören können, was in der Welt vor sich geht, brauchen wir technische Aufnahmegeräte sowie eine kulturelle Sensibilität, um empfänglich zu werden für das Wahrnehmbare. Meine Art der Informationssammlung ist weder der künstliche Laborversuch noch die statistische Validierung oder die epidemiologische Kohortenanalyse. Sogar auf der einfacheren Ebene der Sprache könnte ich den Mutter-Sohn-Inzest nicht ebenso zwingend beschreiben wie etwa eine Lungenentzündung, wo die Frage, ob es beim Husten brennt oder beim Spucken weh tut, kaum schamverletzend wirkt. Beim Inzest müssen wir uns zuallererst ein Drama vorstellen, bevor wir ihn erzählen und dann eine Diskussion darüber versuchen. Die sprachliche Arbeit zähmt die aufgewühlten Emotionen.

Während meiner Nachtwache in der Neurochirurgie vor einigen Jahren wurde ein Baby von sechs Monaten eingeliefert, das im tiefen Koma lag und am Kopf eine Beule hatte. Alle Untersuchungen ergaben normale Werte, und trotzdem blieb der Zustand des Kleinen komatös. Da kam mir die verrückte Idee, ihn auf Barbiturate zu untersuchen. Die Resultate waren in hohem Maß positiv. Die Eltern erklärten uns daraufhin, daß der Kleine mit seiner Schwester Puppenmahlzeit gespielt hatte, dabei mußte er wohl eine Schlaftablette verschluckt haben, woraufhin er einschlief und aus seiner Wippe fiel. Wir brachten das Kind zu den Eltern zurück. Drei Wochen später war das Baby wieder da. Diesmal hatte es ein doppelseitiges Hämatom unter der Hirnhaut,[249] das eine Notoperation erforderte. Als der Kleine aus der Narkose erwachte, stellte ich an Gesäß und Armen seltsame schwarze, runde Krusten fest. Auf Befragen erklärten mir die Eltern, daß sie ihn ab und zu mit der angezündeten Zigarette brennen mußten, damit er sich ordentlich benahm, er sei nämlich ein ziemlich schwieriges Kind.

Wir boten dann einigen medizinischen Fachzeitschriften einen Artikel an, Thema: die Beobachtung von Blutergüssen unter der Schädeldecke von Babys, deren Eltern sie zu hart hergenommen hatten. Alle Redakteure lehnten den Artikel ab und erklärten uns, auch Augenzeugenberichte von fünffüßigen Schafen seien keine wissenschaftliche Arbeit. Erst die öffentliche Diskussion der 80er Jahre über Kindesmißhandlungen sensibilisierte die Herausgeber für ein Phänomen, das zwar in der Wirklichkeit existierte, nicht aber in der gesellschaftlichen Vorstellungswelt.[250] Jetzt erst, nachdem die Kultur die Debatte veröffentlichte, wagt man, an die Frage zu denken und sich damit zu befassen. Jetzt fallen auch die Antworten nicht mehr so vage aus.

Das Stereotyp unserer Kultur heißt: Der häufigste Inzest ist der von Stiefvater und Tochter, dann der von Bruder und Schwester. Der Mutter-Sohn-Inzest ist angeblich äußerst selten, geisteskrank, eine rein psychotische Angelegenheit. Man müßte allerdings, noch ganz in der Logik des Stereotyps, die Frage stellen, ob der Inzest die Psychose hervorruft oder umgekehrt. Die Kinderschutzorganisationen verfügen über andere Inzest-Zahlen:[251] 60 Prozent der Fälle sind Inzeste Vater-Tochter, 16 Prozent Stiefvater-Tochter, acht Prozent Bruder-Schwester, sieben Prozent Onkel-Nichte und drei Prozent Mutter-Sohn. Die Zahlen sagen aber nicht, daß es zwanzigmal mehr Vater-Tochter-Inzeste gäbe als zwischen Mutter und Sohn. Sie sagen nur, daß zwanzigmal so viele Fälle vor Gericht kommen. Die Mutter-Sohn- oder die Bruder-Schwester-Inzeste kommen quasi nie, der Vater-Tochter-Inzest aber am häufigsten vor den Richter (obwohl weniger als 30 Prozent aller dieser Fälle zu einer Klage führen). Die rapide Zunahme der gerichtlichen Inzesturteile in den letzten Jahren[252] ergibt eine geschätzte Zahl von 150 Fällen von Mutter-Sohn-Inzest pro Jahr. Da nur eine geringe Zahl ans Licht der Öffentlichkeit kommt, kann man in Frankreich etwa 500 versteckte Inzestfälle pro Jahr annehmen, das heißt 6000 in jeder Generation. Es gibt in diesem Land also gegenwärtig ebensoviele Mutter-Sohn-Inzeste (über die man nicht spricht) wie Fälle von Autismus (über die dauernd geredet wird).

Als praktisch veranlagte Erfahrungswissenschaftler haben wir einige Informationen zusammengetragen. Sie sind überraschend und werfen ein Grundsatzproblem auf: Wir sprechen heute über den Mutter-Sohn-Inzest in der gleichen Weise wie gestern über die Kindesmißhandlung. Und doch hatte schon Hermann Hesse beschrieben, wie Kinder in den preußischen Militärschulen gefoltert wurden, der Schriftsteller Hervé Bazin von dem armen Folcoche erzählt und Jules Renard von den Leiden des Jungen, der Poil de carotte genannt wurde.[253] Alle wußten Bescheid. Man erfuhr sogar in der Schule davon, und in den ehemals kommunistischen Ländern zitierte man die Fälle sogar als Beispiele kapitalistischer Kindererziehung.[254] Warum brauchte also die wissenschaftliche Betrachtung derart lange, um dafür wachzuwerden? In der Literatur, im Theater und im Kino beschreiben zahlreiche Werke den Mutter-Sohn-Inzest; sogar der berühmteste Fall, eben Ödipus, verdankt seine Karriere einem Kunstwerk, einem griechischen Drama. Und seit es eine europäische Literatur gibt, hat sie immer wieder diese Geschichte erzählt und zum mythischen Bericht umgestaltet, die Geschichte von der unsagbar schrecklichen Gewalttat, die uns zwingt, die zu verlassen, die wir lieben, weil wir an ihnen ein sexuelles Verbrechen begangen haben.

Der Inzest Mutter-Sohn ist offenkundig der inzestuöseste aller Inzeste.

Anfangs bezeichnete die Kirche als Inzest nur eine Heirat bis zum vierten Grad der Blutsverwandtschaft, seit dem zwölften Jahrhundert jedoch jeden Geschlechtsakt zwischen Verwandten bis zum siebten oder auch 14. Verwandtschaftsgrad (nach germanischer beziehungsweise römischer Berechnung).[255] Die Folge waren endlose Zahlenschiebereien und eine geradezu zwanghafte Inzestvermeidung.

Wir, die wir nur Menschen sind, kennen zwei Arten von Inzest: erstens den diffusen Inzest, dessen Definition schwankt je nach Zeitalter und Kulturkreis, und zweitens einen Geschlechtsakt, der um so eher Inzest heißt, je mehr er sich der Mutter nähert, bis hin zur unaussprechlichen, weil unvorstellbaren Tat. Je weiter man sich von der Mutter entfernt, um so mehr Worte braucht der Begriff des Inzestes zu seiner Definition. Je näher man der Mutter kommt, um so weniger Worte braucht die Sache, jene stärkste aller Kräfte, die unsere Gefühlsstruktur aufgebaut hat und mit der man keine Spielchen mehr treiben kann: die Mutter-Kind-Bindung.

Der Mutter-Sohn- oder auch der Mutter-Tochter-Inzest ist vielleicht deshalb so unvorstellbar, weil die Bindung zwischen Mutter und Kind eigentlich keine Verwandtschaftsstruktur ist.[256] Sie ist anfangs eine biologische, später eine aus Sinneswahrnehmungen gebildete Struktur, lange bevor sie zu einem inneren Abbild wird. Das Mutter-Erlebnis setzt sich in der sinnlichen Wahrnehmung fest, der Vater-Begriff wird durch die Bezeichnung festgelegt. Diese ungleichen Verankerungen erzeugen ungleiche Gefühlsstrukturen.

Die Mutter kann eine ganze Reihe von Männern als Vater bezeichnen. Das kann manchmal der Pflanzer des kleinen Samenkorns sein, manchmal der Ehemann, der das Kind gar nicht gemacht hat (so bei der künstlichen Befruchtung, bei der man die Pipette nun wirklich nicht Vater nennen kann). In anderen Kulturen ist es der Großvater, der Bruder oder der Bruder der Schwester. Die Vater-Kind-Bindung wird kulturabhängig eingerichtet, eine zwar nahe, aber immer mit einem Wort benannte Verwandtschaft. Wohingegen die Mutter-Kind-Bindung eine sinnlich erfahrene Verschmelzung ist, tiefergehend als jede Verwandtschaftsbeziehung. Und wer wollte denn auch von Inzest sprechen, wenn der Fötus schon in der Gebärmutter eine Erektion hat, wie das Ultraschallfoto zeigt? Oder wenn die Mutter beim Stillen sinnliches Vergnügen, gelegentlich bis zum Orgasmus, empfindet, ebenso wie beim Waschen der Babygenitalien?[257]

Ich denke also, jener Begriff der »Nähe, die das Gefühlsleben strukturiert« lenkt auch die Begriffsverbindungen der Verwandtschaftsstruktur: Der Vater kommt in die Abstammungslinie kraft Bezeichnung, die Mutter hingegen bildet mit ihrem Kind ein Kontinuum, ohne Unterbrechung vom biologischen Anfang bis zur inneren Vorstellung, und die Abspaltung des Kindes erfordert, um glücklich zu sein, eine vollkommene Harmonie der trennenden Kräfte. Jede Störung dieser Harmonie, ob im Verhalten, in den Gefühlen, in symbolischen Zeichen oder in der Kultur, ruft möglicherweise eine Störung der Mutter-Kind-Trennung hervor.

Ein Forscherblick auf die Gefühlsstruktur

Schon 1936 lebte Konrad Lorenz in seinem Haus in Altenberg mit seinen Graugänsen zusammen. Er teilte mit ihnen Flur und Treppe, sie begegneten sich im Bad und im Eßzimmer. Dabei konnte er feststellen, daß der junge Gänserich es ablehnte, sich mit seiner Mutter zu paaren, während er vor allen anderen Weibchen der Gruppe lustig paradierte. Im Jahr 1937 beobachtete Otto Koenig im Wilhelminenberg-Park in Wien die Silberreiher: Wenn ihr Lebensraum genügend groß war, so paarten sie sich nicht mit Verwandten; Verwandten-Paarungen tauchten erst in der Enge der Gefangenschaft auf.[258] Wir würden uns das heute so erklären: Durch die Verringerung des Lebensraums wurde die Gefühlsstruktur der Silberreiher verändert.

1940 schrieb Konrad Lorenz über die Zähmung, genauer: die Domestikation der Haustiere, einen Artikel, der von allen Seiten angegriffen wurde. Er behauptete darin die Abneigung der Tiergeschwister, miteinander Geschlechtsverkehr zu treiben.[259]

Im Jahr 1948 wurden auf der paradiesischen Insel Cayo Santiago östlich von Puerto Rico 500 Rhesusaffen ausgesetzt und jahrzehntelang aus der Ferne beobachtet.[260] Die Wissenschaftler bekamen dabei allerhand zu sehen und aufzuschreiben, unter anderem auch, »wer mit wem kopuliert«. 1970 lag dieses Ergebnis vor: Ein Prozent aller Geschlechtsakte wurde zwischen Mutter und Sohn ausgeführt.[261] Einige Jahre vorher bestätigte Jane Goodall, die sich einige Jahre unter den wildlebenden Schimpansen in Tansania aufgehalten hatte, daß die Söhne von Flo, dem dominanten Weibchen, sich niemals mit ihrer Mutter paarten.[262] Michel Goustard präzisierte diesen Befund folgendermaßen: Es genüge sogar die künstliche Herstellung einer engen Beziehung zwischen einem erwachsenen Erziehertier und einem andersgeschlechtlichen Jungen, um später jeden Geschlechtsakt zwischen ihnen auszuschließen.[263]

Wenn die ersten Anzeichen des aktiven Geschlechtstriebs erscheinen, etwa Rötung der Gesäßhornhaut, sexuelle Zurschaustellungen wie zum Beispiel das Paradieren während der Ausschüttung der Ektohormone,[264] dann zeigen die durch Erziehung miteinander verbundenen Tiere ein besonderes Verhalten, und zwar eine Art Körpersprache der Angst, die erst beim Erlöschen der sexuellen Motivation verschwindet: Der Sohn versteckt den Kopf in den Armen, vermeidet den Blickkontakt und zieht sich zitternd in einen Winkel zurück, wenn das Gesäß seiner Mutter anschwillt und sich rosa einfärbt durch die Produktion des Follikelreifungshormons

(»das Hormon der Liebenden«). Sind Hormonausschüttung und Sexualverhalten beendet, so erweist der kleine Mann seiner Mutter wieder alle Zärtlichkeiten. Dasselbe Phänomen der Angst (anstelle der Anziehung) durch Sexualhormone läßt sich regelmäßig in freier Wildbahn beobachten, wenn etwa eine Makaken-»Tante« ein männliches Junges adoptiert[265] oder auch wenn der Versuchsleiter ein erwachsenes Weibchen zwingt, ein junges Männchen aufzuziehen.[266] Die sogenannte Stimme des Blutes ist verstummt. Sie hat nichts mehr zu sagen, seit wir wissen, daß die enge Verbundenheit das Begehren einschläfert und in Angst verwandelt.

Die naturwissenschaftlichen Beobachtungen stimmen also überein und bestätigen die Aussage: In der natürlichen Umwelt der Tiere gibt es keinen Inzest. Norbert Bischof hat versucht, in die unüberschaubare Menge der Veröffentlichungen etwas Ordnung zu bringen.[267] Sein abschließendes Urteil: Es gibt bei jedem Lebewesen ein Ensemble verschiedener Kräfte der Hormone, des Verhaltens und der sozialen Umwelt, das zur Begrenzung der inzestuösen Begegnungen führt.

Seitdem stehen sich zwei Theorien gegenüber. Die eine behauptet, vor dem Inzest liege eine zum Teil biologische Hemmung; die andere, das Verbot habe einen lediglich sozialen Ursprung. Man warf der Naturwissenschaft vor, sie suche »den Ursprung dieses Verbots in rein biologischen Mechanismen«.[268] Was mich betrifft, so bin ich überzeugt, daß es biologische Mechanismen gibt (Hormone, Verhalten, Umwelt, vor allem Erinnerung), die teilhaben an der emotionalen Inzesthemmung; beim Menschen jedoch ist der ausschlaggebende Faktor die Verkündigung eines Gesetzes, das sagt, was ein Inzest ist, und ihn verbietet.

Diese spezifisch menschliche Dimension der Sprache wirft nun aber kein klärendes Licht auf die geheimnisvollen Probleme, die uns die Tierwelt präsentiert. Warum verjagt der männliche Gibbon seinen »heranwachsenden« Sohn, wo doch die Gibbons sonst als friedliche Paare leben? Warum vertreibt die Makakenmutter ihren kleinen Jungen mit dem Einsetzen der Pubertät, obwohl sie ihn lange Zeit in der Nähe behalten und beschützt hat? Warum schließen sich junge Pavianmännchen schon vor der Pubertät zu eigenen Banden zusammen und entfernen sich von der Gruppe der Weibchen, ihrer Babys und der älteren Männchen? Warum ist diese Absonderung der Jungen[269] bei den frei lebenden Säugetieren so häufig?

Vielleicht hilft die Verhaltensforschung weiter. Es scheint, daß ein von einem Weibchen aufgezogenes Männchen sich in ihrer Nähe immer noch »klein« vorkommt. Sogar in der Nähe der anderen Weibchen seiner Herkunftsgruppe kommt sich der junge Mann klein vor. Erst wenn er die Mutter verläßt, kann er seine eigene Entwicklung beginnen und sich weniger von ihr beherrscht fühlen.[270] Immer wieder beobachten wir, daß ein junges Männchen vor der Pubertät bei seiner Mutter und den anderen Weibchen der Gruppe ein deutliches Kindverhalten zeigt (Unterwerfung, das Verlangen nach Nahrung und Sicherheit), auch wenn diese Weibchen viel kleiner sind als das Männchen selbst. Sie schenken Sicherheit, gerade weil sie dominant sind. Wir beobachten dabei keinerlei sexuelle Zielrichtung auf die weiblichen Tiere hin. Auf der anderen Seite nimmt das junge Männchen, das sich bereits abgesondert hat, eine fremde Schöne ganz anders wahr und wendet sich ihr freudig zu, da in seinem Gedächtnis nichts an sie erinnert und es sich bei ihr nicht »klein« fühlt. Der junge Mann nähert sich ihr, folgt ihr, führt um sie herum seinen Paarungstanz auf, bis zu dem Augenblick, da die Harmonie der Gefühle bei beiden Partnern das Auftauchen des Sexualverhaltens erlaubt. Diese verhaltenswissenschaftliche Blickrichtung befaßt sich also mit der Gefühlsstruktur des jungen Mannes, die seine Sexualität in der ursprünglichen Bindung ruhen läßt, in einer neuen Verbindung aber zur Wirkung bringt.

Vermutlich dasselbe empfinden auch die Weibchen, die ja ebenfalls von ihrer Mutter beherrscht werden. Aber die Mutter-Tochter-Bindung hat niemals die gleiche Form wie die Bindung zwischen Mutter und Sohn.[271] Die Doppeltheit des Geschlechts bewirkt ein entsprechend verschiedenes Elternverhalten. Es knüpft zwischen Mutter und Tochter ein friedlicheres, weniger intensives Gefühlsleben.[272] Und außerdem muß das weibliche Junge nicht die Sexualmotivation beiseitelegen, da ja von Beginn der Gefühlswelt an sein Liebesobjekt nicht sein Sexualobjekt ist. Für das kleine Weibchen sind die Möglichkeiten zu »lieben« von vornherein geklärt, während das kleine Männchen seine sexuelle Motivation vor seinem Liebesobjekt zurückhalten und auf ein anderes Wesen lenken muß.

Wenn die Ablösungsmechanismen der Mutter-Sohn-Bindung schlecht funktionieren, so beobachten wir auch in der Natur Paarungen, die in der Menschenwelt den Namen Inzest bekämen. In der Tierwelt nimmt der Geschlechtsakt eines solchen Paares eine ganz besondere Form an: Er ähnelt mehr einem Beruhigungsverhalten[273] als einer fiebrigen Sexualerregung. Sehr oft ist es die Mutter, die – ohne ein Anzeichen sexueller Triebhaftigkeit – beim hilfsbedürftigen Männchen die Einführung des Penis provoziert. Die sexuelle »Streicheleinheit« und ihre beruhigende Wirkung sind auch unter Menschen nicht selten, finden hier aber nur innerhalb eines von der Kultur anerkannten Paares statt. Bei Primaten (Großaffen) jedoch nimmt dieser Akt nicht die Bedeutung eines Inzests an.

Natürliche Sexualbeziehungen zwischen Mutter und Sohn gibt es in der Tat bei bestimmten Arten wie Rindern, Katzen und Tauben,[274] in deren Entwicklung das Gefühlsleben keine Formung braucht. Bei anderen Arten aber, zum Beispiel bei Seemöven, Zebras und Affen, ist der Mechanismus der Trennung zwischen Liebes- und Sexualobjekt Bestandteil der individuellen Entwicklung. Man müßte die beiden Partner schon ab der Geburt voneinander trennen, wenn man die Entstehung eines vertrauten Nähegefühls verhindern wollte. Wir können uns das so vorstellen: In der Welt der Affen ist die »Mutter« ein besonderes Weibchen, anders als alle anderen, das nächststehende, beherrschendste und beruhigendste Tier; alle diese Gefühle zusammen blockieren die Sexualität, die einen stärkeren sinnlichen Reiz erfordert, damit das Männchen auf die fremdartige Schöne überhaupt neugierig wird. Wenn sich also die Primatologen für die Sexualbeziehungen zwischen Mutter und Sohn interessieren, dann nicht wegen eines kulturellen Vorurteils, das hier den Inzest par excellence sieht.[275] Es liegt vielmehr daran, daß diese Beziehung so viel leichter zu beobachten ist im Zusammenleben der Tiere, in dem ein Onkel-Nichte- oder ein Patin-Patensohn-Inzest nur sehr schwer zu erkennen wäre. Diese Beobachtungen schildern also nicht etwa »den biologischen Determinismus der Inzestvermeidung«,[276] sondern die affektive Formung bestimmter Sexualorientierungen, von denen der Mutter-Sohn-Inzest nur das auffallendste Beispiel ist.

Ich schlage vor, diese affektive Formung als den Einsatz zweier entgegengesetzter Kräfte zu beschreiben. Auf der einen Seite haben wir das Gefühl des Zu-Nahen, lähmend bis zum Überdruß; auf der anderen Seite das Gefühl des Zu-Fernen, so fremdartig, daß es Angst erregt. Die Wahl des Sexualobjekts wird durch diese beiden widerstreitenden Gefühle gelenkt. Wenn die Wahl mißglückt, wenn sie »im Lauf der Entwicklung des Lebens«[277] in die Irre führen, nimmt die sexuelle Orientierung ungewöhnliche und übersteigerte Formen an. Unter Umständen ist dann jedes Interesse gehemmt, was schmerzhafte Sexualverbote mit sich bringt, etwa die Angst vor der Liebe zu den Frauen überhaupt. Oder aber, im Gegenteil, es fallen alle Hemmungen; das erleichtert den Übergang zu einem Geschlechtsakt, den die Kultur kaum toleriert, etwa den Mutter-Sohn-Inzest.

Manchmal treten die Trennungsmechanismen nicht in Aktion, entweder weil gar keine Person da war, von der man sich hätte ablösen können, oder weil zwei Wesen, die gar nicht vereint waren, sich auch nicht trennen können. In diesen Fällen kann eine sexuelle Begegnung einer Mutter mit ihrem Sohn stattfinden, ohne daß den Beteiligten das Wort »Inzest« in den Sinn käme.

Nicht jedes Wesen eignet sich als Sexualobjekt. Der in Aussicht genommene Partner darf nicht zu ähnlich gebaut sein, aber auch nicht zu verschieden, er muß in der Nähe sein, aber weder zu nahe noch zu fern stehen. Das Ähnliche und Nahe reizt kaum mehr als das Ferne und Verschiedene. Freud hat das Problem in ›Der Wahn und die Träume in W. Jensens *Gradiva*‹ aufgeworfen, wo »Zoe Bertgang die glückliche Wahl eines Mannes trifft, der ihrem Vater ähnelt und nicht ihr Vater ist«.[278] Zweifellos haben wir hier das Phänomen der Prägung vor uns, die das Tier mit einer bestimmten Gestalt vertraut macht und ihm bei sexueller Erregung die Orientierung zum geeigneten Objekt hin ermöglicht; wie sie ja auch den menschlichen Mann – wenigstens ziemlich oft – dazu bringt, eine Frau einem Gartenschlauch vorzuziehen. Was dann den emotional richtigen Abstand reguliert, ist höchstwahrscheinlich das Ritual, das zwischen den beiden Organismen eine Wahrnehmungsstruktur erzeugt und ihnen damit die fortschreitende Harmonisierung ihrer Antriebe erlaubt.

Den Inzestfällen, die mir bekannt wurden, liegt immer eine Störung des Rituals zugrunde. Wenn der affektive Abstand nicht zustande kommt, erklärt sich der Übergang zum inzestuösen Akt durch eine Störung des Zu-Nahen, ähnlich wie auch bei manchen Zwillingen oder in der Psychose. Die Störungen, die das Zu-Ferne hervorruft, lassen sich bei frühzeitig Getrennten beobachten, die keine Verbindung miteinander knüpfen konnten, sowie bei den Personen, die keine Bindung empfinden können, weil sie gehirnleidend oder aus anderen Gründen affektlos sind.

Der Inzest, der aus der Nähe kommt

Wenn die Nähe der Wahrnehmung so groß ist, daß sie jedes Gefühl einer Begegnung verhindert, dann brauchen die Partner auch kein Ritual mehr; jeder sexuelle Kontakt ist wie eine Selbstbefriedigung. Der Psychotiker, der sich um seine Mutter bemüht, denkt nicht im Traum an das Wort Inzest. Die Persönlichkeitsentwicklung eines solchen Patienten ist so verlaufen, daß er keine Ahnung von einer wirklichen Begegnung hat, die nämlich immer ein von ihm selbst getrenntes Gegenüber braucht. Er lebt in einer Welt der psychischen Verschmelzung. Wenn er Selbstmord begeht, möchte daher der Melancholiker die ihm Nahestehenden mit sich nehmen – aus Liebe. Ein Schizophrener weiß nicht, ob er seinen eigenen Arm attackiert oder den eines anderen. Da er den affektiven Abstand zwischen zwei Partnern nicht wahrnimmt, schreibt er dem anderen zu, was er selbst empfindet, wie es etwa bei den paranoiden Projektionen der Fall ist. Psychotiker haben sich die Rituale der Gesellschaft nur dürftig angeeignet,[279] und zwar deshalb, weil sie es aus psychologischen oder manchmal organischen Gründen nicht schaffen, alle Signale und Informationen selbst der geringsten Begegnung schnell genug zu verarbeiten. Dieser Wissensmangel zieht eine erhebliche Störung der Persönlichkeitsentwicklung nach sich: Der Psychotiker spürt ein sexuelles Verlangen, schreibt es aber mangels geeigneter Rituale und mangels Getrenntheit dem anderen zu und erbost sich manchmal noch darüber. »Mit welchem Recht machen Sie mir diese Pulsschläge in der Scheide?« beschwerte sich eine meiner Patientinnen, die sehr an ihrem Gegenüber interessiert war.

Die Abwesenheit eines Vaterbildes bewirkt bei den Schizophrenen, und zwar bis ins Erwachsenenalter, jene zu enge affektive Nähe, eine Mutter-Kind-Verschmelzung aller Wahrnehmungen. Das kann so weit gehen, daß der junge Psychotiker im Augenblick der erwachenden Sexualität sein Verlangen auf die nächststehende Frau richtet, ohne sich zu genieren, ohne Scham- oder Schuldgefühle. Diese Frau ist ihm so vertraut, daß sie ihn nicht einschüchtert. Die Frau seines Vaters ist sie deshalb nicht, weil ja kein Vaterbild in ihm existiert.

Ich bevorzuge hierbei den Ausdruck »sexuelle Beziehungen zur Mutter«, so sehr scheint mir das Wort Inzest hier fehl am Platz. Schizophrene können durchaus dieses Wort benützen, sie reden offen darüber. Sie können den Akt mit dem Wort bezeichnen – bei anderen. Haben sie ihn selbst ausgeführt, so fühlen sie keinerlei Zurückhaltung, weder Angst noch Vergnügen an der Grenzüberschreitung.

Nach der Theorie der Psychoanalyse »zeugt« ein Schizophrener im Inzest sich selbst, da er den Platz des Vaters einnimmt, wenn er mit der Mutter schläft.[280] Diese traditionelle Auffassung entspricht nicht meiner klinischen Erfahrung. Der Schizophrene nimmt die Vaterstelle gerade nicht ein, und zwar weil er keine innere Vorstellung von einem Vater hat. Und die Mutter ist weniger Mutter als andere, da sie ja keinen Ehemann hat, der Vater sein könnte. Sie ist eine Frau, die der Schizophrene beinahe in sich selbst verkörpert. Daher auch seine große Schwierigkeit, seine Geschlechtsrolle und -identität zu finden: Er weiß nicht, ob er Mann oder Frau ist, ich oder ein anderer, auch nicht, wer hier Vater oder Mutter sein soll.

Mütter von Psychotikern spüren so etwas recht genau und reagieren auf deren Zuwendung damit, daß sie bewußt die Mutterrolle betonen. Wenn ein psychotischer Sohn seine Mutter begehrt, kriegt sie ihn wieder »klein«, indem sie ihm eine besondere Nahrungsgratifikation in Aussicht stellt. »Soll ich dir nicht eine Schokoladentorte machen?« fragte zum Beispiel eine dieser Mütter. Oder auch dies: »Da hast fünf Mark, geh dir doch Zigaretten holen.« Ähnlich mütterlich reagiert auch ein Vater auf die Zuneigung seiner Tochter: Er kauft ihr neue Kleider oder schlägt ihr einen Spaziergang vor.

Die Eltern, die von ihren Kindern begehrt werden, klagen diese nicht an. Auch die Söhne, die von ihrer Mutter begehrt werden, tun das nicht. Nur die Töchter machen dem inzestuösen Vater den Prozeß. Und nicht einmal alle: lediglich 30 Prozent. Und meist nur dann, wenn die Intervention eines Dritten sie aus dem engen Verhältnis heraushebt, weil entweder die Gesellschaft in der Person eines Nachbarn, einer Lehrerin oder einer Sozialarbeiterin tätig wird, weil die Tochter sich plötzlich in einen anderen Mann verliebt oder auch weil der Vater auf einmal die jüngere Schwester vorzieht. Diese klinischen Beobachtungen bestärken die Auffassung, daß das Wort Inzest erst dann bewußt werden kann, wenn die affektive Entfernung zunimmt. »Ich berühre meine Tochter, wie wenn ich es selber wäre«, sagte mir einmal ein paranoider Patient; nicht eine Sekunde hätte er an so etwas wie Inzest gedacht. In den USA organisieren sich neuerdings Personen »mit anderer sexueller Orientierung« in Pressure groups, mit dem Ziel der Straffreiheit für den Inzest. Sie planen, ihn zu einem ganz gewöhnlichen Geschlechtsakt zu machen, der außerdem geeignet sei, die familiären Bindungen zu stärken. Damit kämpfen sie angeblich gegen die emotionale Leere der kapitalistischen Wettbewerbsgesellschaft. Sie stellen die These auf, der Inzest sei heute in der gleichen Weise unter Strafe gestellt wie gestern die Masturbation. Es ist nicht das erste Mal, daß anormal Veranlagte sich die Moral nach ihren Wünschen zurechtbiegen. Das machen sie immer so.

Aber wenn die affektive Nähe zu eng wird, um dem Ritual noch Platz zu lassen, wenn jeder seine eigene Begierde mit der seines Partners verwechselt, dann macht man den Geschlechtsakt mit dem anderen zu einem Geschlechtsakt mit sich selbst. Zwillinge treiben manchmal Sexualspiele miteinander, ganz ohne das Gefühl eines Inzests,[281] so daß René Zazzo sie als eigene Gruppe von »Kontaktzwillingen« definierte: »Wir haben Spaß miteinander«, sagen sie, »ohne jedes Schuldgefühl.« Anders die inzestvermeidenden Zwillinge, bei denen die Strenge des Selbstverbots ein Beweis für den intensiven Kampf gegen den Trieb ist: »Das ist die schlimmste aller Perversionen. Mich packt ein furchtbarer Ekel.«

Im Lauf der Individualentwicklung kann die affektive Nähe zwischen Mutter und Sohn so eng werden, daß die inzestuöse Bedeutung des Aktes keinem der beiden in den Sinn kommt. Nicht nur in China werden die kleinen Jungen masturbiert, damit sie einschlafen. Auch unsere Kinderärzte sehen manchmal bei einem Hausbesuch oder in ihrem Wartezimmer, wie die Mutter ihr Kind masturbiert und dabei dem Arzt zulächelt, als wollte sie ihn in die harmlose sexuelle Zärtlichkeit als Komplizen mit einbeziehen. Dieselbe Beobachtung machen auch Tierärzte in ihrem Wartezimmer: Der Besitzer masturbiert seinen Hund, um ihn zu beruhigen.[282]

Der Kuß auf die Genitalien wird kaum unterschieden von einem Kuß auf den Bauch, der ja gleich daneben liegt. Es kommt sogar vor, daß einige Mütter selbst die Initiative ergreifen und sich den aus physiologischen Ursachen erigierten Penis ihres Sohnes einführen: »Er hatte solche Lust darauf, das war ganz klar. Da habe ich ihn eben mit ins Bett genommen und mit ihm geschlafen«, sagte in aller Freundlichkeit die Mutter eines Dreijährigen.[283] Solche Sexualakte werden nicht als Inzest empfunden, weil die affektive Nähe der Partner nur das innere Bild einer Selbstliebkosung hervorruft.

Am eigenen Körper kann man jede Stelle ohne Annäherungsritual berühren oder streicheln, da diese Geste kein Gefühl der Begegnung weckt. Aus demselben Grund können wir auch einen Baum oder einen Stein anfassen ohne irgendein Ritual. Weder das intim Vertraute noch das emotional Unzugängliche brauchen ein Ritual, das irgendwelche Gefühle lenkt. Daher fassen Mütter den Penis ihres Kleinen etwa so an wie den Griff der Bratpfanne, ohne auch nur im entferntesten an etwas wie »Inzest« zu denken.

Man kann sich nun zwischen dem Ekel vor den Zu-Nahen und der Angst vor den Zu-Fernen leicht eine abgestufte Skala vorstellen. Der Ekel, den die affektive Nähe weckt, erklärt uns auch bestimmte Ernährungsverbote: Warum können wir nicht unsere geliebte Hauskatze aufessen, wo wir doch das »anonyme« Kaninchen braten, das denselben Geschmack haben soll? Dieses Ekelgefühl ist je nach Person und Kulturkreis verschieden stark, wie jedes andere Gefühl auch. Der Schriftsteller Georges Bataille vermutete, die einzige Obszönität sei die eheliche Sexualität, weil sie das Gefühl der Begegnung unterdrückt. Wenn unsere Nähe-Ferne-Theorie einige

Aussagekraft hat, dann können wir uns leicht vorstellen, daß das eheliche Sexualleben oft nur das fade Gefühl einer Selbstbefriedigung ergibt, während das außereheliche Abenteuer das intensive Gefühl einer wahren sexuellen Begegnung hervorruft.

Man braucht ein wenig Abstand, um die Begegnung zu schaffen und ihr Gefühl zu empfinden. Deshalb kennen manche Kulturen auch gar keine Bezeichnung für die sexuelle Mutter-Sohn- oder Mutter-Tochter-Beziehung. Sie ist völlig undenkbar. Bei den Bambaras hat es keinen Zweck, darüber sprechen zu wollen, denn »nicht einmal die Ziegen machen es«.[284] Dieses senegalesische Volk beweist damit, daß es die Theorie des affektiven Abstands verstanden hat: Ein Geschlechtsakt kann dann keine Bezeichnung haben, wenn der Gefühlsraum zwischen Mutter und Sohn oder Mutter und Tochter keine Verwandtschaftsstruktur ist. Es gibt keine denkbare Verwandtschaft zwischen einem Menschen und ihm selbst. Einige Mütter indes, in diesem Punkt ganz wie Georges Bataille, brauchen den Abstand, um das Gefühl der Begegnung zu spüren; damit sind sie nun fähig, mit ihrem Sohn »Liebe zu machen«, ohne an Inzest zu denken.

Die affektive Nähe kann bis zur völligen Verschmelzung gehen. »Mein Sohn und ich, das ist ein und dasselbe.« Damit erklärt sich auch der bestürzende Mangel an schlechtem Gewissen bei manchen Müttern, die ihre Söhne mißhandeln und quälen, ohne sich dessen bewußt zu werden. »Der Elternteil hat nur wenige Möglichkeiten, das Kind in der Wirklichkeit abzuheben von seinen (des Elternteils) eigenen inneren Vorstellungen. Es ist, als ob das Kind ein Teil von ihm selbst wäre.«[285]

Die Mutter erzeugt mit dem An- und Ausziehen des Kindes, mit Küssen und Zärtlichkeiten ein »Affekte-Bad«,[286] das für die psychologische Entwicklung nötig ist. Gleichzeitig ruft sie damit erogene Zonen ins Leben, jene Quellen des Genusses, die später die Beziehung strukturieren werden. Dieses genitale Spiel[287] der ersten 18 Lebensmonate des kleinen Jungen liefert einen ausgezeichneten Indikator für die Mutter-Kind-Beziehung. Kinder, die früh verlassen wurden oder unter Affektentzug leiden, betrachten irgendwann einmal ihren eigenen Körper als das einzige erforschbare Objekt auf der Welt. Daher sind sie ununterbrochen damit beschäftigt, ihn hin und her zu wiegen, zu schaukeln oder sich im Kreis zu drehen, fast wie Psychotiker. Da ihre erste Welt aus diesem Forschungsobjekt besteht, außerhalb ihrer selbst, entwickeln sie zu ihm eine strukturierte Beziehung. Das bedeutet: Die Mutter muß mit dem Körper ihres Kindes spielen, um ihn zur Lust an der Beziehung zu wecken. Sehr bald muß dann aber ein anderer, ein Dritter, bestimmte Genüsse dieser Beziehung verbieten. Wenn dieses Machtwort nicht kommt, weil es den Zensor nicht gibt, die Mutter ihm seine Rolle nicht erlaubt oder auch, weil das Kind keine innere Vorstellung von ihm hat, so dauert die Mutter-Kind-Verschmelzung fort wie ein immerwährendes Nirwana. Sexuelle Zärtlichkeiten sind dann auch nicht verboten und werden in aller Unschuld ausgetauscht, zum nicht geringen Schrecken etwaiger Zeugen, die ihrerseits jenes Zensur- und Machtwort erfahren haben.

Die Mutter-Kind-Achse gibt allen späteren Spielarten der Liebe ihre affektive Richtung. Der Körper der Mutter ist anfangs der warme Hohlraum, in den das Kind sich hineinschmiegt. Sobald die Mutter weiß, daß sie einen Jungen erwartet und zur Welt bringen wird, bewirkt dieses Wissen in ihr ein Gefühl, dessen späterer Ausdruck von der Bedeutung abhängt, die sie – in diesem wichtigen Augenblick ihres Lebens – dem Geschlecht des Kindes gibt. Das Gefühl ist durch ihre innere Vorstellung gefärbt. Es drückt sich im Verhalten aus, durch Nähe, Haltungen, Mimik, Äußerungen aller Art, deren Wahrnehmung eine konkrete affektive Nische schafft (Gerüche, Töne, Berührungen), die zu einem gewissen Teil die Entwicklung des Kindes formt. Dabei handelt es sich nicht um die Übertragung eines bestimmten Denkens. Wohl aber erweist sich das mütterliche Denken als substantiell formende Kraft.

Die klinische Beobachtung hängt stark davon ab, an welchem Ort sie durchgeführt wird. In ihrer Tätigkeit als psychologische Beraterin und Sozialhelferin hat sich Martine Lamour mit einem Mutter-Sohn-Inzest befaßt: »Der Junge wurde im Alter von drei bis zehn Jahren beobachtet und zeigte ein pathologisch lärmendes Gesamtbild, ... plötzliche, impulsive und zerstörerische Handlungen..., wurde oft windelweich geprügelt..., unsichere Vaterschaft..., der Vater durch die Mutter ferngehalten..., sie ging mit dem Kind eine leidenschaftliche Bindung ein, unfähig, ihm irgend etwas zu verbieten, ... das Kind schlief in ihrem Bett und mußte sie streicheln.«[288] Hier liegen alle Zutaten bereit: Zusammen ergeben sie ein Gefühlsleben, das in jenen sexuellen Akt mündet, den der Beobachter dann »Inzest« nennen wird.

Wechselt man jedoch den Beobachtungsort, so wird aus derselben Gefühlsstruktur ein ganz anderes Szenario. Madame V. ist Großmutter, sehr religiös und sehr erotisch. Auch im Alter von 62 Jahren reizt sie ihren Mann immer noch mit Dollereien und Späßen, die auch den Regisseur eines gewagten Films begeistern würden. Sie kümmert sich liebevoll um ihren Enkel und überschüttet ihn mit Zärtlichkeiten am Rand der Sexualität. Der Großvater, der sich dabei geniert, hat schon drei- oder viermal eingegriffen und seiner Frau Übertriebenheit vorgeworfen. Eines Tages kommt der jetzt 13jährige Enkel in das Zimmer der Großmutter und verlangt das Undenkbare. Die Großmutter bricht in Lachen aus. Freundlich erklärt sie ihrem Enkel, daß das unmöglich sei, er sei ein guter und hübscher Junge, aber das gehöre sich nun mal nicht. Sie schickt ihn in sein Zimmer zurück, ohne irgendein Gefühl des Erschreckens, ja mit dem Eindruck einer komischen Szene, die sie mir mit hemmungslosem Amüsement erzählt.

Zahlreiche Hausärzte kennen ähnliche Ereignisse, die nie zum Bestandteil der Schriftkultur werden, weil die Beteiligten weder psychologischer noch sozialer Hilfe bedürfen. Als allerdings Madame G. zusammen mit ihrem Mann und ihrer Schwiegermutter einen Arzt aufsuchte, suchte sie tatsächlich Unterstützung bei ihm. Und zwar weil ihr Mann noch heute und regelmäßig, man glaubt es kaum, seine 62jährige Mutter zum Schäferstündchen traf, obwohl seine junge Frau es ausgesprochen mißbilligte.[289]

Wenn die sexuelle Orientierung zur Mutter hin möglich bleibt, dann deshalb, weil das Verbot nicht gegriffen hat. Das Verbot scheint ein aus mehreren Trennungskräften zusammengesetzter Vorgang zu sein, die zusammen diese sexuelle Orientierung hemmen. Einige von ihnen sind endogen, wie etwa die psycho-biologische Bindung, die das Begehren schwächt. Andere sind von außen vermittelt, etwa die einfache Anwesenheit eines Vaters in der Psyche. Noch am besten untersucht sind aber die kulturellen Kräfte, zum Beispiel die Regeln für die Frauenwahl: Du sollst die Frau deines Nachbarn heiraten, und ein anderer Nachbar soll deine Schwester heiraten; so seid ihr Schwäger und könnt zusammen auf die Jagd gehen. Solche Kulturregeln sind wahrscheinlich die am deutlichsten versprachlichte und bewußteste Form des Inzestverbots und möglicherweise auch die unwirksamste.

Es gibt kaum entsprechende Heiratsvorschriften, die eine Mutter zum Objekt haben (etwa so: »Du sollst die Mutter deines Nachbarn heiraten.«), weil die Mütter schon vergeben und unerreichbar sind. Vor allem aber, weil sie in der Gefühlsstruktur eine bedeutendere Rolle spielen als in der Abstammungslinie, selbst wenn sie davon nicht ausgeschlossen sind, wie zum Beispiel bei den Juden, wo die Herkunft über die Mütterlinie verläuft.

Die Liebe zur Mutter ist ein einzigartiges Gefühl, in dem alle Spielarten der Liebe aufeinandertreffen – mit einer Ausnahme: der Sexualität. Wenn das Versagen einer Trennungskraft die Ritualisierung dieser Mutterliebe stört, werden Sohn und Mutter zum Objekt der Begierde. Es gibt den klassischen und brutalen Satz: »Alle Frauen sind Nutten, außer meiner Mutter, sie ist eine Heilige.« Er besagt, daß der kleine Junge eines Tages die Frauen in Kategorien einteilen wird, in »zugängliche« oder »erreichbare«, die der zitierte Satz kaum sehr hochschätzt, und »unerreichbare«. Wenn jedoch die Abschwächung einer bestimmten Art zu lieben bei dem Jungen nicht tief genug geht, so ruft das Begehren ein Angst- und Schuldgefühl hervor, das alle anderen Liebesarten infiziert: »Sobald ich eine Frau liebe, muß ich vor ihr fliehen.«

Man könnte es auch so sagen: Der kleine Sohn muß eine Liebe entschärfen, um die Liebe zu lernen. Nicht so bei der kleinen Tochter: Bei ihr sind Liebes- und Bindungsobjekt im affektiven Austausch mit dem Vater bereits voneinander getrennt. Das Begehren der Kleinen, die ihren Vater verführen möchte, braucht erst erheblich später eine Hemmung, wenn sich ihre Persönlichkeit geformt hat und ein jüngerer Verehrer ihr helfen wird, sich von ihrem Erzeuger zu trennen. Das ist vielleicht der Grund, warum so selten die Töchter den Vater heiraten wollen, wohingegen der kindliche Sohn seiner Mutter häufig Heiratsanträge macht.

Aber dieser kleine Ödipus macht noch keinen Inzest. Der Junge strukturiert mit diesem Heiratswunsch nicht seine Sexualität, sondern sein Gefühlsleben. Gleichzeitig identifiziert er sich mit dem Vater, dessen Platz er einnimmt. Hier steht alles zum besten für die Reifung des Kindes. Rückblickend auch bei den Frauen, die sagen: »Seit ich selbst Mutter bin, fühle ich mich meiner Mutter näher als früher.« Das drückt eine friedliche affektive Nähe aus, die sich zwischen Mutter und Tochter geknüpft hat. Eine Nähe dieser Art entsteht zwischen Mutter und Sohn nur dadurch, daß der Vater seinen Platz behauptet und der Sohn jemandem außer Haus den Hof macht, nachdem er die Spielarten der Liebe ein für allemal eingeteilt hat: hier die Mutter, dort die Frauen.

Der Inzest der Entfernung

Im Falle früher und dauerhafter Trennungen, bei denen die Entfernung sowohl biographisch, körperlich und psychologisch erfolgt ist, kommt es beim Wiedersehen von Mutter und Sohn nicht selten zu einem Geschlechtsakt, in einer ganz und gar nicht-inzestuösen Atmosphäre.

Mir ist bewußt, daß meine Beweisstücke nicht mit dem kulturellen Stereotyp übereinstimmen: »Der Mutter-Sohn-Inzest scheint erheblich seltener... Er kommt mir verheerender vor, weil er voraussetzt, daß der Sohn den Schrecken vor dem Geschlecht seiner Mutter überwindet und sich im Koitus aktiv zeigt... (Die Beobachtungen,) die mir bekannt wurden, haben mir diese Situation durch die Psychose des inzestuösen Sohnes verdeutlicht.«[290] Wenn ich weiterhin in psychiatrischen Krankenhäusern gearbeitet hätte, so wäre mir wahrscheinlich auch nur diese Sorte Inzest begegnet, die es zweifellos gibt. Aber die obige Erklärung nimmt keine Notiz von dem psychischen Schicksal der Mutter, die ja gerade nicht psychotisch wird. Sollte demnach die gleiche Handlung ungleiche Wirkungen haben? Mich irritiert daran, daß bei der Erklärung mit Hilfe einer Geistesschwäche immer gleich das Denken aussetzt: »Er war eben verrückt, daher die Gebotsübertretung«, oder auch umgekehrt: »Die Übertretung war ihm so unerträglich, daß er halt verrückt geworden ist.« Danach herrschen wieder Ruhe und moralische Ordnung. Das intellektuelle Schnurren kann weitergehen.

Dabei wäre es so einfach: Man muß nur umziehen, das Milieu der Psychiater verlassen, um ganz andere Berichte zu erhalten. Monsieur M. wurde im Alter von drei Jahren ausgesetzt und von einem älteren Ehepaar aufgenommen, das ihn außerordentlich sorgsam aufzog. Mit 30 Jahren, nach einer Nachforschung in den Geburtsregistern, fand er seine Mutter wieder. Freundlich erläutert sie ihm die Gründe der Aussetzung. Sie sitzen zusammen auf dem Sofa. Sie lädt ihn zur sexuellen Hingabe ein. »Schließlich war sie doch eine Frau wie jede andere.« Die Äußerung zeigt, daß die erwähnte Kategorisierung der Frauen bei ihm nicht zustande kam oder vielmehr, daß diese Frau nicht in die Kategorie der Mütter fiel, da sie gar nicht dazu werden konnte. Kein Inzestgefühl der Welt hätte diesen Sexualakt verhindern können.

Madame V. erhält den Besuch eines jungen hübschen Mannes. Sie empfindet ein seltsames Gefühl der Vertrautheit, dann eine große Freude, als der junge Mann ihr erklärt, er sei der Sohn, den sie 20 Jahre vorher verlassen hat. Madame V. lebt zusammen mit einem Mann, der den wiedergefundenen Sohn einlädt, mit ihnen zu Abend zu essen und gleich zu übernachten. Während sie fernsehen, neckt der Sohn die Mutter, gutgelaunt, aber nicht ohne Anspielungen. In der Nacht kommt es zu Sexualkontakten. In der darauffolgenden Woche konsultieren sie mich, zu zweit. Er mit der Frage, was man tun muß, »um seiner Mutter zu helfen, die Angelegenheit selbst in Ordnung zu bringen«; sie, um mir ihre Freude über die Rückkehr des verlorenen Sohnes anzuvertrauen und mich zu fragen, ob es sich da nicht doch um einen Inzest handele. Sie wendet die Augen ab und zögert ein wenig, als sie das Wort ausspricht.

Dieser Fall stellt uns vor ein Theorie-Problem: Das Inzestgefühl, das von einigen nur als ein leiser »Hauch von Inzest« beschrieben wird, ist nicht notwendigerweise an die Versprachlichung gebunden, die den Sexualakt als Inzest definiert. Die Verhaltenswissenschaft kann hier lediglich von einem inzestuösen Gefühl sprechen, von seiner Entstehung, seiner Dauer und seiner Wirkung auf das Gefühlsleben und das weitere Verhalten. Eine zu frühe, vollständige und andauernde Trennung kann also den Affekt und die innere Vorstellung so stark voneinander lösen, daß ein Mutter- oder Sohngefühl überhaupt nicht zustande kommt.

Manchmal, wie ja auch im Mythos von Ödipus, kann die Aufdeckung des Mutter-Sohn-Verhältnisses nur noch von einem Orakel kommen. Ähnlich ist es heute auch bei Prostituierten, die ihren kleinen Jungen schon bei der Geburt weggegeben haben. Eines Abends nähert sich ein Freier, und unabweisbar kommt ihnen der Gedanke: »Wenn das nur nicht mein Sohn ist!« Ziemlich genau wie bei Ödipus.[291]

Bei den Yanomamö im Amazonasbecken taucht das Inzestgefühl auf, wenn ein junger Mann mit einer viel älteren Frau Verkehr hat. Alle machen sich dann über die beiden lustig: »Sie hat ihre Scheide ihrem Sohn zu essen gegeben«,[292] als ginge es da um einen tatsächlichen Inzest. Er ist zwar nicht gesetzlich verboten, aber alle denken daran. Ebenso nennen sie es »Inzest«, wenn einer das Gehirn seiner Mutter ißt, wo doch die allgemeine Moral das Gehirn der Schwiegermutter zu essen empfiehlt.[293]

Laut Bruno Bettelheim haben nur drei Promille der Kinder, die in israelischen Kibbuzim zusammen aufgewachsen sind, als Jugendliche den Wunsch nach Sexualkontakten miteinander. Diese Zahl entspricht unseren eigenen Untersuchungsergebnissen: In einer Population von 1300 Kindern, die in größeren Gruppen miteinander groß wurden,[294] hatten sich lediglich drei Paare gebildet. Als man die übrigen fragte, was sie von diesen Paaren hielten, verzogen sie das Gesicht und meinten, das sei doch Inzest. Dabei wußten sie alle, daß sie nur als Frühwaisen miteinander aufgewachsen waren. Das Inzestgefühl, das ihr Begehren hemmte und sie Grimassen schneiden ließ, war völlig abgelöst von der Wirklichkeit, die mit diesem Wort bezeichnet wird.

Lange Zeit war ich überzeugt, nur die Frühgetrennten könnten sexuelle Beziehungen eingehen, ohne an den Inzest zu denken. Ich glaubte, daß sie sich ja nicht als verwandt betrachten und daher das Wort, das auf ein ihnen unbekanntes Gefühl verweist, für sie gar keinen Sinn haben kann.

Eine Art mentalistische Mode verführt uns zu der Auffassung, daß die Wörter sich auf eine völlig abstrakte Welt beziehen, als ob sie selbst reale Dinge wären, die ihrerseits die Realität beeinflussen könnten. Etwa so, wie mir einer dieser Wort-Ding-Anbeter erläuterte: »Der Iran wird niemals Frieden schließen können, denn in dem Wort Iran steckt ›ira‹, was lateinisch Zorn oder Wut heißt.« Durch solchen Fetischismus wird das Wort zu einer Sache, die wie ein Amulett eine übernatürliche Wirkung ausübt. Ihm steht die natürlichere Betrachtungsweise gegenüber, bei der das Wort, obwohl nicht mehr als eine akustische Konvention, ein wirklich empfundenes Gefühl bewirkt. Nehmen wir einmal an, Sie sitzen in einem Restaurant und essen ein appetitliches Stück Fleisch. Nun braucht der Kellner Ihnen bloß zu sagen, daß sie da Ihren vielgeliebten Hund verspeisen, und schon können Sie nicht mehr weiterkauen oder gar den Brocken hinunterschlucken, den Sie gerade im Mund haben. Es ist ganz klar nicht die Sache, die plötzlich widerlich geworden wäre. Es ist die Idee, ein geliebtes Wesen zu essen, die, kaum ist das Wort ausgesprochen, ein unerträgliches Gefühl auslöst. Das Wort ist nicht etwa von der Realität abgeschnitten, da ja die durch das Aussprechen geschaffene innere Vorstellung ein Gefühl hervorruft. Ganz im Gegenteil: Das Wort verbindet die Realität mit der Vorstellung.

Wenn die Sprache zerfällt, wie bei der Alzheimerschen Krankheit, bleibt auch das Wort Inzest ohne Sinn und Bedeutung. Bei dieser Krankheit kommt es nicht selten vor, daß ein Vater seine Tochter begehrt oder auch eine Mutter ihren Sohn. Aber diese Wörter, die Verwandtschaftsbezeichnungen »Mutter« oder »Sohn« sind nur noch in der Welt des Beobachters zutreffend. In der Alzheimer-Welt ist der Zerfall des Wissens so weit fortgeschritten, daß die Kranke nur noch ein Gesicht sieht, dessen vertraute Züge sie an ihren Mann erinnern, an früher, als er noch jung war. Das Wiederauftauchen dieser Erinnerungsspur (das wir ja auch beim Phänomen der Prägung kennen) läßt in den Gesichtszügen des Sohnes den Ehemann erscheinen. Die alte Frau wird also keinerlei Mütterlichkeit empfinden, sondern ein Gefühl des Verheiratetseins, und ihrem nicht wenig erschrockenen Sohn Sexualkontakte anbieten. Würde man dabei das Wort »Inzest« aussprechen, so verstünde die alte Dame nicht, wovon die Rede ist. Wie auch oft der inzestuöse Vater sich darüber aufregt, was die Gesellschaft in der zauberhaften Liebesgeschichte mit seiner Tochter verloren hat. Für ihn, ganz wie bei der Alzheimerschen Krankheit, hat sich das Wort »Inzest« vollständig von seiner üblichen Bedeutung gelöst. Das Wort bezeichnet zwar noch immer die gleichen Sexualpartner, es ruft jedoch ganz verschiedene Gefühle hervor.

Ein weiteres Beispiel dieser Trennung zwischen dem, was das Wort bezeichnet, und der dadurch ausgelösten Empfindung liegt im sogenannten Kleine-Levin-Syndrom vor. Bei dieser Krankheit bewirkt ein Verfall der Geruchszone im Schläfenlappen des Gehirns einen plötzlich unbeherrschbaren Drang nach Essen und Geschlechtsverkehr. Der Kranke ist sich dessen nicht bewußt.[295] Der Drang liegt unterhalb seiner Sprachfähigkeit. Wenn in diesem Fall eine Mutter sich zu ihrem Sohn sexuell hingezogen fühlt, ist das Wort »Inzest« nicht mehr anwendbar: Wir haben hier nur eine Frau, die durch ihre Libido zu einem Mann getrieben wird. Der Sohn oder auch ein zufälliger Beobachter sind sich selbstverständlich der tradierten Kulturregeln bewußt. Sie empfinden bei der Szene eine unerträgliche Peinlichkeit; wie übrigens auch die Patientin beim »Erwachen«, wenn etwa ein Nachbar ihr erzählt, was sie getan hat.

Auch dieses Beispiel stützt unsere Auffassung, daß ein Wort, das ein Stück aus der Wirklichkeit herausschneidet und es bezeichnet, sich vollständig vom dazugehörigen Gefühl lösen kann. Das Gefühl kann auch aus dem Gehirn kommen, von unterhalb der sprachlichen Ebene, wie ja auch die innere Vorstellung, die durch das Wort geweckt wird. Ist es vielleicht gar das Gefühl, das den Körper mit der Seele verbindet?

Bei den nicht-psychotischen und nicht trennungsbedingten Mutter-Sohn-Inzesten, die ich kennengelernt habe, war es immer die Mutter, die die Initiative ergriff. Der übliche Handlungsablauf ist folgender: Die Mutter wäscht ihren Sohn und zieht ihn an, was erneut das Problem der körperlichen Nähe aufwirft. Diese Tätigkeit ist nicht selten; sie verrät, daß die Mutter sich ihren Sohn nicht als autonome Person vorstellt, die von ganz anderen Gefühlen berührt wird als ihren eigenen. Sie hat keine Idee von der Beschämung des Sohnes oder seiner durch das sexuelle Angebot ausgelösten Angst. Diese Mutter, nur ihrem eigenen Drang gehorchend, nimmt nicht mehr das Gefühl des anderen wahr. Das erklärt ihre Kühnheit: Während des Waschens und Anziehens werden die Zärtlichkeiten immer gezielter, ziehen sexuelle Reize nach sich, gipfeln schließlich im Akt selbst.

Dieses Szenario läuft in angstfreier und verspielter Stimmung ab, aufmerksam und interessiert an den Reaktionen des anderen: »Wäre doch toll, wenn er es schaffen würde!« wie mir die Mutter eines Dreizehnjährigen sagte. Das Wort »Inzest« kommt ihr kaum in den Sinn und wenn, dann mit der Nebenbedeutung einer fröhlichen Komplizenschaft.

»Diesmal nimmt sie ihn in die Arme.

CLARA: Wenn du willst, werden wir uns daran erinnern wie an einen einzigartigen, sehr schönen, sehr ernsten Augenblick, der sich nie mehr wiederholen wird.

LAURENT: Und was passiert jetzt?

CLARA: Nichts. Wir reden nicht mehr darüber. Es wird unser Geheimnis sein. Wir lieben uns wie vorher, mehr als vorher. Ich werde ohne Vorwurf daran zurückdenken, aber voll Zärtlichkeit.«[296]

Nicht jeder hat dieses Talent eines Louis Malle, obwohl der Mutter-Sohn-Inzest die Mythen nährt und die Phantasie beflügelt. Das inzestuöse Drehbuch kann in den Gefilden der Seligen spielen, in einer vornehmen Villengegend zur realen Handlung werden: In diesem Fall ist es leicht, daraus ein Kunstwerk zu machen. Wenn die Handlung jedoch in den Elendsvierteln spielt, ist sie eher schmuddelig und endet im Gerichtssaal, »denn die Last der Verbote ist niemals gerecht verteilt... und nur die kleinen Leute tragen an ihrer vollen Schwere.«[297] Persönlich bin ich allerdings überzeugt, daß die Mehrzahl der Mutter-Sohn-Inzeste nicht vor Gericht verhandelt werden, sondern in der Verschwiegenheit des Schlafzimmers stattfinden, in dem der Sexualakt vor der Gesellschaft in Sicherheit ist.

Madame H. ist im Alter von 35 Jahren plötzlich frigide geworden. Ihr Frauenarzt schließt jede organische Ursache aus und deutet eine mögliche psychologische Schwierigkeit an. Erst bei der dritten Konsultation ist sie mutig genug, sich einer Sache bewußt zu werden, indem sie sie ausspricht: Sie wurde frigide, als sie ihren Mann mit seiner Mutter überraschte. Der Gatte nahm während der vorherigen Arztbesuche im Wartezimmer Platz, ernst und gewichtig. Dieses Mal aber hatte sie ihn gebeten, am Gespräch teilzunehmen. Vor seiner entsetzten Frau erzählte er, daß er seit seinem 14. Lebensjahr regelmäßig mit seiner Mutter schliefe, und »diese

Schlampe« hätte verlangt, daß dies auch nach seiner Verheiratung so weiterginge. Die aggressive Angstreaktion seiner Frau machte ihn zwar betroffen, aber ihn beschäftigte die durch seine Mutter provozierte sexuelle Verfehlung deutlich mehr, als daß er seine Frau um Verzeihung gebeten hätte. Als die Ehefrau die Sache ein Verbrechen nannte, war er baß erstaunt.

Und was sagt man zu dem Fall der Madame I., einer 28 Jahre alten Tagesmutter, die einem achtjährigen Jungen beinahe den Kopf eingeschlagen hätte? Sie badete ihn täglich. Als sie ihn wieder einmal völlig nackt sah, spürte sie eine starke Aggressivität gegen den Jungen, der sie offensichtlich sexuell erregte. Vor Wut darüber schlug sie ihn, fester und häufiger, bis er eines Tages stürzte und mit dem Kopf am Tischeck gerade noch vorbeistreifte. Abermals sehen wir hier die Verwirrung der Gefühle bei umrißlosen Personen, deren affektive Nähe die Projektion, die Zuschreibung von Absichten und Emotionen erleichtert.

Der Schriftsteller Michel Tournier erhielt von einem Paar Zwillingsbrüdern einen Brief, der für unsere Erklärung ein weiteres Beispiel liefert. »Unsere Verbindung war sehr emotional, aber auch sinnlich. Mit ungefähr 15, 16 Jahren versuchten wir, uns noch intimer zusammenzuschließen, und, ganz offen gesagt, haben wir miteinander geschlafen. Was unsere heterosexuellen Bedürfnisse betrifft, so waren sie auf unsere Mutter konzentriert. Alle beide hatten wir Geschlechtsverkehr mit ihr. Dieses kleine Familiengeheimnis machte uns seltsamerweise nicht etwa eifersüchtig aufeinander, sondern brachte uns einander näher wie in einer Art Freimaurerloge. Bis zum Alter von 18 Jahren hatten wir kein anderes sinnliches Vergnügen als in dieser innerfamiliären, inzestuösen Form, die Brüder miteinander und die Söhne mit der Mutter.«[298]

Das Geständnis eines doppelten Inzests zeigt wieder, daß eine zu enge affektive Nähe eine Konfusion der Gefühle nach sich zieht. Wenn sowohl die Existenz des anderen als auch die eigene Identität die gleichen Gefühle weckt, dann ist mir der andere nicht mehr verboten. Es gibt kein besonderes Gefühl bei der Berührung des anderen; es ist ganz so, als ob ich es selbst wäre. Es gibt kein Verbot, den eigenen Körper zu berühren. Warum sollte es dann verboten sein, den »fast eigenen« Körper zu berühren?

In dem Alter, in dem sich die ersten sexuellen Richtungsentscheidungen bilden, ist die Mutter noch nicht streng verboten, und so kann durchaus der Gedanke einer sexuellen Beziehung zu ihr Gestalt annehmen: »Unsere Mutter war die Erzieherin unserer Sinnlichkeit und unsere erste Geliebte. Es fing damit an, daß wir als kleine Buben unsere Mutter nackt sahen, dann die mütterliche Fellatio morgens vor der Schule, später dann, als wir 13 waren, der vollendete vaginale Koitus. In der Mutter haben wir die Frau kennengelernt; aber das hat uns viel weniger traumatisiert, als man glauben sollte... Erst im Alter von 16, 17 Jahren, als wir die Schwere des gesellschaftlichen Verbots spürten, hat sich unser Inzest seltsamerweise von selbst aufgelöst,... ohne daß wir jemals darunter zu leiden hatten... Mit meinem Bruder habe ich weiterhin kleine sexuelle Spiele getrieben, und ich fühlte mich dabei nicht schuldig... Unser Inzest hat uns nie abgestoßen, nur im zeitlichen Rückblick beunruhigt (wir sind heute in den 80ern). Wir haben immer noch eine gewisse Sehnsucht nach jener Dreier-Verschwörung unserer Jugend.«[299]

Ich möchte gern einige Punkte dieser Aussage genauer beleuchten: »Es fing damit an, daß wir unsere Mutter nackt sahen.« Das Badezimmer spielt eine wichtige Rolle bei der inzestuösen Begegnung. Die nackte Mutter am Strand oder in einer Gruppe von FKK-Anhängern löst nicht das gleiche Gefühl aus, wie sie im Bad oder im Bett zu sehen. Allein die Anwesenheit der anderen tritt als »verbietender Dritter« auf (die üblicherweise dem Vater zukommende Rolle) und verändert die Bedeutung der Nacktheit. Aus demselben Grund benehmen sich ja auch die FKK-Anhänger im allgemeinen schamhaft. Der Kontext modifiziert das Gefühl und schreibt der gleichen Wahrnehmung einen anderen Sinn zu.

Ein zweiter bemerkenswerter Hinweis ist die Oberflächlichkeit des Verbotsgefühls: »In unseren Kinderaugen war diese Sexualität nur irgendein ›Ersatz‹ ohne jede Bedeutung.«[300] Der Geschlechtsakt mit der eigenen Mutter ein »Ersatz ohne Bedeutung«? Wie kann man so etwas nur denken, ja aussprechen, wo doch der Mutter-Sohn-Inzest der unaussprechliche Akt par excellence ist? Falls er sich durch die Wechselfälle des Lebens ergibt, dann ist er, erzählte uns noch Ödipus, die schlimmste aller Tragödien. Wir sehen uns zu dem Eingeständnis gezwungen, daß innerhalb derselben Kultur das, was die einen als »bedeutungslosen Ersatz« ansehen, von anderen als der schrecklichste der Schrecken empfunden wird.

Einen letzten Punkt finde ich erstaunlich: »Ich bemerke außerdem, daß die Töchter freimütiger als die Söhne ›schwatzen‹ (siehe dazu die Zahl der rechtskräftig wegen Vater-Tochter-Inzest verurteilten Väter, während nach meinem Kenntnisstand die wegen Mutter-Sohn-Inzest verurteilten Mütter praktisch überhaupt nicht vorkommen).«[301] Tatsächlich wird die Mutter nie verurteilt. Selbst beim Mutter-Tochter-Inzest ist der Geschlechtsakt der sexuellen Koketterie näher als dem heiligen Schrecken. Madame R. erklärte mir wie beiläufig, daß ihre Mutter ihr sexuelle Vergnügungen geschenkt habe und sie selbst, als sie ihre nackte Tochter vor sich hatte, Lust verspürte, sie zärtlich zu streicheln. Aber das nahm sie nicht weiter ernst. Wichtiger war für sie ihr Mann, für den sie sich übertrieben verantwortlich fühlte; das machte ihr erheblich mehr zu schaffen.

Psychiater bestätigen übrigens nicht immer, daß es so lax zugeht. »In Canada und in Belgien laufen die Dinge anders ab ... Hier findet der Mutter-Tochter-Inzest Beachtung, der zerstörerischste, den es gibt, und der unbekannteste trotz allem, was die Psychoanalytiker sagen konnten.«[302]

Trotzdem scheint es, daß die Inzeste, in die eine Mutter verwickelt ist, von der Justiz selten verfolgt werden. Madame M. zum Beispiel wird regelmäßig von ihrem psychotischen Sohn sexuell beansprucht; Madame V. wurde von ihrem schizophrenen Sohn mit Gewalt zum Geschlechtsverkehr gezwungen. Sie reichten keine Klage ein, sondern erkundigten sich nur, wie sie die Aufmerksamkeit ihres Sohnes in solchen Augenblicken auf andere Dinge lenken könnten. Madame N. spielt mit ihrem 16jährigen Sohn, aber die Spiele werden plötzlich intensiver, dringlicher. Als er sexuelle Lust zeigt, stößt sie ihn lachend zurück, ohne Schockiertheit, ohne ihn zu verurteilen.

Im Gegensatz dazu zeigen die Handlungsabläufe zwischen Vater und Tochter verschiedene Schicksale. Gelegentlich werden ihre Beziehungen auch durch das sexuelle Verbot nicht verändert (das meist die Tochter ausspricht). Häufiger jedoch verläßt die Tochter das Haus und spricht nie mehr davon. Madame S. eröffnete mir mit 42 Jahren, und zwar voll überraschender Einzelheiten, die »sexuellen Hinterhalte«, in die ihr Vater sie gelockt hatte, wie sie ihnen mühsam entkam, sie vereitelte oder sich vor ihm verbarrikadierte. Nach ihrem vierten Besuch sagte sie mir: »Das war's, ich danke Ihnen... Ich habe bisher nie darüber sprechen können... Ich brauche Sie nicht mehr.«

Die Gesellschaft weiß nichts von diesen familiären, kumpelhaften, verliebten oder tragischen, aber stets geheimen Verwicklungen. Sie kennt nur eine Art: den erstaunlich stereotypen Inzest, der in aller Öffentlichkeit vor Gericht ausgebreitet wird. Es ist die moderne Version des Märchens ›Die Schöne und das Biest‹: Der Vater ist Alkoholiker, von niederer Intelligenz, und lebt mit seinen Kindern in Promiskuität. Zum Stereotyp geworden ist selbst das Erschrecken, wenn man liest, daß er einer geordneten Arbeit nachgeht und seine Nachbarn ihn für einen braven Kerl halten, stolz auf seine »Anständigkeit«, seine »Arbeitsleistung« und seine »Blutspender-Medaille«.[303]

Die Gesellschaft sieht nur den mythischen Inzest, diesen alles umstürzenden Schrecken, von dem das Opfer sich nie erholt. Zweifellos gibt es diesen Inzest, wahrscheinlich stellt er sogar die Mehrzahl der Fälle. Aber das legitime Ordnungsgefühl, das eine gewalttätige Lust zu strafen auslöst, verhindert die Suche nach einer Antwort auf die Frage: Wie war es möglich?

Könnte man sich eine Kultur ohne Verbote überhaupt vorstellen? In einer nicht durch Regeln strukturierten Gruppe von Menschen erzeugt das Durcheinander der Gefühle ein Chaos der Gesten.

Wenn es zutrifft, daß die Zahl der Inzeste, insbesondere die der Liebes-Inzeste, zunimmt, dann wäre dies ein alarmierendes Zeichen der Entritualisierung, ja des Kulturverfalls unserer Gesellschaft.

Bei der Mutter ist das Verwandtschaftsgefühl ebenso stark im Gefühlsleben wie in der inneren Vorstellung verankert. Beim Vater dagegen wurzelt es vor allem in der »Ernennung«, der Bezeichnung, die ihrerseits dann das Gewebe einer gefühlsmäßigen Bindung ermöglicht. Mutter wird man durch eine ununterbrochene Einheit, die zuerst nur eine gedachte ist (sie erwartet das Kind), sodann eine biologische (sie trägt es aus), eine affektive (sie liebt es), endlich eine soziale (beide nehmen ihre Plätze in der Gesellschaft ein). Wohingegen die Vaterschaft durch Bezeichnung erworben wird: erst eine soziale, dann eine eheliche, zuletzt eine durch das Kind selbst. Die Konstruktion des Mutterschaftsgefühls ist also sehr stabil, während das Vaterschaftsgefühl labil ist. Wenn wir damit recht haben, so läßt sich denken, daß die Zunahme der Vater-Tochter-Inzeste von einer Störung der Vater-Bezeichnung herrührt: Die Männer fühlen sich nicht mehr als Elternteil und sehen vor sich eine nicht verbotene Frau. Die Zunahme der Mutter-Tochter-Inzeste dagegen kommt dann von einer Störung der individuellen Gefühlsentwicklung, deren Ursprung im Gehirn, häufiger aber in der Psyche zu suchen ist.

Ein Hauch von Inzest

Es gibt Kulturen, »über denen die Leidenschaft des Inzests schwebt«.[304] Nicht nur in den Hervorbringungen der Künste, sondern auch in den Vorschriften für die Alltagsriten gibt es »eine tatsächliche, lang dauernde Körpervertrautheit zwischen Mutter und Sohn und eine besondere Zärtlichkeit zwischen ihnen«.[305] Und die interkulturelle Verhaltenswissenschaft beschreibt zum Beispiel, wie die Mutter ihren Sohn nach jeweils kulturell unterschiedlichen Vorschriften wäscht und anzieht. Bei den Bambara im Senegal sind es die Großmütter, die das Kind baden. Sie packen das männliche Baby an einem Arm, ziehen es mit Schwung in die Höhe und umschließen mit der ganzen Fläche der anderen Hand seine Geschlechtsteile. Nach dem Bad werfen sie das Kind in die Luft, »damit es nicht ängstlich wird«.[306] Dieses Ensemble von Gesten ist in Europa nicht zu finden. In Indien kommt es darauf an, daß die Mutter nie den Blick ihres Sohnes kreuzt, das brächte Fluch und Unglück über ihn. Das Tabu des Blickes in Indien und das Tabu der Berührung in Europa läßt die Afrikaner kalt: Bei ihnen sind diese Kommunikationswege zwischen Mutter und Sohn nicht sexualisiert.

Anders die Europäer. Seit dem Hochmittelalter spüren sie einen ersten Hauch von Inzest bereits in den frühesten Mutter-Kind-

Handlungen. Aus diesem Grund empfahl die Kirche die Einführung der Wiege. Es ging darum, »zwischen Eltern und Säuglingen diese fleischlichen, als sündhaft angesehenen Kontakte zu verbieten«.[307] Heutzutage isolieren die Amerikaner den Säugling sehr früh in seinem eigenen Zimmer; bei den Franzosen schläft er im Bett der Eltern; in Japan teilt sich die ganze Familie das Tatami; am Polarkreis schläft das Baby auf dem gemeinsamen Tierfell; die indische Mutter macht ihm auf ihrer Matte Platz; der kleine Afrikaner schläft im Bett seiner Mutter, der kleine Lateinamerikaner in einer Baby-Hängematte.[308]

Die körperliche Nähe von Mutter und Kind hat sicht-und hörbare Wirkungen: Sie vermindert das Weinen, verbessert das Stillen und erleichtert das Einschlafen; sie steigert auch die psychomotorischen Leistungen des Kleinen durch die gemeinsame Wirkung des Gefühls der Sicherheit und der Ausschüttung von Hormonen im Gehirn.[309] Diese Wirkungen werden zwar vermerkt und wahrgenommen, aber ohne eine innere Vorstellung dazu. Die Vorstellung besteht vielmehr aus dem, was der Mythos erzählt. In der Kultur Kambodschas, in der eine Art Hauch von Inzest liegt, dauern die intimen Tätigkeiten zwischen Mutter und Sohn bis zu einem höheren Alter an als in allen anderen Kulturen. Die Regeln für die besten Heiraten legen solche Paare nahe wie die von Bruder und Schwester, Halbbruder und Halbschwester mütterlicherseits oder auch Stiefbruder und Stiefschwester. Diese kulturbedingten Geschlechts- und Heiratsregeln werden als Inzest erlebt und oft, obwohl nicht verboten, als solcher bezeichnet.[310]

Eine solche Kultur am Rande des Inzests kennt aber auch gleichzeitig bestimmte Märchen, Scherz- und Schimpfwörter, die mit aller Entschiedenheit den Inzest bekämpfen. Der häufigste kambodschanische Fluch ist »Chog Maï«, was offenbar bedeutet »Du vögelst deine Mutter«. Man lebt hier immer auf des Messers Schneide des Inzests, der wohl deshalb so fasziniert, weil er gleichzeitig möglich und verboten ist, so erheitert, weil dahinter das Entsetzen lauert. Die lustigen Anekdoten und Schwänke dieses Landes kennen die verführerische Schwiegermutter oder eine irrtümliche Partnerwahl. Die klassischen Romane erzählen von einem vielgeliebten Sohn, der den Vater beraubt, die Mutter vergewaltigt und die Großmutter mißhandelt.[311] In Spielfilmen wird ein Junge gezeigt, der ins Bett seiner Geliebten zu steigen glaubt, in Wirklichkeit aber mit seiner eigenen Mutter schläft. Am komischsten ist es natürlich, wenn er es mit der Großmutter treibt. Als in Frankreich Chateaubriand, Baudelaire, Edgar Allan Poe, Louis Malle und noch ein paar andere den Inzest beschrieben und verfilmten, da war kein Protest irgendeines Kinderschutzbundes zu hören.

Es scheint, als habe das von der Kultur vorgeschriebene Ritual der Abwendung die Aufgabe, einer Mutter den zu stark mit ihr verbundenen Sohn zu entreißen. Wenn sich demnach die Autonomie der Gefühle durch die vereinte Wirkung der Trennungskräfte mehr und mehr verstärkt, ist für den letzten Schritt keine Gewalt mehr nötig. Wenn jedoch die Wort- und Körpersprache der Eltern das Kind erstickt, die Familienrituale ein Gefühlsleben am Rande des Inzests erzeugen, dann wird ein eigenes Abwendungsritual erforderlich, das zwangsläufig Gewalt braucht. In Südostasien werden die Zärtlichkeiten zwischen Mutter und Sohn nicht »Inzest« genannt. Und gerade hier laufen die jungen Männer Amok: Sie rennen auf die Straße und töten, was ihnen gerade in den Weg kommt, bis sie selbst getötet werden. Wenn ihnen die Gesellschaft einen geordneten Fluchtweg aus dem elterlichen Bordell gebahnt hätte, so könnten sie sich vielleicht anderswo eine Arbeit oder einen Studienplatz suchen, ohne gleich wahllos töten zu müssen. Nur als Detail: Der Amoklauf kommt in Malaysia nicht mehr vor, seitdem die Kirche ihn verboten und die Söhne verpflichtet hat, das elterliche Dorf zu verlassen.[312]

Wenn die heilige Mutter das Gefühlsleben monopolisiert

Unsere westliche Kultur bietet dem jungen Mann, der in seine Mutter verliebt ist, solche geregelten Fluchtrouten an: Er kann weit entfernt vom Elternhaus zur Universität gehen, er kann auswandern oder auch eine Liebesheirat eingehen, die ihn von der Mutter trennt und aus den beiden Frauen Rivalinnen macht. In jedem Fall aber wirkt die Gewalt, die Intensität der Ablösung, wie ein Schutzschild gegen die Angst vor dem drohenden Inzest.

Manchmal, aus persönlichen oder auch sozialen Gründen, gelingt es dem Jungen nicht, diese befreiende Gewalt nutzbringend in Anspruch zu nehmen. Dann bleibt ihm nur noch die Möglichkeit, die Mutter zu hassen, oder statt dessen ein Ersatz: Er liebt eine Frau, die erheblich älter ist als er und ihm gleichzeitig Begierde einflößt und Angst macht. Die Liebeserklärung des jungen Mannes[313] lautet dann: »Ich liebe dich, mein Leben ist verpfuscht«, eine Brutalität gegen die so viel ältere Frau. Später dann, wenn sie im Bett zu ihm sagt: »Komm zu mir, du bist mein Sohn«, flößt sie ihm eine solche Angst ein, daß sie eine momentane Impotenz auslöst. Wenn sie dann noch über sein Versagen in Lachen ausbricht, provoziert sie einen nicht mehr kontrollierbaren, mörderischen Gewaltausbruch.

Die Ergebnisse der Psychologie in den letzten Jahrzehnten haben derart viel Schuld auf das Haupt der Mütter gehäuft, daß nun viele von ihnen gern bereit sind, auf ihr kleines Abenteuer zu verzichten, damit das Kind sich optimal entwickelt. Die Folge davon ist ein anderes, bisher noch kaum beschriebenes Krankheitsbild: der affektive Überfluß. Das viel zu sehr behütete Kind wächst in einer Art emotionaler Einzelhaft heran. In anderen Fällen schafft der Zusammenbruch der Familie eine trostlose affektive Wüste; die Kinder werden davon in jedem Fall biologisch oder psychologisch beschädigt; aber nicht wenige von ihnen wissen sich irgendwie zu helfen, sie gehen auf Nahrungssuche, auf die Suche nach Gefühlen, und finden sie selbst noch in ihrer ärmlichen Umgebung. Wenn dagegen ein Kind in einem Milieu des affektiven Überflusses aufwächst, in der Kapsel der mütterlichen Ängste und kultureller Schuldgefühle, so lebt es in einem luxuriösen Affektgefängnis, aus dem es nach einer langen Zeit völliger Passivität nur noch mit Gewalt ausbrechen kann. Es ist der Haß, der dem Kind die Kraft gibt, das elterliche Paradies zu verlassen, das ihm zur emotionalen Hölle wurde. »Hab ich denn nicht alles für ihn getan?« sagt die Mutter dann, und sie hat recht. Aber der Sohn antwortet: »Sie war ein KZ-Kommandant. Alles machte sie an meiner Stelle. Sie kam in mein Zimmer, wühlte in meinem Schrank herum und hat mich nie als selbständige Person betrachtet. Mein Vater ist ein Phantom. Ich verachte ihn, weil er nie etwas sagte. Ich füge mir Schmerzen zu, damit auch sie leiden muß. Am liebsten hätte ich, sie würde krank.« Das sagte mir ein netter junger Mann, erstaunt darüber, daß er nicht mehr in seine Mutter verliebt war.

Unter diesen Kindern des affektiven Überflusses findet man Jugendliche, die ihren Vater schlagen, ihre Mutter ausbeuten und mißhandeln, gegen diejenigen, die ihnen Liebe erweisen, grausam werden. Eine zu nahe Liebe verhindert das Ritual der Gefühle, und die Gewalt nimmt hier keine Form an. Das Übermaß der Gefühle, diese Liebe ohne Form, vereint die affektive Gewalt mit dem befreienden Haß. Denn man braucht Abstand, damit das die Gefühle strukturierende Ritual entstehen kann[314] und die Gewalt in streitbare Auseinandersetzung umformt.[315] Die Gewalt zwischen Familienangehörigen ist unvorhersehbar, sie überrascht jeden, auch den Täter. Diese affektive Gewalt ohne innere Vorstellungen ist dem inzestuösen Akt nahe, denn »die Mutterzentriertheit ist mörderisch: eine innerfamiliäre Bestätigung, ausgearbeitet in allernächster Nähe des elementaren Inzests... Wenn man auf den Antillen tötet, dann in der Familie.«[316]

Wenn eine Gesellschaft keine Trennungsrituale einrichtet, verhindert die affektive Vereinzelung die Strukturierung der Gefühle und erleichtert den umstandslosen Übergang zur Tat. Jede Altersstufe, jeder Platz in der Familie, jede soziale Rolle bedingt ihre eigene Art zu lieben, und alle haben sich dementsprechend zu verhalten. Auch das Inzestverbot, gleichgültig ob nur nominell, als Heiratsregel angewendet oder wirklich empfunden, besitzt eine Strukturwirkung, die das Gefühlsleben stärker beeinflußt als die Sexualität.

Die Strukturierung des Gefühlslebens kann aus verschiedenen Gründen mißlingen: Der Vater spielt nicht seine trennende Rolle, stößt in dem geschlossenen Mutter-Sohn-Gebäude nicht die Fenster auf; der affektive Überfluß beansprucht die Herrschaft auf alle Einflüsse und Prägungen; oder das verschüchterte Kind »sieht nur noch seine Mutter«, der von zu viel Liebe überflutete Sohn empfindet bei allem Verlangen nach ihr eine schreckliche Angst. In all diesen Fällen kann die Frau zu etwas Verbotenem werden, und der einzig mögliche Ausweg führt in die Homosexualität.

Das Inzesttabu ist nicht bloß eine Ideologie. Es ist auch ein Gefühl, das durch die Beschaffenheit des Menschen seine Form erhalten hat, eine körperliche Hemmung, ein Scham- oder Schuldgefühl vor dem Unaussprechlichen, für das einige Kulturen nicht einmal ein Wort zu finden wagen. Ich gehe jede Wette ein: Selbst wenn der Mutter-Sohn-Inzest durch Gesetz gestattet wäre, so würde diese Erlaubnis das Sexualverhalten nicht verändern.

Für viele von uns hat das Geschlecht nichts Heiliges an sich. Der Penis und die Scheide sind weder irgendwelche göttlichen Instrumente noch Organe, die eine Gesellschaft strukturieren. Manche Frauen sind überzeugt, daß für ihr Geschlechtsteil während des Sexualakts keine andere Moral gilt als für ihre Hände bei der Hausarbeit. Ich kannte eine brilliante Philosophin, die luxuriös durch die Welt reiste, dank ihres Geschlechtsteils, das für sie nichts anderes als ein Arbeitsinstrument war.

Umgekehrt sehen aber viele von uns das Geschlecht als einen Ort der Begegnungen, die den Stoff weben, aus dem das Paar gemacht ist, diese Keimzelle der Gesellschaft. Es ist der Körperteil, der uns intensive Lust- und Angstgefühle gibt und das Geflecht eines ganzen Lebens schafft, mit seinen Wundern und Schrecken. Diese Sichtweise ruft ein Gefühl von etwas Heiligem hervor. Aber kaum zeigt sich dieses Heilige, ist auch die Gewalt nicht weit: die ritualisierte Gewalt, mit der man sich selbst oder den anderen opfert, im höheren Interesse der Familie, der Nation oder eines Gottes; die Gewalt der Gotteslästerung, die so unerträglich ist, daß sie nur mit Folter und Tod gesühnt werden kann. Daher hatte jahrhundertelang einer, der dem Papst die »Feige« machte (indem er den Daumen zwischen Zeige- und Mittelfinger schob), den Scheiterhaufen verdient.[317] Diese Geste ist heute fast bedeutungslos, vor allem ist sie keine Gotteslästerung mehr.

Es scheint mir, daß diejenigen, die den jovialen Nebenbei-Inzest kannten, niemals jenes Heiligkeitsgefühl empfanden. Für sie sind die Geschlechtsteile nur eine Stelle für körperliches Vergnügen, ein Mittel des sozialen Aufstiegs, eine gesellige Party-Aktivität, allenfalls eine Methode, Kinder zu machen (obwohl das meistens bloß als tückische Panne des Geschlechtsverkehrs gilt). Vom Heiligen, von einem Altar, auch nur von etwas Wunderbarem reden sie nicht mehr. Sie empfinden nichts Heiliges dabei, also auch nicht die Gewalt, die jede Verletzung der gesellschaftlichen Regeln darstellt.

Das erklärt, mit welch erstaunlicher Ruhe bestimmte Mutter-Sohn-Paare auch nach der Heirat des Sohnes weitermachen, ein andauerndes außereheliches Abenteuer – mit der eigenen Mutter. Ganz wie jene »Inzest-Täter«,[318] die aus allen Wolken fallen, daß ihre Tochter davon traumatisiert sein soll, oder ganze Generationen, in denen der Inzest wie eine Tradition weitergegeben wird als intimes Spielchen, das man ihnen doch nicht einfach verbieten kann. Tatsächlich gibt es Kulturen und Mentalitäten, in denen das Geschlecht nie von etwas Heiligem erfüllt wurde, zum Beispiel die großen monotheistischen Religionen. »O ihr wollüstigen Mädchen, gebt uns doch eure Körper hin... Vögelt, vergnügt euch... aber flieht mit Bedacht die Liebe«,[319] schrieb de Sade, für den aus dem Heiligen nur das Böse kam.

Ich erhalte viele Briefe und Aussagen mit folgendem Vorschlag: Das wirksamste Mittel, die sich ausbreitende Gefühllosigkeit der heutigen Welt zu lindern,[320] sei die großzügige Liberalisierung des Inzests, der allein noch die Familie zusammenhalten und ihr Wärme geben könne: »Es wird höchste Zeit anzuerkennen, daß der Inzest weder eine Perversion noch das Syndrom einer Geisteskrankheit darstellt«: So steht es in vorzüglichen amerikanischen Fachzeitschriften für Psychologie.[321] Pädophilen-Gruppen äußern den Wunsch, kleine Jungen ohne Familie zu adoptieren. Und Gabriel Matzneff, sonst recht aufgeweckt, war ganz fassungslos, daß ihn die sanfte Madame Bombardier in der Fernsehsendung »Apostrophes« anschnauzte, weil er sich rühmte, was für phantastische 13jährige Mädchen ihm ihre Telefonnummern gegeben hätten, ohne daß er dafür auch nur den kleinen Finger rührte.

Für diesen Menschenschlag ist das Geschlecht ein emotionales Bindemittel, ein hübsches Spiel und alles andere als ein heiliger Ort. Erst wenn eine Mutter, ein Sohn oder eine Tochter von einem nahen Verwandten sexuell bedrängt werden und selbst aber in der Vorstellung einer heiligen Sexualität leben, erst dann empfinden sie jenen Horror, der einen guten Teil ihres Seelenlebens vernichtet.

Manche Theorien liefern uns ein Alibi, eine intellektuelle Fassung für ein Gefühl, das wir ganz klar erleben. Der Kodex Hammurapi, das altbabylonische Gesetzeswerk, sah es bereits als notwendig an, das Volk durch Verordnung davor zu bewahren, »den Sohn zu töten, der auf seiner Mutter geschlafen hat«. In der Umgebung von Ödipus herrschen Tod und Verderben, als er seine Mutter heiratet. Die Bibel erzählt uns von den Ungeheuern, die aus solcher Paarung hervorgehen. Die Ärzte, die während des 19. Jahrhunderts das große Wort führten, schoben jegliche angeborene Mißbildung auf einen Inzest. Nachdem das Chromosom in unsere Kultur Einzug gehalten hat, erklärt man ganz wissenschaftlich, daß »die genetische Nähe todbringend ist«, obwohl Züchter und Genetiker es bestreiten.[322] Es ist, als ob nur schreckenerregende Argumente dem Gefühl des Entsetzens seine adäquat schreckliche Form geben könnten.

Für manche Menschen ist auch die Mutter nicht heilig. Man kann sie also anfassen, ohne das Schreckensgefühl einer Gotteslästerung zu empfinden. Im Gegensatz dazu löst die Mutter bei anderen ein Gefühl des Erstaunlichen aus, aber auch der Angst; sie beten sie an und fürchten sie, wie Gott. Dies letztere scheint der Fall bei vielen Homosexuellen zu sein. Im homosexuellen Denkschema ist die Mutter eine Überfrau im Glorienschein. »Bei all unseren homosexuellen Männern gab es in der ersten, vom Individuum später vergessenen Kindheit eine starke erotische Bindung an eine weibliche Person, in der Regel an die Mutter, hervorgerufen oder begünstigt durch die Überzärtlichkeit der Mutter selbst, ferner unterstützt durch ein Zurücktreten des Vaters im kindlichen Leben des Kindes.«[323]

Auch Freud, der gern verhaltenswissenschaftliche Begriffe benutzt, etwa »Bindung« oder »Fixierung«,[324] betont hier also das Unsichtbarwerden des Vaters. Monsieur G., dessen Sohn homosexuell wurde, ist ein bekannter Industrieller, vermögend, geistreich, wagemutig; aber nie hat er sich an der »affektiven Bildung« seines Sohnes beteiligt, der von Anfang an der exklusive Liebling der Mutter war. Der Vater von Marcel Proust war ein angesehener Professor der Medizin, intelligent und tolerant, hat aber seinen Sohn kaum geprägt. Monsieur F. gestand mir sein ungläubiges Erstaunen, seine Enttäuschung, als er im Alter von sechs Jahren erfuhr, daß er nicht der Sohn »allein seiner Mutter« sei. Er mußte eine geistige Arbeit unternehmen, um sich vorstellen zu können, daß er auch der Sohn seines Vaters sei: »Ich wußte, das war mein

Vater, aber es war nicht leicht einzusehen, daß ich auch sein Sohn war, da er doch mit meiner Mutter schlief.«

Daß dieses Wahrnehmungsfeld so gesättigt und ausgefüllt ist, läßt sich vielleicht durch die affektiven Bedingungen erklären, denen der kleine Junge sich ausgesetzt sah. Die Mütter von Homosexuellen sind keine unsichtbaren Mütter. Alles an ihnen ist Ausdruck: Kleidung, Gesten, Mimik und die ungehemmte, intensive Darstellung ihrer Gefühle machen aus ihnen eine mütterliche Allgegenwart. Die Mütter mögen strahlen oder deprimiert sein, unter Umständen sieht der Kleine wirklich »alles durch ihre Augen«: Auf jeden Fall werden diese Mütter zur bleibenden Prägung und stellen den Vater in den Schatten, der dann nur noch außer Haus glänzen kann. Freilich sind es nicht Auftreten und Selbstdarstellung der Mutter, die im Sohn die Homosexualität auslösen. Vielleicht platzte der Neugeborene gerade in einem besonders sensiblen Augenblick in ihr Leben? Der erste Tag ist nämlich oft eine blitzartige Liebe auf den ersten Blick: »Ich war verrückt nach ihm. Ich konnte nicht mehr schlafen, so sehr mußte ich ihn dauernd ansehen.«

Der Liebesblitz trifft nur die dafür Empfänglichen. Damit er geschehen kann, müssen mehrere Bedingungen im Einklang sein: die Wahrnehmungsfähigkeit der Mutter, der Zeitpunkt des Ereignisses in einer sehr aufnahmefähigen Lebensphase und das Geschlecht des Kleinen erzeugen in ihrer Gesamtheit die Bedeutung des Neugeborenen für die Mutter: »Meine drei älteren Töchter waren kurz davor, mich zu verlassen. Mein Mann trieb sich in der Welt herum. Ich war allein zu Hause. Mein Leben hatte schon jeden Sinn verloren, als er ankam... Nach drei Mädchen endlich ein Junge! Und das in einem Moment, wo ich es am meisten erhoffte, wo ich ihn am meisten brauchte! Er hat mich wahnsinnig gemacht vor Glück!« Lange Zeit wird nun nichts mehr die beiden aus ihrem Idyll reißen können, das damit zur Wahrnehmungssituation einer affektiven Einengung wird.[325]

In manchen Fällen wird der Haß zur trennenden Kraft. Er ermöglicht es dem jungen Mann, gegen die so angsterregende inzestuöse Lust anzukämpfen, und gewinnt dadurch eine beruhigende Bedeutung. Der Mann braucht ihn, um seine strafbare Begierde zu vergraben, um tätig und selbstbestimmt zu werden.

»Solange der Sohn eingerollt im Schoß der Mutter liegt, hat er weder Freunde noch eine Clique. Was unterbricht dann, was lockert zumindest das inzestuöse Verhältnis? ... [Es ist so, daß] die Liebe zur Mutter plötzlich scharf abgebremst wird.«[326] Diese neuere Überlegung zur Homosexualität berührt sich mit dem klassischen Gedanken Freuds: »Der kleine Junge verdrängt seine Liebe zur Mutter, indem er seine eigene Person zum Ideal nimmt, nach dessen Ähnlichkeit er nun seine neuen Liebesobjekte wählt. Auf diese Weise wird er homosexuell.«[327] Die Homosexualität erlaubt es also, gleichzeitig den Inzest und den Haß zu vermeiden. Sie erlaubt sogar die weitergehende Verehrung der Mutter.

»Die Fixierung auf die Mutter ... erschwert die Fixierung auf ein anderes weibliches Objekt«, sagte Freud.[328] Der Junge fixiert sich demnach auf seine Mutter und ist so sehr von ihr erfüllt, daß er sich mit ihr identifiziert und auf diese Weise liebt, wie auch sie geliebt hätte. Das macht uns jenes Gefühl »der anderen Hälfte der Orange« verständlich, das wir oft bei den Homosexuellen antreffen, die sich erst dann in ihrer eigenen Haut fühlen, wenn sie sich in jemanden verlieben, der so ist wie sie. »Wenn ich mit einer Frau schlafe, dann kommt es mir vor, als ob ich den Körper meiner Mutter entdecke«, sagte mir Monsieur S., »aber wenn ich mit einem Mann schlafe, entdecke ich meinen eigenen Körper, dann weiß ich, wer ich bin.« Michel Tournier hat einen guten Ausdruck dafür gefunden: Er nennt die Heterosexuellen die »Ohne-Gleichen«.

Die Nähe von Liebe und Haß zeigt sich als Gewaltausbruch, wenn die Homosexualität noch unentschieden ist. Monsieur S. unternahm im Alter von 16 Jahren in vier Wochen fünf Selbstmordversuche, »um meiner Mutter Angst zu machen«. Ähnlich Monsieur P.: Er schickte seiner Mutter lange Zeit anonyme Telefonanrufe, »nur um das Vergnügen zu genießen, zu wissen, daß sie leidet«. In der verdrängten Homosexualität schämen sich die Männer ihrer Neigung und leisten wütenden Widerstand, der dann die Form offen proklamierter Haßtiraden oder Angriffe gegen Homosexuelle annimmt und somit beruhigend wirkt: »Ich bin nicht homosexuell, weil ich sie ja hasse und angreife.« Diese Haltung findet man bei Männern, die ihre Mutter hassen, nachdem sie sie angebetet haben. Es scheint, als wollten sie sich selbst überzeugen, daß sie sie nicht mehr begehren, da sie sie nun verachten, ja ekelhaft finden, wie »alle diese Frauen, die aus ihren Wülsten nässen« (um den Schriftsteller Céline zu zitieren; eigentlich hieß er ja Louis Ferdinand Destouches: Warum hat er sich wohl »Céline« genannt, nach dem Vornamen seiner Mutter?).[329]

Das gehemmte Verlangen nach der Mutter ergibt eine Hemmung des Verlangens nach jeder Frau. Von nun an ist der Homosexuelle von der Last seines inzestuösen Begehrens befreit und fröhlich (wie die Amerikaner sagen: gay). Wenn diese gleichzeitig verhaltenswissenschaftliche und psychoanalytische Theorie Sinn macht, dann ist die homosexuelle Variante ein Ausweg aus dem Inzest. Sie ist in jeder Hinsicht moralisch: Es wird sicher niemand zum Inzest raten, um damit die Homosexualität abzuschaffen.

Der Vater, die Straße und der Haß

Die Liebe zwischen Mutter und Sohn wandelt sich also und fordert dazu auf, sich zu trennen, eine fremde Frau zu gewinnen, sich einem erweiterten Gefühlsleben zu öffnen. Die schönste, wundersamste und wirkungsvollste Vollendung des Verlangens besteht darin, sich in eine andere Frau zu verlieben. Die richtungsweisende Kraft für diese Vollendung liegt im Vater. Unsere Kultur jedoch hat ihn schütter und durchsichtig werden lassen.[330] Auch aus diesem Grund vermutlich nimmt derzeit die Zahl der Vergewaltigungen und Inzeste zu.

Wenn das Wort »Inzest« lediglich eine Verwandtschaftsstruktur bezeichnet, hat die Verhaltenswissenschaft zu schweigen. Wenn mit dem Wort aber eine affektive Struktur gemeint ist, durch die noch unterhalb der Sprachebene ein Gefühl seine Form erhält, kann diese Wissenschaft zwei oder drei Dinge dazu sagen.

Die individuelle Entwicklung der Trennkräfte, die das Verlangen in neue Bahnen lenken, läßt sich als Abfolge von Etappen beschreiben. Sie beginnt mit einem Gefühl der affektiven Nähe, das uns Sicherheit schenkt, eine satte, träge Ruhe. Dann tritt der Vater auf, das lebende Verbot; ihn trotzdem zu lieben, lernen wir noch auf dem Schoß der Mutter. Später, auf der Straße oder in der Schule, kommen Freunde hinzu, Gruppen und Cliquen, die ersten Verliebtheiten; mit Hilfe all dessen schärft sich der Blick für das Objekt unserer Begierde, und wir wenden uns ihm zu. Sexualpartner und affektiver Partner sind nicht mehr dasselbe: Bei dieser Unterscheidung, der Hervorbringung der Trennkräfte, spielen Institutionen eine wichtige Rolle. Sie verleihen dem Vater Bezeichnung und Weisungsbefugnis, strukturieren die Schule und ganze Stadtviertel, formulieren Heiratsregeln und Vorschriften für das Zusammenleben als Paar. So taucht allmählich ein neuer Sozialkontinent auf, genannt Jugendzeit oder Adoleszenz.

Wenn nun aber die trennenden Kräfte das Geschlecht regieren, wie soll man sich erklären, daß sie in den Bereichen von Vergewaltigung und Inzest wirkungsvoller sind als im Bereich der Homosexualität? Die Fachleute für sexuelle Gewalt, Juristen und Psychologen, bestätigen die Zunahme von Gewaltfällen in letzter Zeit.[331] Über ältere Zahlen verfügen wir nicht, da die Fachleute noch in den 60er Jahren meinten, der Inzest, ohnehin selten, komme nur in ländlicher Umgebung vor. Man mußte nur die Datenerhebung etwas besser organisieren, und schon fand man mehr Inzestfälle, als man angenommen hatte, und verzeichnete ihre schnelle Zunahme. Die Statistik der Homosexualität nahm eine genau umgekehrte Entwicklung. Das kulturelle Stereotyp hatte behauptet: »Es gibt immer mehr Homosexuelle; der Beweis dafür ist, daß man sie überall sieht.« Auch hier genügte die verbesserte Datensammlung,[332] um zu bemerken, daß die Zahlen seit der letzten Untersuchung von 1971, vielleicht sogar seit dem Kinsey-Report von 1947 gleich geblieben waren. Allen kulturellen Beschwörungen zum Trotz gibt es keinen sichtbaren Wandel des Liebesverhaltens in Europa. Die erste Erhebung in jeder Generation findet immer bei den 18jährigen statt; und davon sind immer 4,1 Prozent homosexuelle Männer und 2,6 Prozent homosexuelle Frauen. Die Fälle des erzwungenen Geschlechtsverkehrs dagegen nehmen deutlich und erkennbar zu.

Die Gewalt in der Sexualität ist ein Kulturprodukt, die meisten Tiere kennen für die Aktivität der Begegnung ein festes Ritual. Fast immer ist es die Entritualisierung einer Gruppe, die dem Sexualverhalten die Form verweigert und die primitive Gewalt hervortreten läßt. Vergewaltigung und Inzest wurden anfangs nur aus den Armenvierteln gemeldet. Was die sexuelle Brutalität auslöst, ist jedoch nicht etwa die Armut, sondern ein kultureller Mangel, der übergangslos zur Tat treibt. Das Inzestverbot liegt nicht etwa im Wortlaut eines Gesetzes, sondern in der Kulturschöpfung von Institutionen, die die Familie öffnen und die Motivationen lenken. Im Fall der öffentlichen Armut, einer Angelegenheit der Sozialhilfe, konzentriert sich die Aufmerksamkeit nur auf die Elendsquartiere, in denen dann zwangsläufig eine höhere Zahl an Inzestfällen entdeckt wird. Den Inzest gibt es jedoch ebenso oft in den Villenvierteln, wo die Familienrituale durch den Mangel an Elternaktivität zerstört werden. In diesen schöneren Häusern ist der Inzest nur verschwiegener, weil er nicht in die Akten der Sozialhilfe gerät.

In vielen armen, aber stark ritualisierten Ländern unterliegt die Sexualität einem festen Regelsystem, sie kanalisiert Drang und Motivation und formt diese zum Zusammenhalt der Gesellschaft. In den afroamerikanischen Völkern, wo man oft nicht weiß, wer der Vater ist, übernimmt eine Mannschaft, ein Team von Männern, die Rolle des trennenden Beschützers: »... Die unfehlbare Bindung des Sohnes an die Mutter ist gleichwohl ein gleichbleibender Parameter der schwarzen Familie in Amerika... Man muß diese Bindung als einen die Affekte neutralisierenden Vorgang verstehen.«[333] Hier entwickelt sich also die Zuneigung und läßt das Begehren erlöschen, wie man es auch gelegentlich bei einer alleinerziehenden Mutter und ihrem Sohn beobachten kann, zwischen denen jede Sexualität undenkbar, die Gefühlsverbindung jedoch sehr stark ist.

In den mutterzentrierten afroamerikanischen und brasilianischen Familien sowie auf Martinique ist das Kind ausschließlich der Mutter verbunden; es trägt denselben Namen wie sie und bekundet damit, daß es nur zu ihr und ihrer Abstammungslinie gehört. Hier sind sich die Beobachter in zwei Punkten einig: Diese vaterlosen Familien genießen selbst in ihrer eigenen Kultur nur geringe Wertschätzung; und die Sozialisation der Kinder verläuft schwierig. Oft wird in diesem Familientyp eine große Passivität festgestellt, und die Kinder warten darauf, daß sich ihre Mutter um alles und jedes, um das kleinste Bedürfnis kümmert. Bis sie eines Tages plötzlich abhauen, um auf der Straße zu leben.

Westliche Beobachter haben ihnen den mißverständlichen Namen »Straßenkinder« gegeben. Sie sehen so ein Kind auf dem Bürgersteig schlafen, stülpen darüber das Schema des Industrieländerkindes, aufgewachsen im Dreieck Vater-Mutter-Kind, und kommen zu der Schlußfolgerung: Ein Kind, das auf der Straße schläft, muß ein verlassenes Kind sein. Und doch kann dieses Kind jederzeit nach Hause zurückkehren und wird dort gern wieder aufgenommen. Die Flucht auf die Straße hat für das Kind eine Trennungsfunktion, die ihm weder der familiäre noch der kulturelle Kontext bietet.[334] Die Straße ist sein einziger Trennungsort.

Es scheint, als würden in vaterlosen Gesellschaften die Kinder dauernd und hartnäckig von zu Hause weglaufen. Im chaotischen Kambodscha sind es die kleinen Jungen, die aus der geschlossenen Welt der Elternlosigkeit fliehen: »60 000 Kinder sind jünger als zehn Jahre, 25 000 davon kaum drei Jahre alt ... sie umringen uns ... und lassen uns nicht mehr los ... Sie lachen am Tag, in der Nacht weinen sie ... Einige außerordentlich Mutige fliehen aus dem Lager ... Nur weg hier, auch wenn es lebensgefährlich ist!«[335] Jede Einschließung ist tödlich, da sich darin nicht einmal das Gefühlsleben strukturieren kann. Im Westen laufen die Kinder am häufigsten aus Heimen weg. In ihrem Fall besagt die Flucht: »In dieses Haus kriegt mich nichts und niemand mehr. Ich muß hier raus, um mit Gefühlen, mit anderen Menschen zu leben.«

Unter den Jugendlichen sind es meistens die Mädchen, die ausreißen. Ihr Verhalten soll oft bedeuten: »Such mich, Papa!« Die Unruhe, die ihre Flucht beim Vater auslöst, erhält den Wert eines Gefühlsbeweises. Wenn Worte nichts mehr mitteilen, ergreift die Tat das Wort.

Bei den Erwachsenen findet man die Aussteiger fast nur unter den Männern. Vergleichbar den Kindern und Jugendlichen, fühlen sie sich weder als Väter, noch verantwortlich für die Familie. Diese Flattervögel des Gefühls fragen sich, für wen sie sich eigentlich abschuften, finden keine Antwort und kehren zu den liegengebliebenen Träumen ihrer Jugend zurück.

Selbst das Verschwinden alter Menschen signalisiert einen Verlust an familiärer und sozialer Bindung. Sowohl Männer wie Frauen laufen weg, weil sie sich in ihrem eigenen Haus wie Fremde vorkommen. Manchmal liegt es an einer Schwäche des Gehirns, das keine Informationen mehr verarbeitet, so daß sie weder Gesichter noch Orte wiedererkennen. Ein andermal hat sich ihre Umgebung, ihr Stadtviertel so sehr verändert, daß sie in der neuen Umgebung keinen vertrauten Anhaltspunkt wiederfinden. Auch kommt es gelegentlich vor, daß sie ihre eigenen Kinder als Fremde ansehen, weil sie deren Werte und Gesten, ja nicht einmal mehr ihre Sprache verstehen: Die Beschleunigung des kulturellen Wandels wirft die Alten aus der Kultur hinaus. Ihr Weglaufen, gleichgültig ob durch ihre Gehirnschwäche, die Gefühlsarmut der anderen oder den Kulturwandel begründet, bedeutet ähnlich wie bei den Jugendlichen: »Ich möchte wieder nach Hause, an den vertrauten Ort, wo ich die Zeichen und Gegenstände wiedererkenne und für meine Gefühle Ruhe und Sicherheit finde.«

Die Ergebnisse der interkulturellen Psychiatrie stützen die Auffassung, daß in den mutterzentrierten Familien die Mutter-Monarchin zum Fluchtgrund wird (nachdem sie bis dahin der Mittelpunkt der Welt war). Die Allianz einer Mutter mit einem Vater dagegen schafft ein Wahrnehmungsensemble, das die affektiven Kräfte besser verteilt und jedem seinen eigenen Platz zuweist. Ist die Mutter allein, so unterwirft man sich oder ergreift die Flucht. Ist aber auch ein Vater da, dann muß das Kind nicht zwischen Hingabe und Feindschaft wählen. Die bloße Anwesenheit des Vaters gibt der Mutter eine veränderte affektive Stellung: Sie ist auch die Frau des Vaters, nicht nur dazu da, sich für die Bedürfnisse des Kindes aufzuopfern; sie nimmt auch die Wünsche anderer Familienmitglieder auf; sie kann sogar andere Menschen lieben. Sie ist eine Person, nicht nur eine Quelle der Befriedigung.

Diese Art emotionalen Denkens,[336] ein Denken, das den Gefühlen eine sprachliche Form gibt,[337] kann aber nur dann bewußt werden, wenn der Vater seinen Platz einnimmt. In den Vereinigten Staaten leben heute fast 30 Prozent der Kinder in vaterlosen Familien. Und dort, wo er tatsächlich anwesend ist, hat er »aufgehört, eine belebende Kraft zu sein«.[338] Als Ersatz und Gegenwert solcher Vaterfunktion könnten Klassenkameraden, Straßenfreunde und Jugendgruppen eintreten sowie jede andere Trennungskraft wie etwa der Militärdienst oder politische und religiöse Organisationen. Wenn aber auch diese Institutionen die Aufgabe nicht wahrnehmen, dann sitzt der Jugendliche in der Falle zwischen der ausschließenden Mutterliebe und dem Grauen vor einem gefühllosen Wettrennen in der Gesellschaft, dem Ersticken im Zu-Nahen und der Angst vor dem Zu-Fernen.

Die Haß-Liebe ist also das Gefühl, das unsere Kultur zunehmend hervorbringt. Wir sind damit bei folgender Ambivalenz angekommen: Am Schnittpunkt von Mutter und Sohn kommt die erste Liebe zur Welt, eine Kraft, die uns »das Geliebte suchen« läßt;[339] und am selben Schnittpunkt wird später das Liebesverbot aufgestellt.

Jungen und Mädchen

Die Liebeslehre der Jungen muß also strikt geregelt sein, wenn sie nicht angsterregend werden soll. Mädchen dagegen erfahren eine harmonischere Entwicklung ihrer Gefühle; bei ihnen braucht das Verbot keine große Strenge, da ja ihre Arten zu lieben schon getrennt sind.

Die Entkrampftheit des Verbotsgefühls erkennt man auch daran, wie Mädchen ihren hierarchischen Platz in der Gesellschaft einnehmen. Während Jungen bereits sehr früh in Wettkampfspielen miteinander konkurrieren, denken sich Mädchen lieber kooperative Spiele aus. Jungen steigen in der Hierarchie auf oder fallen aus ihr heraus, wie an Eliteuniversitäten, bei Obdachlosen und Kriminellen zu sehen ist. Mädchen machen das anders. Sie gehen erst gar nicht auf eine Eliteschule und werden seltener Pennerinnen oder Kriminelle.[340] Eine Sozialisation durch Sieg oder Ausschluß wie bei Jungen hat für sie keinen gesellschaftlichen Wert (während sie später durchaus einen sexuellen Wert darstellen kann).

Auch die Entwicklung des Verbotsgefühls verläuft bei ihnen auf andere Weise. Der trennende Dritte ist ja für die Tochter auch anziehend. Die kleine Tochter lernt, sich von ihrer Mutter zu trennen, indem sie sich zu ihrem Vater hingezogen fühlt. Später wird sie wiederum von ihrem Vater getrennt, indem nun ein anderer Mann für sie attraktiv wird. Der kleine Junge dagegen, der seine erste Liebe erfährt und ausdrückt, muß sich sagen lassen: »Nein, das ist unmöglich.« Danach erlebt er die bloße Anwesenheit des Vaters als neuerliches Verbot und als schrecklichen Schuldspruch, falls er dagegen verstoßen sollte. Und später bleibt ihm auch eine fremde Frau verschlossen, wenn er das Begegnungsritual und den Geheimcode der Verführung nicht kennt. Diese gewaltsame Hemmung liegt immer in Nachbarschaft zur plötzlichen explosiven Gewalttat, und oft treten beide ja auch zusammen auf. Der trennende Dritte lädt die Tochter ein, den Sohn stößt er zurück.

Diese individuelle Gefühlsentwicklung erklärt vielleicht die Häufigkeit der affektiven Nähe einer Mutter zu ihrer erwachsenen Tochter. Der Sohn dagegen wagt sich seiner Mutter erst dann nahe zu fühlen, wenn der Riegel des Verbots wirklich fest sitzt, also durch die wenigstens symbolische Anwesenheit des Vaters, genügend eigene Jugendlieben oder endlich die Allianz einer eigenen Paarbildung. Die emotionale Geschmeidigkeit der Frauen und damit auch ihre Offenheit zur Welt der anderen macht einiges verständlich: Frauen können mehrere Kinder auf ganz verschiedene Weise lieben, ohne Zweideutigkeit einander umarmen oder auch sich bei Problemen leicht einem anderen anvertrauen und auf ihn zählen. Letzteres stellt man besonders bei harmonischen Paaren fest, aber auch in der Psychotherapie, wo 60 bis 80 Prozent der Ratsuchenden Frauen sind.

In der Entwicklung des Jungen aber sind Motivation und Richtung seiner Gefühle von strengeren Verboten beherrscht. Sie untersagen ihm den emotionalen Ausdruck: »Ein richtiger Junge weint nicht«, er muß sich prügeln, erst ganz wörtlich, dann für den sozialen Aufstieg, er beklagt sich nicht, er verläßt sich nur auf sich selbst. Er wird ein Mann und muß hinaus »ins feindliche Leben«. Wenn er etwa scheitert, gehört er zum Clan der Besiegten. Sollte er sich von seiner Frau helfen lassen, hört man nicht selten – und oft von anderen Frauen – die verächtliche Seitenbemerkung: »Bei ihm hat sie die Hosen an.« Für den Fall der Niederlage oder einer Depression besitzt er kaum noch Gegenmittel. Er schreitet zur befreienden, blindwütigen Tat, erotisiert die Gefahr und den Kampf, er greift zu Beruhigungsmitteln wie Kündigung und Alkohol oder verweigert sich ganz, steigt aus.

Man könnte auch sagen, die Sozialisation der Frauen geschieht auf den Wegen ihrer Liebe, die der Männer auf dem Schauplatz ihrer Taten. Die beiden Geschlechter wissen das ganz genau. Deshalb sind Frauen verführbarer durch soziale Statussignale der Männer, die eine gesicherte Existenz in Aussicht stellen. Männer dagegen sind verführbarer durch sichtbare körperliche und emotionale Signale der Frauen, die ihnen Liebe verheißen.[341] Das Gesetz, das Verbote ausspricht, zwingt uns zu geben. Die Zurückweisung fordert uns zur Teilhabe auf. Die Angst reizt uns zur Begegnung. Die Mathematik steht Kopf: Eine geteilte Freude ist doppelte Freude.

Die einzige Revolution in der Physiologie eines Menschenlebens ist die Liebe. Und doch: So sehr die Liebesgeschichten auf der ganzen Welt die gleichen sind und ihre Wurzeln in der Natur des Menschen liegen, so unglaublich verschieden ist aber auch die Geschichte der Liebe, immer anders je nach Zeitalter und Kontext, und enthüllt ihre Herkunft aus den Kulturen des Menschen.[342] So ist die Liebe auch eine Kulturrevolution. Sie befiehlt uns, die Haltetaue zu kappen und das Abenteuer zu wagen.

SECHSTES KAPITEL

Erzähltes oder Erinnertes?

Als das Pergament noch kostbar und selten war, kratzten die Mönche oft die Buchstaben des Textes von der Tierhaut wieder herunter, um sie dann neu zu beschreiben. Im ultravioletten Licht kann man heute die Spuren des allerersten Manuskripts wiederfinden, den zuunterst in das Pergament eingegrabenen Text.[343] Denn die ersten Eindrücke prägen sich tiefer ein in die noch jungfräuliche, jeden Federzug aufnehmende Haut. Ein derart mehrfach beschriebenes Pergament wird Palimpsest genannt.

So mit Umberto Eco, dem hervorragenden Semiotiker, beginnend, möchte ich nun gern einen großen Neurologen zitieren, und zwar Charles Baudelaire: »Was ist das menschliche Gehirn anderes als ein unermeßlicher und natürlicher Palimpsest?... Ja, mein Leser, unzählig sind die Poesien der Freude und des Grams, die sich nacheinander in den Palimpsest deines Gehirns eingruben, und wie die Blätter des Urwalds, wie der nie schmelzende Schnee des Himalaya, wie das Licht, das auf anderes Licht fällt, haben sich die unaufhörlichen Schichten angesammelt und, eine nach der anderen, mit Vergessen bedeckt. Aber in der Todesstunde, im Fieber oder auch im Opiumversuch gewinnen all diese Poesien wieder Kraft und Leben. Sie sind nicht tot, sie schlafen... Die tiefen Tragödien der Kindheit ... leben noch, versteckt unter den anderen Legenden auf dem Palimpsest. Keine Leidenschaft, keine Krankheit hat ätzende Kraft genug, diese unsterblichen Eindrücke auszubrennen.«[344]

Baudelaire, der Neurologe, benutzt hier Begriffe wie »Eindruck« oder »Abdruck«, »der enorme und komplizierte Palimpsest des Gedächtnisses« und vor allem »die im Gehirn versteckten Spuren, nur schlafend unter den anderen Legenden« und Geschichten unserer Biographie, die auf irgendein Ereignis warten, einen Unglücksfall oder ein starkes Gefühl, um an die Oberfläche zu kommen und wieder im Bewußtsein zu erscheinen. Das ist der Gedankengang, den ich jetzt aufgreifen werde. Allerdings folge ich Umberto Eco und Charles Baudelaire nur auf ihren neurologischen Pfaden. Ich stelle diesen beiden den Dichter Alfred de Vigny und die Schriftstellerin Ana Novac gegenüber, die uns den Gegensatz zwischen dem Erzählten und dem Palimpsest vorführen können.

Im Alter von etwa 40 Jahren besingt Alfred de Vigny mit höchstem Lob seine »zwanzig Lenze«, aber nur bis zu dem Tag, als er die Tagebücher seiner Jugend wiederfindet. Was er da liest, hat nichts zu tun mit der Erzählung, die er daraus gemacht hat. Die Tagebücher belegen eine täglich erlebte, schmerzhafte Finsternis, Melancholie und Todesnähe, und doch stellt er später in aller Aufrichtigkeit seine Fröhlichkeit als Zwanzigjähriger dar.

Ana Novac[345] berichtet, wie sie ihre Kindheit unter der faschistischen Diktatur Ungarns und ihre Jugend unter der Diktatur des Proletariats verbrachte. Dazwischen war sie in Auschwitz. Dort riß sie jeden Tag Stücke von den Plakaten »Arbeit macht frei«[346] ab und trennte die Papierschichten voneinander, um die Erlebnisse und Sorgen ihres Alltags darauf zu notieren. Das war ein Verbrechen, und sie riskierte dafür ihr Leben, aber diese halbe Stunde innerer Freiheit an jedem Tag gab ihr die Kraft zum Überleben. Später, als sie Schriftstellerin geworden war, fand sie die 700 »Seiten« ihres Lagertagebuchs wieder und stellte mit Erstaunen fest: Was sie im Gedächtnis behalten hatte, war etwas ganz anderes, als ihre täglichen Notizen enthielten. Erst jetzt, beim Wiederlesen des Tagebuchs, erfuhr sie, was für sie selbst das Lagerleben in Auschwitz gewesen war. Alles, was sie bis dahin davon erzählt hatte, waren lediglich darübergelegte Texte, verfaßt in einem ganz neuen Kontext. Damit ist nicht gesagt, daß sie gelogen hätte, im Gegenteil: Jede Erinnerung ist in ihr Gehirn eingeschrieben, eingedrückt wie ein Relief in eine Gipsplatte. Das ist der Stoff, aus dem die Schimären sind: Jeder Teil davon ist wahr und kann trotzdem erfunden sein.

Vielleicht können alle menschlichen Vorstellungen auf diese Weise charakterisiert werden: zum Teil wahr, im Ganzen falsch und doch zusammenhängend. Das würde auch erklären, daß alle unsere Theorien im Augenblick wahr sind und aufs Ende gesehen falsch und immer aufgebaut aus Informationen über die Wirklichkeit.

Die mühsame Lektüre ihrer Plakatfetzen beschreibt Ana Novac so: »Nach einer so langen Zeit ... hatte ich mich zu dieser gefürchteten und immer wieder hinausgeschobenen Arbeit entschlossen. Ich entzifferte die Zeilen eine nach der anderen; sie verletzten mich, als sähe ich sie zum ersten Mal.«[347] Kurz darauf spricht sie dann von einem »milden Vergessen«, als ob sie damit sagen wollte: Die Tiefe des Gedächtniseindrucks widerspricht keineswegs der Notwendigkeit des Vergessens, der unabweisbaren psychologischen Verdrängung, die ihr trotzdem einigermaßen glücklich zu leben erlaubt, trotz dieser in ihrer Seele versteckten Erinnerungsspur, die dort zwar keine innere Vorstellung bildet, aber aktiv bleibt. Zur Vorstellung gelangt indes die Erzählung, die freilich aus der Wirklichkeit schöpft, aber neu zusammengesetzt erscheint wie eine Schimäre. Dadurch wird sie mitteilbar, angepaßt dem Kontext, den Personen und dem Augenblick, in dem die Geschichte erzählt wird.

Nicht alles Wirkliche wird zum Ereignis, auch wenn jedes Ereignis ein Extrakt des Wirklichen ist. Ein Ereignis kommt erst durch eine bestimmte Information zustande, die in der Geschichte unserer Gefühle aufbewahrt ist. So wird es verständlich, daß ein und derselbe Vorgang von einem als Tragödie angesehen wird, von einem anderen als Komödie und von einem dritten, der daraus keinerlei Gedächtnisinhalt macht, als völlig belanglos.

Alle Erzählungen bauen sich vom Ende her auf, mit dem Tag, an dem man spricht, und der Person, die man anspricht. Nun beginnen Autobiographien gern mit einem Satz wie diesem: »Ich wurde in Marseille geboren; mein Vater war Hilfsarbeiter und meine Mutter ein Straßenmädchen.«[348] Der Satz beweist aber, daß es sich hier um eine Idee, eine innere Vorstellung handelt: Das Ereignis der eigenen Geburt liegt nicht im Gedächtnis. Aus rein biologischen Gründen kann ich mich weder an den Tag meiner Geburt erinnern noch gar an jenen anderen, an dem die Keimzellen meines Vaters die Eizelle meiner Mutter getroffen haben. Und doch habe ich an diesem Tag angefangen zu sein. Tag für Tag niedergeschriebene Notizen formen sich zum Eindruck eines gelebten Augenblicks, aber erst dessen Beziehung zum Augenblick des Erzählens gibt den Erinnerungen ihre Form. So kommt es, daß der vielschichtige Palimpsest mit dem Erzählten nicht übereinstimmt. »Die Erzählung ist ein Betrug,«[349] der Zeugnis ablegt nicht von der Wirklichkeit, sondern vom Inneren des Erzählers.

An dieser Stelle kann ich den Widerspruch beinahe hören: »Aber ich kenne meine Geschichte doch! Ich allein weiß alles, was mir passiert ist, was mein Leben geformt und ihm Sinn gegeben hat. Es ist doch nicht vorstellbar, daß man verschleppt wird wie Ana Novac, gequält wie Jean Genet oder geliebt wie Jean-Paul Sartre, ohne daß dies alles seine Spur im Gedächtnis hinterläßt und der Persönlichkeit eine ganz bestimmte Gestalt verleiht.« So denken wir alle, guten Gewissens, und wir alle haben sogar recht damit: Die Vergangenheit hat tatsächlich die Sensibilität geformt, mit der wir nur jene Informationen herausfiltern, die würdig sind, als Ereignisse behalten zu werden. Es ist aber die Gegenwart, die diese Vergangenheit zu einer Erzählung für eine bestimmte Person zurechtrückt.

Das Wesentliche dabei ist die Schaffung von Sinn und Bedeutung, mit denen wir unsere Wahrnehmung der Welt ordnen, um überhaupt auf sie wirken zu können. Andernfalls würden die wirr von allen Seiten einstürmenden Informationen uns nur überschwemmen. Genau dies geschieht den Alten unter uns, etwa bei einem Umzug oder auch nur einer Stoffwechselstörung, die ihre Wahrnehmung der Welt durcheinanderbringt. Es geschieht ebenso den Jüngeren unter uns, beispielsweise infolge einer Schädelverletzung oder im Rauschzustand. Ort und Ursache der Verwirrung (Gehirn, Stoffwechsel, Verletzung, ein Gefühl oder eine symbolische Handlung) sind also nebensächlich; es läuft immer aufs gleiche hinaus: Die Welt ist plötzlich formlos. Was ihr Form gibt, ist ebensosehr das Gehirn, das unsere Wahrnehmungen ordnet, wie die Erzählung, die unsere Erinnerungen zusammenstellt. Man kann sehr wohl in einer konstruierten Welt leben, handeln, sprechen und Gefühle empfinden, deren Ursache man den wahrgenommenen Dingen zuschreibt, obwohl sie in Wahrheit aus der Tiefe unserer eigenen Geschichte aufsteigen.[350]

Alte Hunde werden kindlich und alte Affen geschwätzig

Die neuere Tierforschung und die Genetik geben uns heute die Möglichkeit, Phantasietiere als gutbestückte Organbanken zu erzeugen,[351] denen man dann einzelne Organe entnimmt und sie einem Menschen einpflanzt. Das Verhältnis von Mensch und Tier wird man schon in naher Zukunft neu überdenken müssen.

Vor kurzem wurde die transgene Maus erfunden.[352] Sie bietet uns Bedenkenswertes: ein Gehirn, das sich in höherem Alter mit Amyloiden anreichert, genau wie bei Alzheimer-Kranken. Diese Mäuse zeigen deutliche Störungen in ihrem Verhalten. Auf Madagaskar leben kleine Lemuren-Affen, deren Gehirn auf ähnliche Weise wie das menschliche Gehirn altert. Und die Bonobos, eine Zwergschimpansenart, drücken im Labor ihre Bedürfnisse aus, indem sie wie wild auf der Tastatur eines Computers herumklimpern; sie scheinen unsere gesprochene Sprache zu verstehen und verständigen sich so gut mit den Laboranten, daß es ihnen schwerfällt, sich nicht in sie »zu verlieben«.[353]

In diesem ganzen Feld kennt sich keiner mehr aus. Wissenschaftler arbeiten »über« Tiere und nehmen sich das Recht, mit deren Gehirn zu experimentieren, weil diese Lebewesen keine Menschen sind. Sie haben keine Seele. Man kann ihnen also ohne schlechtes Gewissen ein Stück aus dem Gehirn schneiden, Elektroden einsetzen oder Giftstoffe einspritzen. Nach diesen Experimenten an Tieren, die keine Seele haben und anders sind als wir Menschen, übertragen die Wissenschaftler das Ergebnis auf den Menschen. Als ob die beiden dasselbe wären, wo sie doch eben noch verschieden waren! Ebenso sagen auch diejenigen, die von solcher Vivisektion entsetzt sind, daß die Tiere Lebewesen seien wie wir Menschen. Danach behaupten sie, jene Experimente seien grausam und sogar unnütz, weil man die Ergebnisse eines Tierexperiments nicht auf den Menschen anwenden kann, der von Natur aus ganz anders sei. Die Kontrahenten sind sich einig: Tiere und Menschen sind gleichzeitig verschieden und dasselbe.

Die Verhaltenswissenschaft vermeidet einen derartigen Widersinn. Sie klärt ihn auf, indem sie feststellt, daß hier die gleiche Beobachtungsmethode auf zwei verschiedene Arten von Lebewesen angewandt wurde.

Die Tiere haben keine Geschichte, aber unsere Beobachtung hat eine: Seit den 60er Jahren finden sich bei Tierärzten immer häufiger sehr alte Hunde im Wartezimmer.[354] Die Tiere sind niedergeschlagen, »machen« im Liegen, fressen ihre Exkremente und sind an nichts mehr interessiert. Sie sind »in die Kindheit zurückgefallen«, sagen die Besitzer. Es ist fast unvermeidlich, einen solchen Hund wie einen Menschen zu sehen. Da liegt er in seinem bis auf einige weiße Stellen haarlosen Fell, erstarrt in katatonischer Körperhaltung, seufzt von Zeit zu Zeit wie singend vor sich hin und macht nur noch ganz kleine Schritte, wenn er sein »Geschäft« aufschleckt. Und das alles unter den Augen der unglücklichen Herrchen und Frauchen, die unfähig sind, ihn einschläfern zu lassen, weil sie ihn und viele Erinnerungen so sehr geliebt haben und noch lieben.

Denken wir noch einmal an Baudelaires Palimpsest-Theorie. Es fällt auf, daß diese Hunde, bevor sie ganz dem Altersschwachsinn verfallen, erlernte Fähigkeiten in der umgekehrten Reihenfolge des Erlernens vergessen. »Wie das Licht, das auf anderes Licht fällt, haben sich die unzähligen Schichten angesammelt ... Aber in der Todesstunde gewinnen sie wieder Kraft und Leben.« Wer nun mit den Begriffen Ursache und Wirkung arbeitet, mit sauber voneinander getrennten Zeitabschnitten, wird im Gehirn des Hundes den kortikalen Verfall suchen, der die Verhaltensänderung und das Wiederauftauchen der frühen Reflexe erklärt. Und wird ihn zweifellos finden.

Wenn man dagegen in die Beobachtung den zeitlichen Ablauf einfügt, wenn man die Besitzer bittet, die Lebensgeschichte ihres Hundes zu erzählen, so entdeckt man plötzlich, daß die Tiere mit Altersdemenz schon in ihrem Vorleben ungewöhnlich ängstliche und inaktive Tiere waren.[355] In einer Population von 200 Jagdhunden und 62 Militärhunden, die alle eine intensive »soziale und berufliche« Aktivität kannten, ergab sich nur ein sehr geringer Anteil an Tieren mit Altersdemenz. Anders die von ihren Frauchen verwöhnten Hunde: Sie wurden faul, furchtsam und ungesellig und stellten den Hauptanteil der altersschwachsinnigen Tiere. Die alten Hunde bestätigen damit Baudelaires Hypothese: Die Ursache des nachlassenden Wissens beim »kindlich gewordenen« Tier ist in der Art seines Vorlebens zu suchen, weit vor dem Auftreten der kognitiven Störung.

In natürlicher Umgebung erledigt sich das Problem des Alterns recht schnell. Den wild lebenden Tieren bleibt praktisch gar keine Zeit, sich zur Ruhe zu setzen,[356] während längere Verfallserscheinungen nur bei Tieren in häuslicher Umwelt auftauchen, wo die Lebenserwartung dreimal so hoch ist.

Bei den wilden Tieren ist die Altersphase so kurz, daß der Tod seine Arbeit nur auf zweierlei Weisen tut: durch äußerst akute Abnutzung oder einen tödlichen Unfall. Wenn die groß gewordenen Lachse stromaufwärts wieder zu den Stätten ihrer Kindheit zurückkehren, um dort zu laichen, so folgen sie einem Ensemble aus biologischen, soziobiologischen, ökologischen und anderen Umweltreizen.[357] Unmittelbar nach dem Befruchten altern die Männchen erstaunlich schnell, als ob der Sexualakt eine Art Verfallshormon freigesetzt hätte. Sie bewegen sich nur noch langsam, dann gar nicht mehr, verlieren ihre Schuppen und schließlich jeden Verteidigungsreflex. In nur wenigen Tagen fällt ihnen das Fleisch in Fetzen ab. Dann sterben sie.

Bei den Mufflons, den europäischen Wildschafen, nimmt immer ein altes Männchen den dominanten Rang ein. Wir nennen es »alt«, weil es das älteste der Herde ist, aber es zeigt keinerlei Abnutzungsphänomene außer ein paar kariösen Zähnen und vernarbten Wunden. Aber die Stellung des Alten ist nicht unumstritten. Eines Tages fordert ihn ein jüngeres Männchen heraus, unterwirft ihn im Kampf mit den Hörnern und nimmt seinen Platz ein. Dieses soziale und affektive Ereignis markiert einen Wendepunkt im Leben des Alten. Er entfernt sich von der Gruppe, isoliert sich, pflegt keine Kontakte mehr, wird zur Randfigur, ißt und schläft weniger, vor allem zeigt er ein Verhalten der Mißerfolgserwartung: Er verletzt sich an Ästen, berechnet seine Sprünge über Felsspalten nur noch schlecht und stolpert an steilen Wänden und Pfaden. Bis eines Tages der vorhersagbare Unfall passiert, der das alte Mufflon in einen tödlichen Sturz reißt.

Ganz andere, dem menschlichen Altern vergleichbare Beobachtungen machen wir beim Haustier. Man kennt alte Schweine mit beginnender Arteriosklerose, halbseitig gelähmte Hunde und rheumatische Pferde.[358] Im häuslichen Biotop werden auch derart verletzlich gewordene Tiere nicht eliminiert. Und wieder bestätigt die Verhaltensforschung Baudelaires Palimpsest-Theorie: Bei den Haustieren sind die Umstände des geistigen Alterns schon in ihrer Jugend vorhanden. Da ihre Lebenserwartung dreimal höher ist, verändern sich alle Vorgänge des Alterns. Auch die Größe und das Gewicht der Haustiere haben sich verdreifacht.[359] Der Grund dafür ist eine durch die häusliche Umwelt hervorgerufene Veränderung der Hormonausschüttung im Gehirn, die den Wandel der äußeren Gestalt verursacht.[360]

Schweine, Gänse, Tauben und Hunde entwickeln sich nicht nur schneller, kräftiger und langlebiger, sondern auch ihre Körperform wird runder.[361] Die Körperrundung eines Lebewesens in menschlicher Umwelt stellt ein untrügliches Anzeichen von Verjüngung dar: Es beweist, daß sich das genetische Potential des Organismus in der häuslichen Welt besser und nachhaltiger verwirklicht.

Andere Anzeichen der Verjüngung sind in den Spielen der Haustiere zu finden: Sie werden bis in ein vorgerücktes Alter beibehalten. In natürlicher Umgebung hören die Spiele nach der Bemutterung oder nach der Geschlechtsreife auf. Das Verhalten der Jungtiere ist dann gefestigt. Sie sind nun so gut an ihr Biotop angepaßt, daß jeder Wechsel des Milieus ihren Tod durch Streß bewirkt. In der häuslichen Umwelt dagegen verlängert das immer noch spielende Tier seine Lernzeit und bleibt formbar.

Der paradoxe Schlaf oder Traumschlaf liefert uns einen weiteren Hinweis auf diese verlängerte Lernzeit. In der freien Natur schlafen die Tiere nur schlecht, und nur selten überlassen sie sich dem paradoxen Schlaf, der ja ein Gefühl der Sicherheit und eine vollkommene Muskelerschlaffung erfordert.[362] Nun hat aber ein Teil dieses Schlafs eine Lernfunktion, nämlich die »Einverleibung« der zuletzt erlebten Ereignisse.[363] Aus diesem Grund lassen sich die Kühe in den Pyrenäen, wenn sie im Stall schlafen, in den tiefen Traumschlaf fallen, während sie draußen auf der Weide nur mit einem Auge schlafen und die ganze Zeit wachsam bleiben.[364]

Man kann aus alldem nicht die Folgerung ziehen, eine in Sicherheit gebettete Kindheit ergäbe ein glückliches Altern. Das wäre zu einfach. Wir wissen, daß eine Untätigkeit des Erwachsenen den Verfall während des Alterungsprozesses beschleunigt.[365] Es ist in der Tat so, daß ein Erwachsener in zu viel Sicherheit inaktiv wird, zudem leichter durch Streß angreifbar, da ja für ihn jedes Signal den Informationswert eines Alarmzeichens annimmt, auf das er nicht zu antworten weiß; im Gegensatz zu dem Tier in freier Wildbahn, das die sofortige Verhaltensantwort beherrscht – so sehr ist es an die Angriffe in seiner Umwelt gewöhnt. Es ist also nicht leicht, eine allgemeine Regel daraus abzuleiten, denn immer ist hier auch das Gegenteil wahr. Es trifft zwar zu, daß ein gesichertes Milieu die psychobiologische Erfüllung der genetischen Verheißung begünstigt. Es trifft aber ebenso zu, daß ein Zuviel an Sicherheit einschläfernd wirkt und jeden Außenreiz in ein Angstsignal verwandelt. Es ist sozusagen eine angsterregende Sicherheit. So hatte es schon Gustave Flaubert in ›Salammbô‹ beschrieben: »Indem man seine Absicherungen steigert, erreicht man nur die Steigerung seiner Leiden.« Die Aktivität und der Sieg über die Angst haben ihre euphorisierende Wirkung, wie man an Beutetieren sehen kann, die zu spielen anfangen, nachdem sie dem Raubtier entkommen sind. Ähnliches hört man von Fallschirmspringern: Der Streß wirkt auf sie wie ein Antidepressivum.

Aus dieser Menge widersprüchlicher Aussagen können wir aber doch ein allgemeines Gesetz ableiten: Um das genetische Programm auszuführen, ist eine sichere Umwelt nötig, ein Streßmilieu jedoch, um es zu optimieren. Eine menschliche Umwelt erleichtert die Arbeit des Genprogramms, erlaubt aber nicht immer die Optimierung. Durch diesen Mangel entsteht die krankhafte Degeneration, »denn es gibt keinen schlimmeren Streß als den Mangel an Streß«.[366]

Wenn eine menschliche Umgebung schon bei Tieren solche biologischen Veränderungen und Verhaltensänderungen hervorrufen kann, dann sehe ich nicht ein, warum sie das nicht erst recht beim Menschen selbst tun sollte. Er schafft sich ja eine Umwelt, die seine Bedürfnisse gleichzeitig formt und befriedigt – nicht immer so, wie er es sich erhoffte. Damit ist nun keineswegs gemeint: Wenn es beim Tier stimmt, stimmt es auch beim Menschen. Diese Schlußfolgerung ist einem Verhaltenswissenschaftler strikt verboten, wenn er weiß, wie sehr jedes Lebewesen in einer Welt eigener Wahrnehmungen und Bedeutungen lebt. Dieselbe Raumzeit kann zwei so verschiedene Welten enthalten, daß zwei Arten nebeneinander hergehen, ohne sich überhaupt wahrzunehmen.

Das Altern der Tiere könnte indes den Menschen mit der folgenden Frage konfrontieren: In welcher Weise werden durch die Kindheit gewisse Alterserscheinungen festgelegt? Oder, wie Baudelaire sagen würde: »Die tiefen Tragödien der Kindheit ... leben weiter, versteckt unter den anderen Legenden auf dem Palimpsest.« Wenigstens insoweit, als die Tiere, da ohne Sprache, dem Palimpsest-Effekt und der Wiederkehr ihrer Kindheitsspuren völlig unterworfen sind, während die Menschen versuchen, dieser Wirkung durch ihre Erzählungen zu entkommen, »sie unter einer anderen Legende zu verstecken«.

Wenn wir die Organe ins Auge fassen, so können wir durchaus einen engen Zusammenhang feststellen zwischen den biologischen Ereignissen der Kindheit und der Art und Weise des Alterns. Pubertät und Umwelt sind die beiden biologischen Faktoren, die den Alterszustand bestimmen. Je früher die Pubertät eintritt, desto kürzer ist die Lebensdauer. Die Mäuse zum Beispiel, deren Sexualität sehr früh erwacht, werden auch früh alt und sterben bald, während Schildkröten und Karpfen, mit ihrer verspäteten Pubertät, erst sehr spät altern. Je langsamer der Stoffwechsel, um so langsamer die Abnutzung. Es scheint, als träfe dieses Gesetz sogar auf die Pflanzen zu; denn Eichen, die sich sehr früh belauben, sterben nach einigen Jahrhunderten ab, die langsameren Sequoias und Olivenbäume jedoch überdauern mehrere Jahrtausende. Auch wenn diese Reifungsgeschwindigkeiten genetisch programmiert sind, können ihre Rhythmen trotzdem durch die Umwelt modifiziert werden. Die Fibroblasten, die Stützzellen des lebenden Bindegewebes, sind so programmiert, daß sie sich 65mal teilen, bevor sie sterben. Dieses Programm kann aber je nach den Umweltbedingungen mehr oder weniger schnell ablaufen. Das erklärt vielleicht das so gehäufte Auftreten alter Menschen im Kaukasus und in Kaschmir: Es sind kräftige Exemplare, die nicht aufhören zu arbeiten und sich anscheinend noch mit 140 Jahren an den Neubau ihres Hauses machen. Auch sie liefern uns eine die Baudelaire-Hypothese bestätigende Information: Diese Menschen sind lange jung geblieben.

Die Verjüngung, genauer: die »Verjugendlichung« unserer Gesellschaften wird von Soziologen ziemlich negativ beurteilt; zum ersten Mal in der Geschichte der Menschheit, sagen sie, identifizieren sich die Alten mit den Jungen.[367] Der Grund dieses Phänomens ist die gegenwärtige Langsamkeit unserer Entwicklung, also die mögliche Verlängerung unserer Lernzeit. All diese erwachsenen Jugendlichen, ohne Verantwortung, von rührender Naivität oder einem irritierenden Narzißmus, werden eines Tages zu prächtigen Greisen.

Und doch: Der Auftritt des Menschen bringt ein Universum an Bedeutungen mit sich, das alle Existenzbedingungen radikal verändert. In verfallenden Gesellschaften tritt das Alter sehr früh ein. Hungernde Kinder haben das Gesicht eines alten Menschen; wenn sie arbeiten, werden sie schneller erwachsen und verlieren ihre runden Wangen, den großen, erstaunten Blick. Wir dagegen im modernen Westen halten unsere Alten bei bester Gesundheit, weil die Gesellschaft die Erwachsenen zu Jugendlichen macht und damit den Alten Anreize für Körper und Geist bereitstellt. Wenn nun aber die Fundstellen für wackere Greise vor allem im Kaukasus und in Kaschmir liegen, so ist daran nicht die gute Gebirgsluft schuld, auch nicht der Joghurt oder die niedrige Temperatur, bei der sich alles länger konservieren läßt. Die Ursache ist vielmehr ein Mythos, der dieser verarmten Gesellschaft eine tiefreichende Struktur verleiht. Schon von der Kindheit an schreibt sie Rituale vor, für die Begegnungen, die Arbeit, das soziale Mittun und die liebende Verbundenheit, Riten, die den Menschen lebenslang Sicherheit geben. Der Mythos, dieses gesellschaftliche Gespräch, gewährt der Gruppe ihre Harmonie, verleiht der kleinsten Geste ihren Sinn und reichert die erzählte Geschichte an. Und das hat eine biologische Auswirkung auf die Verwirklichung und die Optimierung des genetischen Potentials.

Die Tiere freilich haben sich nichts Mythisches zu erzählen, und ihr Gedächtnis ist nicht gesättigt von Erzählungen. Jedoch kennt man alte Affen mit Gedächtnisstörungen.[368] Sie können zwar noch einfache Aufgaben lösen lernen, etwa das Erkennen von Farben oder einer Zeichnung, die eine vom Versuchsleiter versteckte Erdnuß darstellt. Aber sie schaffen es nicht mehr, die Lernergebnisse miteinander zu verknüpfen. Alle Laborexperimente mit alten Affen sind zum gleichen Ergebnis gekommen: Es liegt kein Nachlassen der geistigen Leistungen vor.[369] Der Verfall betrifft lediglich das Kurzzeitgedächtnis: Die Tiere behalten nicht mehr, was sich zuletzt ereignete, etwa eine Raum-Information (»Wo habe ich bloß meinen

Wagen geparkt?« fragen die menschlichen Primaten). Sodann löst jede Veränderung ihrer gewohnten Umgebung Aggressivität aus (»Wenn du nicht sofort diese neumodische Musik abschaltest!«), und ihre Aufmerksamkeit wird durch jedes Störereignis abgelenkt (»Also, wo war ich gleich wieder?«).

Bei derartigen artenvergleichenden Beobachtungen fällt auf, daß der Beobachtungsort die Schlußfolgerung bestimmt. Wenn der Wissenschaftler die Altersphase in freier Wildbahn untersucht, kommt er zu dem Resultat, daß es sie nicht gibt, weil die Tiere schon beim kleinsten Anzeichen der Schwäche ausgesondert werden.[370] Beim Experiment im Labor ist das Ergebnis, daß es die Altersphase gibt, nicht aber Krankheiten des Typus Alzheimer,[371] da die alten Käfigtiere beim ersten Anzeichen geistigen Verfalls sterben. Findet die Untersuchung schließlich in häuslicher Umgebung statt, etwa bei Hunden, deren Organschwächen sofort vom Besitzer gelindert werden, so hat nun die terminale katatonische Demenz ihren Auftritt.[372]

In der Naturbeobachtung gibt es also kein Altern, und im Labor ist kein todesnaher Gehirnverfall bei Hunden festzustellen, während die Hunde mit genau dieser Erkrankung die Wohnungen unserer Nachbarn bevölkern.

Wenn die Dinge uns nichts mehr sagen

Bei der Beobachtung einer Tatsache ist immer auch das Erzählen dieser Tatsache zu beachten. Diese Untersuchung will ich im folgenden unternehmen: Wie zeigt sich der Palimpsest-Effekt beim Menschen und wie wird darüber gesprochen, also davon erzählt? Alterskliniken sind überreich an deutlichen Beispielen, wie sehr ein Mensch »in die Kindheit zurückfällt«. Diese Redewendung ist jedoch ein Klischee, ein Stereotyp, und enthüllt nur die Interpretation durch den Beobachter, also die Art, wie er sieht, was er wahrnimmt. Alte Menschen fallen aber nicht in die Kindheit zurück; es ist der Palimpsest, der sich zeigt, wenn die Verankerung in der Umgebung schwächer wird. Dies kann aus vielen Ursachen geschehen, aus Gründen des Mythos, der Finanzlage, der Gefühle oder wenn die Sprache des alten Menschen psychologisch, emotional oder organisch »entgleist«.

Man kann beobachten, daß die Wiederkehr der frühen Eindrücke durch ein Nachlassen von Umweltreizen ermöglicht wird, beispielsweise wenn sich die sonst aktive Aufmerksamkeit beim Aufwachen oder Einschlafen im Dämmerzustand befindet, auch wenn der alte Mensch vor sich hin schlummert, weil ihn nichts anspricht, oder auch wegen einer Stoffwechsel- oder Kreislaufstörung. Diese Ursachen sind ganz verschiedener Herkunft und schwächen das Erfassen und Verarbeiten von Informationen aus der Umwelt.[373] Ein recht typischer Fall ist vielleicht Madame P., die an ihrem 87. Geburtstag wegen eines unbedeutenden Sturzes ins Krankenhaus mußte. Eigentlich eine banale Angelegenheit. Weniger banal ist jedoch, daß sie vom Augenblick ihrer Einlieferung an eine erstaunliche Bekanntheit mit dem Pflegepersonal empfindet. Sie nimmt alles richtig wahr, sieht alles, hört alles, versteht alles. Nur kann sie ihre Wahrnehmungen nicht mehr in den Kontext des Krankenhauses einordnen: Sie fühlt sich wohl, weil sie immer noch glaubt, sie sei bei sich zu Hause. Sie sieht den Krankenhausflur und denkt, es sei ihr Eßzimmer. Sie sieht das Stationszimmer und denkt, es sei ihre Küche. Ihre Wahrnehmungen sind als Sinneseindrücke korrekt, aber die Gefühle, die sie ihnen beigibt, steigen aus ihrer eigenen Vergangenheit auf.

Später verschärft sich der geistige Zerfallsprozeß der Demenz. Madame P. schreibt jetzt den ihr entgegenkommenden Personen eine solche Vertrautheit zu, daß sie in dem jungen Arzt ihren Sohn zu erkennen glaubt und mit ihrem Mann spricht, wenn sie sich auf dem Gang mit einem Besucher unterhält. Jeden Tag ein bißchen mehr entmenschlicht sich ihre Welt. Bald antwortet sie nicht mehr, wenn man sie anspricht, sie sieht keine Gesichter mehr, die Sphäre der Lebenden wird ihr gleichgültig. Sie nimmt Menschen noch richtig wahr, da sie beim Gehen mit ihnen nicht zusammenstößt, aber sie werden nicht zum inneren Bild, da sie ihnen nicht mehr antwortet. Sie kann in keiner mitmenschlichen Welt mehr leben. Statt dessen sind es leblose Gegenstände, die sie jetzt anziehen. Sie schläft mit einer Puppe im Arm, läuft mit einem Stück Tuch in der Hand herum und räumt unentwegt ihre Handtasche auf. Endlich sind auch die Gegenstände nur noch Dinge für sie: Dauernd dreht sie am Arm der Puppe, knüllt mit mechanischen Gesten den Stoffetzen zusammen, läßt ihn dann fallen und streicht ihr Leintuch glatt, unaufhörlich, bis zu dem Augenblick, da sie in ihrem nur noch pflanzenhaften Leben nicht mehr ißt noch trinkt, immer schwächer atmet und stirbt.[374]

Dieser Fall ist in unserer westlichen Kultur so häufig, daß er uns etwas verstehen hilft: Die sogenannte Retrogenese, die Rückkehr in die Kindheit, gibt es nicht. Wenn ein kleines Kind seinen Teddybären an sich drückt, hat dieser Gegenstand eine beruhigende Funktion, weil er, ganz wirklich, mit vertrauten Sinneseindrücken gefüllt ist und die abwesende Mutter symbolisiert. Der Gegenstand ist für das Kind mit Sinn und Bedeutung durchtränkt, während der gleiche Gegenstand bei Madame P. ein Ding geworden ist, ein Stück Materie ohne Gefühl und Vorstellungsbild. Was bleibt, ist der motorische Akt: Sie knetet das Ding oder bügelt es, um damit auf einen nur noch physischen Reiz zu antworten. Die Verarmung des Kontextes, der Verlust an Menschenähnlichkeit nimmt dem Gegenstand seine Bedeutung und seinen Gefühlsgehalt. Jeder Entzug von Information – seine Ursache mag im organischen Zustand liegen, im Sozial- oder im Gefühlsleben – bewirkt dieselbe Entmenschlichung der Dinge. Der Fötus lebt in einem von Menschlichkeit gesättigten Universum, Madame P. aber in einer Welt, die ihre Menschlichkeit immer mehr verliert.

Wenn die Gegenstände sich jedoch erst am Beginn dieses Prozesses befinden, kann Madame P. sie am Leben erhalten, indem sie sie mit Gefühlen und Erzählungen aus ihrer eigenen Vergangenheit auflädt. Das Kind kann dergleichen nicht. Auch wenn der Gegenstand seine gewohnte Beziehungsfunktion verliert, behält er für Madame P. durch den Palimpsest-Effekt noch einen biographisch-historischen Wert. Später wird der Gegenstand zum Ding, er wird aber nicht »wieder« dazu, und zwar weil er das nie gewesen ist.

Es gibt keine Rückkehr in die Kindheit. Denn der Fötus hat schon seit seiner geistigen Tätigkeit in der Gebärmutter seine sinnlichen Wahrnehmungen mit Gefühlen versehen. Wir haben bei Madame P. also nicht eine »Rückkehr« vor uns, sondern eine »Katagenese«, eine Desorganisation der Produkte des Geistes. Die Palimpsest-Wirkung (die Wiederkehr eines vergangenen Eindrucks, der sich vor eine gegenwärtige Wahrnehmung schiebt) ist leicht zu beobachten am Verhalten alter Menschen vor einem Spiegel.[375] Es kommt nicht selten vor, daß sie dort ihr eigenes Gesicht nicht wiedererkennen, während sie das Gesicht des behandelnden Arztes oder jeder anderen Person im Zimmer mühelos identifizieren. Auch ihr Gesprächsverhalten einer erkannten Person gegenüber ist nicht dasselbe wie mit sich selbst vor dem Spiegel. Würden sie ihr eigenes Gesicht für das eines anderen halten, dann würden sie das für die Konversation übliche Repertoire anwenden: lächeln, sich auf ihn zubewegen, von Zeit zu Zeit den Blick abwenden, um ihn nicht zu irritieren, zustimmend mit dem Kopf nicken oder auch zeigen, daß sie nun ihrerseits nach einem kleinen Einfall das Wort ergreifen möchten.

Aber es geht ganz anders zu. Sobald diese Menschen sich im Spiegel sehen, sind sie wie versteinert. Erstarrt schauen sie dieses Bild an, ohne ein Lächeln, mit prüfendem Ernst, als hätten sie nach Jahrzehnten einen Kindheitsfreund getroffen und versuchten nun, sich an den Namen zu erinnern. Dieses Verhalten drückt ein Gefühl aus, das wir mit Worten so umschreiben könnten: »Ich sehe ein Gesicht, das ich nicht erkenne, es weckt aber ein überraschendes Gefühl von Bekanntheit in mir.« Das ist nicht die »beunruhigende Fremdheit«, wie Freud das nannte, als ihm dieses Abenteuer widerfuhr,[376] es ist ganz im Gegenteil eine erstaunliche Vertrautheit. Der alte Mensch erklärt sie sich so: Das ist bestimmt das Gesicht der Nachbarin, die ich jeden Morgen sehe, oder das Gesicht meiner Tochter oder meiner Mutter.

Später wird sich die Welt der Greise weiter entmenschlichen. Dann hängen sie ihr Herz an gefühlsgeladene Gegenstände, eine Handtasche vielleicht, ein Kopftuch, ein leeres Portemonnaie oder ein Plüschtier. Die Gegenstände sind für alte Menschen noch voller Bedeutung und Gefühlswert, selbst wenn sie ihre Bezeichnung verloren haben, ja selbst dann noch, wenn sie sie gar nicht mehr benennen können. Der Mensch findet nicht mehr das richtige Wort für den Gegenstand, aber er betrachtet ihn aufmerksam und drückt ihn an sich. Erst mit fortschreitender Demenz wird der Gegenstand zu einem »lächerlichen Ding, das nur durch Zufall in seiner Nähe liegt, ein Ding von scheinbar bedeutungsloser Banalität«.[377] Es ist der einzige äußere Reiz in einer zunehmend nur als mechanische Motorik erlebten Welt. Der alte Mensch hat nicht mehr die Kraft und Vitalität, die seinen Gegenstand mit Sinn, Geschichte und Gefühl ausstatten könnten, und so schöpft er die Erinnerung an ein Leben der Dinge aus seinem Gedächtnis.

Dies einen Rückfall in die Kindheit zu nennen ist eine Interpretation des Beobachters, die den anderen verkindlicht. Besser sagt man es so: Der alte Mensch verliert seine Anbindung an die Welt und nimmt den Gegenständen damit ihre Bedeutung, dann auch ihren Gefühlswert, bis er sie schließlich zur toten Materie macht. Der Gegenstand stirbt langsam mit dem verlöschenden Menschen.

Was durch den Palimpsest-Effekt wieder an die Oberfläche kommt, ist gelegentlich auch ein bestimmtes Verhalten. Madame N. zum Beispiel, ein früh verlassenes Kind, kannte damals jahrelang nur selbstzentrierte, stereotype Bewegungen; sie verschränkte die Arme über dem Bauch und wiegte unaufhörlich den Oberkörper. Verlassene Kinder zeigen überdies eine Tendenz zur Selbstzerstörung.[378] In bestimmten Gefühlsumgebungen kann das auf den eigenen Körper gerichtete Verhalten leicht von der Selbstliebe zur Selbstzerstörung übergehen.[379] Bei Madame N. war dieses Verhalten durch die Liebe ihres Mannes in einigen Wochen verschwunden. Als er jedoch dreißig Jahre später starb, kehrte sie sofort zurück zu den Schaukelbewegungen ihrer Kindheit und ihren selbstzerstörerischen Antrieben. Die Gefühle, die Madame N. nährten wie Muttermilch, hatten die Vergangenheit nur überdeckt, der Tod des Mannes legte diese Vergangenheit wieder frei und ließ die selbstzentrierten Gesten an die Oberfläche kommen.

Nicht selten tauchen im Demenzalter auch die Kosenamen wieder auf, die Kinder sich ausdenken. »Als mein Großvater allmählich in Bewußtlosigkeit sank, rief er dauernd ›Maï! Maï!‹, stundenlang. Seine Schwester erklärte uns, daß dies sein Kosename für die Großmutter war, die ihn bis zum Alter von drei Jahren aufgezogen hatte. Danach waren sie getrennt. Und im Sterben kam ihm der Name wieder.«

Die Rückkehr der Eltern ist auch bei gesunden Alten ein immer wieder zu beobachtendes Phänomen. Wenn unsere Kinder einmal 80 Jahre alt sind, wie werden sie dann von jener einprägsamen

Epoche ihres Lebens erzählen, die tief in ihrem Gedächtnis eingebettet ist? Wie werden sie von einem verschlissenen Vater sprechen, einer überlasteten Mutter, einer kranken Schule und einer eintönigen Gesellschaft ohne Feste und Gedächtnis?

In unserem Gedächtnis leben die vergangenen Ereignisse im Exil. Eines Tages, sobald die Gegenwart sie nicht mehr verjagt, kommen sie zurück. Wenn das Gegenwärtige seine Kraft verliert, nimmt das Vergangene seinen Platz im Bewußtsein wieder ein. Man beobachtet das in Situationen ohne Möglichkeit zur sinnlichen Wahrnehmung, in denen die Person keine andere Wahl mehr hat als das Wiedererleben der Vergangenheit. Gefangene zum Beispiel, aber auch depressive und isolierte Menschen gehen das Erlebte noch einmal durch, da nichts in ihrer Gegenwart sie daran hindert. Wie diese Menschen auch gern sagen: »Es tut mir gut zu arbeiten, spazierenzugehen oder irgend etwas zu tun; dann muß ich nicht nachdenken.« Sie laufen hinter der Gegenwart her und vergraben damit die Vergangenheit. Oder, neurologisch ausgedrückt, »das Schwinden des Kortex befreit das subkortikale Gedächtnis, in dem die unauslöschlichen Erinnerungen aufgezeichnet sind«.[380] Diese Befreiung des archaischen Gedächtnisses durch die Abnahme der kortikalen Schicht läßt sich nicht nur beim Gehirnschwund in der Altersdemenz beobachten, sondern auch nach bestimmten Autounfällen, ja schon bei Aktivitätsmangel infolge des Fehlens äußerer Anreize.

Die Wiederkehr der Vergangenheit durch die Lücken der Gegenwart hindurch tritt zudem, und sehr deutlich, bei Wahnvorstellungen auf, die sich – im Alter häufiger – mit der Trauer um einen Verstorbenen ergeben. Die alte Dame, die eben den Mann verloren hat, der ein halbes Jahrhundert lang Tag für Tag ihr Leben prägte, füllt diese Leere mit Erinnerungen an seine Stimme, den Klang seiner Schritte, das Geräusch der Tür, wenn er jeden Abend um sieben Uhr von der Arbeit heimkam. Sie sieht ihn noch in seinem Sessel sitzen, überall im Haus fühlt sie seine Anwesenheit. Sie läßt ihn in der Gegenwart so wiederaufleben, wie sie in der Vergangenheit mit ihm gelebt hat. Erst wenn »sie die Augen öffnet und sieht, daß er nicht da ist«, erst dann leidet sie unter dem Verlust, dem Mangel und der Leere.

Solche »Trauerphantasien« sind eine Wohltat, wenn die erlebte

Beziehung im ganzen glücklich war. Sie können aber, so bei den Witwen gewalttätiger Ehemänner, auch angsterregend wirken. Madame F. lebte 50 Jahre lang mit ihrem groben, unbeherrschten Mann zusammen. Als er gestorben war, empfand sie die Leere als so bedrückend, daß sie trotz der zugefügten Leiden eine schmerzhafte Trauerzeit durchmachte. Vier Monate später »sah« sie ihn von der Arbeit heimkommen, und wie gewöhnlich fing er an, sie zu beschimpfen. Nun aber erlebte sie sehr schnell wieder die innere Belastung, die sie durch die Anwesenheit dieses Menschen und seine Demütigungen kennengelernt hatte.

Ob das Gefühl nun beruhigend oder beängstigend wirkt, es tritt jedenfalls immer in einem reduzierten Kontext auf: etwa im Halbschlafzustand des Aufwachens, oder am Abend, wenn der Tag zur Neige geht, die Vorhänge geschlossen werden und sich der Rhythmus des sozialen Lebens verlangsamt. Die Reduzierung kann auch organischen Ursprungs sein. Wenn etwa Taubheit oder Erblindung den Menschen vieler Informationen berauben, zeigt sich der Palimpsest-Effekt höchst augenfällig: Der alte Mensch sieht mit blinden Augen seine vor 20 Jahren verstorbene Mutter, den Hund, der ihn zu Lebzeiten stürmisch begrüßte, oder auch andere, überraschende und phantastische Bilder, recht ähnlich den optischen Täuschungen. Er benutzt dazu wenige und unscharfe visuelle Eindrücke und setzt aus ihnen gar ein angsterregendes Gemälde zusammen, bizarre Tiergestalten oder Schatten, die ihn verfolgen. Erblindete Alte phantasieren nur die Spuren, die sich vor ihrer Blindheit ins Gedächtnis eingeprägt haben. Bauern »sehen« Kühe auf einer Wiese, Bergleute »sehen« einzelne kohlebeladene Förderwagen fahren. Dasselbe gilt für die Taubheit: Taube Frauen können das Baby »hören«, das sie ruft.

Die Träume der alten Menschen werden erklärlich durch die Verbindung des Biologischen mit dem Psychologischen über das Gefühlsleben. Madame B., 78 Jahre alt, träumt jede Nacht von ihrem Sohn, seit sie ihn verloren hat. Es ist jedoch immer noch das fünfjährige Kleinkind, das sie sieht, oder besser: wiedersieht, und das eng mit ihren Empfindungen im Alter von 27 Jahren verknüpft ist. Sie sagte mir außerdem, daß sie ihre Eltern so sieht, wie sie damals waren. Madame C. ist seit 60 Jahren verheiratet; jeden

Abend schläft sie mit höchstem Vergnügen ein, denn dann träumt sie – von ihrer ersten Liebe. Madame H., mit ihren 82 Jahren, sieht und fühlt im Traum wieder die bedeutendsten Augenblicke ihrer Jugend: die außereheliche Schwangerschaft, die für ihre Familie ein schreckliches Ereignis war, und die Gegenwart ihres Vaters, der sie nachhaltig geprägt hatte: »Mein Vater war autoritär. Wenn ich von ihm träume, spricht er mit mir, und ich wache glücklich auf, voller Freude. Er hat in mir eine Glücksspur hinterlassen, weil er autoritär und lustig war.« Monsieur D., 80 Jahre, stellt erstaunt fest: »Ich träume von dem Auto, das mir vor 25 Jahren gestohlen wurde. Ich hätte nicht gedacht, daß mich das so getroffen hat.«

Manche Wissenschaftler halten die Anfälle von Wahnvorstellungen für einen »paradoxen Wachzustand«.[381] Der Patient würde demnach etwas »wahrnehmen«, was er sich normalerweise nur in der Phase des paradoxen Schlafs vorstellt. Es ist tatsächlich so, daß alte Menschen mit Wahnideen während eines Anfalls oft eine unvergeßliche Episode ihres Erwachsenenlebens von neuem »wahrnehmen«. Madame R. zum Beispiel war mit 30 Jahren politisch verfolgt und dann deportiert worden. Wie alle so Verschleppten fand sie lange Zeit nicht die Kraft, darüber zu sprechen. Aber im Alter von 80 Jahren, zu Beginn ihrer Wahnideen, hielt sie die Leute, die ihr das Essen ins Haus brachten, für Nationalsozialisten. Sie regte sich darüber auf, »daß man nichts tut für all die Frauen, die im Gefängnis sitzen«. Nach ihrer Heilung sagte sie: »Als ich älter wurde, kam mir meine Vergangenheit zurück. Man vergißt nichts. Das kommt immer wieder.«

Es kommt in den Träumen wieder, auch in Bewußtseinsstörungen, vor allem aber, indem es in jede alltägliche Wahrnehmung ein Gefühl und eine Bedeutung einsickern läßt, die unserer Biographie entspringen. »Alles, was ich heute sehe, erinnert mich an alte, verlorene Dinge. Und das löst Sehnsucht aus. Ich sehe irgendeinen Gegenstand, eine kostbare Cloisonné-Vase etwa, und das erinnert mich an die schwarzen Müllfahrer in Washington, die solche Vasen schon einmal im Abfall fanden: *Just rubbish!*« Das erzählte mir eine 86jährige Dame, die 50 Jahre vorher eine Zeitlang in den USA gelebt hatte. Der Gegenstand, eben erst wahrgenommen, füllt sich mit der eigenen Geschichte. Das durch die Erinnerung ausgelöste Gefühl ist stärker bestimmt von der dem Gegenstand eingeprägten Geschichte, als von dem Gegenstand selbst. Dieser wird also zum Träger eines Gefühls: »Damals [in Washington] waren wir eine aktive Clique von Freunden. Das war schön.«

Auch die Musik ist eine sinnliche Wahrnehmung, die besonders stark gewisse Erinnerungen hervorruft: »Sobald ich dieses Stück höre, sehe ich meinen Vater beim Tanzen vor mir. Als ich ihn zum ersten Mal tanzen sah, empfand ich Eifersucht, weil ich wegen meiner Wirbelsäule dauernd ins Krankenhaus mußte. Er tanzte, ich durfte nicht. Seit seinem Tod fühle ich Eifersucht beim Hören dieser Musik. Ich war eifersüchtig. Und er konnte das Leben genießen!«

In gleicher Weise sind sprachliche Äußerungen mit Geschichte angefüllt. Sie werden dann nicht für das gehalten, was sie bedeuten sollen. Die einzelnen Wörter werden zwar gehört, aber der hervorgerufene Sinn und das ausgelöste Gefühl kommen aus der Biographie der Sprecher hinzu: »Ich habe meinen Vater bei mir aufgenommen. Objektiv gesehen, ist er kein Tyrann. Aber was er sagt, weckt in mir unangenehme Erinnerungen«, sagte mir Madame A. (58 Jahre alt, ihr Vater ist 82), »wenn ich ausgehe, sagt er zu mir: ›Wann bist du wieder zu Hause?‹ Das ist an sich nicht schlimm. Er ist ja gut zu haben, redet kein dummes Zeug, langweilt sich nicht, liest wieder seinen Émile Zola... Aber wenn er sagt: ›Wann bist du wieder zu Hause‹, dann erinnere ich mich an meine Kindheit, als meine Mutter alles und jedes kontrollieren wollte. Ich nehme ihm übel, daß er damals nie eingeschritten ist, als sie mich daran hinderte zu leben... Wenn er beim Heimkommen sagt: ›Du kommst aber spät!‹ dann erinnert mich das daran, daß ich die Tochter bin, die ihre Mutter getötet hat. Dann traue ich mich nicht nach Hause. Ich bleibe im Wagen sitzen, auf dem Parkplatz.«

Stellen wir uns einmal vor, wir seien anwesend bei dieser Szene. Der Vater, ein alter, kultivierter Herr, liest Zola. Die Tochter macht sich zum Ausgehen fertig. Der Vater sagt freundlich: »Wann bist du wieder zu Hause?« Das Gesicht der Tochter verdüstert sich, sie wirft dem liebenswerten alten Herrn einen haßerfüllten Blick zu und schlägt die Tür hinter sich zu, um sich in ihr Auto zu flüchten. Der Zuschauer fühlt der Tochter gegenüber sicher eine gewisse Feindseligkeit, die er für sich so begründet: »Diese Dame ist ganz schön empfindlich! Schließlich hat ihr Vater doch nichts Böses gesagt!«

Doch wenn der Autor die Geschichte dazu erzählte, so würde uns enthüllt, daß die Tochter 40 Jahre vorher einen Schwarzen geheiratet hat, daß die Mutter darüber sehr unglücklich war und sechs Monate nach der Hochzeit an Krebs starb. Damit hatte sie das Gemütsleben der Tochter mit einem ungeheuren Schuldgefühl belastet. Madame A. betete ihren Vater an, sie hätte sich nichts sehnlicher gewünscht, als daß er sie verteidigt und beruhigt hätte, indem er seine Frau zum Schweigen gebracht hätte. Saß er vielleicht damals schon nur unerschütterlich in seinem Lieblingssessel und war vertieft in seinen Zola? Wenn er nun, 40 Jahre später, liebenswürdig fragt: »Wann bist du wieder zu Hause?« dann weiß er nicht, daß er die verdeckte Spur einer enttäuschten Bitte um Schutz wieder auffrischt.

Mit dem Alter können auch alte Ehekonflikte wieder aktiv werden. »Seit vier Jahren fallen mir alle Seitensprünge meines Mannes wieder ein. Zwischen 1940 und 1950 hat er mich ständig betrogen. Ich dachte, ich hätte das alles vergessen. Aber die Geschichten steigen in mir wieder hoch, sie ersticken mich, und wieder denke ich an Scheidung.«

Die schrecklichsten Dramen sind am tiefsten vergraben. Aber die Erinnerungen daran schaffen Leid auf heimlichen Umwegen, und wenn sie nicht mehr erzählt werden können, quälen sie den Körper.

Madame J. entdeckt mit 38 Jahren das Tagebuch ihrer Tochter Monique und stellt mit Entsetzen eine seit drei Jahren laufende inzestuöse Beziehung zum Vater fest. Sie denkt daran, sich umzubringen. »Als ich das Tagebuch entdeckte, sagte ich: ›Monique, komm, wir gehen ins Kino.‹ Wir haben ›Don Camillo und Peppone‹ gesehen... Drei Tage danach sagte ich zu ihr: ›Meine Tochter, verbrenne das Tagebuch!‹ Sie hatte verstanden und verließ unser Haus. Dann habe ich die Sache verdrängt. Ich dachte, ich hätte sie vergessen.« Die Tochter heiratete und hat ihre Mutter nie wiedergesehen. Der Vater starb. Madame J.: »Seit meinem 70. Lebensjahr kommt mir das jeden Tag wieder hoch. Ich taste neben mir nach meinem Mann. Er ist seit 18 Jahren tot. Alles, was ich immer geheimgehalten habe, kommt mir jetzt wieder ins Gedächtnis.

Immer stärker kommen die Erinnerungen zurück... Wenn ich ausgehe, wenn ich mit jemandem spreche, fühle ich mich besser. Aber über den Inzest meines Mannes mit meiner Tochter kann ich nicht sprechen. Noch weniger kann ich die Details wiedergeben, die ich gelesen habe. Also schweige ich und denke nach.«

Die Umkehr der Bindung

Das Erzählen ist eine Bearbeitung des Gefühls. Man empfindet das vergangene, ins Gedächtnis eingegrabene Drama anders, nachdem man es erzählt hat. Neuerdings können in der fortgeschrittenen Wiederbelebungsmedizin Kranke gerettet werden, die dem Tod nahe waren. Im wesentlichen berichten sie von drei Empfindungen.[382] Von 58 untersuchten Personen weisen drei Viertel auf eine intensive Lichtempfindung hin, wie sie auch vom sterbenden Goethe berichtet wird (»Licht! Mehr Licht!«).[383] Dieser sehr häufige Sinneseindruck erklärt sich vielleicht durch eine physiologische Reizung des Nervensystems, dessen Informationen plötzlich ebenso ungeordnet sind wie beim Elektroschock. Sodann haben zwei Drittel der Personen den Eindruck, ihren Körper zu verlassen und ihn von oben zu sehen. Diese Selbstbetrachtung tritt nicht selten bei Angstpatienten auf, die oft das Gefühl des nahen Todes haben. Schließlich sehen 33 Prozent der Personen ihre frühen Erinnerungen wie einen Film ablaufen. Der nahe bevorstehende Tod reißt die Menschen aus ihrer Umgebung, und damit steigen die lebendigsten, zutiefst eingegrabenen Erinnerungen der ersten Jahre wieder auf.

Auch manche Psychoanalytiker untersuchen neuerdings den Palimpsest-Effekt und sprechen dabei von einer »Umkehr der Bindung«, so wie man früher die Wechseljahre der Frau eine »Altersumkehr« nannte.[384] Gegen Ende unseres Lebens nehmen Bindungen eine andere Form an, und die Wahrnehmung der Zeit entspricht nicht mehr der gewohnten Empfindung zeitlicher Dauer. Neugeborene sind ganz begierig nach neuen Eindrücken, weil ihre neuronalen Schaltkreise noch frisch und unberührt sind.

Das genaue Gegenteil gilt für alte Menschen: Ihr Gedächtnis

ähnelt den starren Wachsstatuen im Museum der Madame Tussaud oder im Pariser Musée Grévin.[385] Ihr Gehirn ist durch die Spuren tausendfach wiederholter Erinnerungen festgelegt und wird stabil bis zur Versteinerung. Wenn bei einem Kind irgendein Vorfall die Gedächtnisstruktur durcheinanderbringt, dann beginnt eben seine Lebensgeschichte in etwas anderer Weise, es baut eine neue Identität auf. Beim alten Menschen ist das nicht mehr so: Wenn seine Gedächtnisinhalte durcheinandergewirbelt werden, so geht das mit einer körperlichen und geistigen Irritation einher. Er klammert sich dann an die stabilen Erinnerungen seiner Lebensgeschichte, die seinem Gehirn unverrückbar eingeschrieben sind. Der Aufruf dieser Erinnerungen dient der Verteidigung seiner Identität (wie sich ja auch das Kind, indem es sich die eigene Geschichte erzählt, seine Identität schafft). Der alte Mensch bindet sich immer weniger an neue Gesichter und Orte, dafür findet er jedoch den Vergewisserungswert der ersten Bindungen wieder. So ist es zweifellos falsch, von der Uninteressiertheit der Alten zu reden: Ihre Bindungen erlöschen nicht, sondern sie konzentrieren sich auf sichere Werte. Die Gegenwart versteinert;[386] was vibriert, ist nur die Vergangenheit.

Nur: Dem alten Menschen ist dies nicht bewußt. Der Grund dafür ist, daß sein Gefühl der zeitlichen Dauer zunimmt. Er stellt sich seine Zukunft so vor, wie die Vergangenheit war: eine lange Epoche, eine ausgedehnte Zeit, ein Tod, der sich immer weiter entfernt. Das führt zu der paradoxen Erscheinung, daß die Angst vor einem nahen Tod bei jungen Menschen häufiger ist als bei den Alten. Deren Wahrnehmung der Gegenwart ist das Gefühl eines endlosen und leeren Daherkommens, während die Vergangenheit reichhaltig ist und durch die Erfahrungen gesichert. Das erklärt auch, was der alte Mensch wahrnimmt, wenn er seine Tochter sieht, nämlich das Gesicht einer gegenwärtigen erwachsenen Frau, wie früher das seiner Frau oder seiner Mutter.

Es handelt sich also keineswegs um ein Nicht-Erkennen, wie man oft sagt, denn der alte Mensch erkennt ja eine Vergangenheitsspur, die von der gegenwärtigen Wahrnehmung aufgefrischt wurde. Was nachläßt, ist vielmehr das Erkennen des Kontextes, da der alte Mensch nicht mehr so leicht seinen Platz einnimmt in der Gegenwart. Aus diesem Grund haben einige Wissenschaftler das Greisenalter mit der Jugendzeit verglichen:[387] körperliche Veränderungen, Änderung der Selbstwahrnehmung in der Zeit, daher auch eine veränderte Wahrnehmung der anderen, und vor allem eine Zunahme der Verinnerlichung.[388]

Klinikärzte sind immer wieder überrascht von der Freundlichkeit mißhandelter Kinder, mehr noch von deren erstaunlicher Hingabe, wenn sie sich im Alter von etwa 60 Jahren um ihre gealterte Mutter kümmern, die sie doch gequält hatte. »Während meiner ganzen Kindheit hätte ich mir so gewünscht, meine Mutter würde aufhören, mir weh zu tun. Jetzt, wo sie hinfällig geworden ist, hört sie endlich auf, mir weh zu tun, und ich kann mich endlich um sie kümmern, mit ihr eine freundliche Beziehung aufbauen... Und doch, ich liebe sie nicht... Aber daß sie endlich mal nett sein kann, das tut mir unheimlich gut.« Die einst mißhandelten Kinder sind selbst verblüfft über ihre Liebenswürdigkeit, die Wiederkehr ihrer weggesteckten Gefühle: »Jetzt erst bin ich ihr böse... Mein ganzes Leben lang kam mir das immer im Traum hoch. Jetzt kommt es mir wieder ins Gedächtnis zurück.« – »Ich bin ihm böse«, sagte eine alte Dame, die als Kind von ihrem Vater mißhandelt wurde, »und doch zwingt mich jeden Tag irgendeine Kraft, mich um ihn zu kümmern.«

Wenn unsere Idee vom Palimpsest-Effekt zutreffend ist, dann kann man nicht mehr sagen, es sei die Verarmung des Gefühlslebens bei alten Menschen, die ihre Schwächen und Störungen hervorruft. Man muß es vielmehr so sehen: Der affektive Mangel frischt versteckte Spuren vergangener Leiden wieder auf, die nun erneut empfunden werden. Eine ältere Dame, die in ihrer Kindheit mißhandelt wurde, sagte es so: »Immer wenn es mir schlecht geht, kommt mir die gleiche Szene in den Sinn,... wie meine Mutter mir das heiße Bügeleisen auf die Schulter drückte, weil ich meine kleine Schwester ärgerte.« Mangelt es uns an Gefühlen, so kommen die vergangenen Leiden wieder, die zuunterst im Palimpsest des Gedächtnisses aufgeschrieben sind.

In den USA gibt es bald zwei Millionen über 70 Jahre alter Menschen, die in einem Altersheim leben. 80 Prozent von ihnen leiden an psychischen Störungen aufgrund von Gehirnschwund, an Wahnvorstellungen und Depressionen. Weniger als zehn Prozent leiden an einem verarmten Gefühlsleben.[389] In Experimenten zum Abtasten von Erinnerungen und zum kognitiven Erfassen wird zudem deutlich, daß der alte Mensch die emotionalen Informationen wegen Rückbildungen des Gehirns oft weder wahrnehmen noch verarbeiten kann.

Wenn Antidepressiva eine Person erneut dazu befähigen, eine affektiv reiche Situation aufzusuchen und von ihr zu leben, spricht man von Pseudodemenz. Madame L. zum Beispiel, 78 Jahre alt, redet wirr und in Wahnideen, nachdem ihre Wohnung von einem Einbrecher verwüstet wurde: Im Traum fuchtelt sie herum und fleht, man solle sie beschützen vor denen, die sie vergewaltigen wollen. Man könnte hier leicht eine sexuelle Wahnvorstellung feststellen und sich lustig machen über die alte Dame. Aber einige Tage danach, der Wahn ist inzwischen medizinisch geheilt, erfährt die Familie zu ihrem Erstaunen, daß die Patientin im Alter von 15 Jahren tatsächlich vergewaltigt wurde und bisher nie die Kraft gefunden hatte, darüber zu sprechen.

Woher kommt es aber, daß die Dramen des Lebens so häufig im Gedächtnis auftauchen und so selten die glücklichen Stunden?

Man kann nicht leben, ohne zu denken; »das Wesentliche ist, daß der psychische Apparat seine Funktion bis zum Ende aufrechterhält.«[390] Sobald er jedoch keine neuen Informationen mehr findet, kann er nur mit den Inhalten seiner stabilen Erinnerungen »bis zum Ende funktionieren«, mit den tiefsten Spuren im Gedächtnis. Die Neurophysiologen liefern uns nun die folgende Erkenntnis: Nur diejenigen Ereignisse, die uns untertags ärgern und plagen, lösen eine Zunahme des paradoxen Schlafs aus, der die Erinnerungen ins Gehirn schreibt. Die schmerzhaften Augenblicke unseres Lebens, die uns vor ein Problem gestellt haben, die wir weder durch Worte noch Gefühle befrieden und bereinigen konnten, führen zu verstärktem Traumschlaf: Die Schicksalsschläge setzen sich fest.

Das Glück hinterläßt seine Spur zwar kaum im Gedächtnis, aber doch immerhin im Gehirn. Es schafft dort nämlich eine gewisse Disposition zum heiteren Wohlbefinden, eine Fähigkeit, neues Geschehen in der glücklichen Art und Weise der früheren Ereignisse aufzunehmen. Glückliche alte Menschen können immer noch lachen über alles, was in ihrem Leben passiert ist, während ihre unglücklichen Altersgenossen die Wiederkehr der Leiden nur mit Hilfe der Sublimation bekämpfen können. »Seit deinem Hinscheiden bist du mir mehrere Male im Traum erschienen,«[391] schreibt ein Mann von 85 Jahren, der sein Leben lang denkend und liebend tätig war und sich in der Sozialpolitik engagierte, die ihm Begegnungen mit Menschen und intellektuelle Anregungen schenkten. Seine Frau ist im Alter von 86 Jahren gestorben. Wenn sie ihm jedoch in seinen glücklichen Träumen erscheint, ist sie nicht älter als 45, höchstens 50 Jahre; es war die Zeit, in der die Liebe bei ihnen den stärksten Eindruck hinterließ.

Die wiederauftauchenden Bilder des vergangenen Glücks sind oft von einem Gefühl des Bedauerns begleitet. »Ich war so glücklich... Heute tut es mir leid, daß ich dieses Glück nicht mehr erleben kann. Ich lebe mit der Klage über mein verlorenes Glück. Ich sehe die sonntäglichen Szenen mit den Kindern und unserem Hund noch vor mir. Diese markanten Augenblicke machen mich von neuem glücklich und unglücklich.« Dieses gemischte Gefühl eines vergangenen, nun für immer verlorenen Glücks nennt man Sehnsucht: »Ich sehne mich mehr nach meiner Mutter und meinen Schwestern als nach meinen Kindern«, sagte mir eine Frau, die sich ihr ganzes Leben diesen Kindern aufgeopfert hatte.

Wenn das Glück in der Gegenwart empfunden wird, dann fühlt der Mensch es derart offenkundig, daß er es dem zuschreibt, was er sieht. Eine Patientin, eine junge Frau, leidet unter schrecklichen Stimmungsschwankungen; Augenblicke übersteigerten Glücks wechseln bei ihr ab mit schmerzlichen Abstürzen in Melancholie. Sie erklärte mir, daß auch ein Baum seine Stimmung ändern kann: »Wenn ich traurig bin, sind auch die Bäume traurig mit ihren krummen Zweigen. Aber wenn ich wieder lustig werde, sind die Bäume ganz verrückt vor Freude.« Diese »vor Freude verrückten« Bäume zeigen uns wieder einmal, wie untrennbar die Person und der Gegenstand sind.

Der Akt des Erzählens

Durch das Erzählen erhält der alte Mensch eine Umgebung, einen Kontext, da Erzählen zuallererst ein tätiger Akt ist. Man muß über seinen Körper verfügen, um zu sprechen und die Aufmerksamkeit des anderen einzufangen. Die Aktion ist also eine zweiseitige, eine Interaktion. Dann aber werde ich nur von mir selbst sprechen, von den Geschehnissen, die mich geprägt haben, aus denen die Geschichte meines Lebens gewebt ist. Die Erzählung ist eine Arbeit der Identifizierung mit mir selbst. Wenn ich sage, wer ich bin, was mir alles passiert ist, was ich gedacht und empfunden habe, so bewirkt dies immer eine sehr starke Wiederkehr der Gefühle, die ich nun aber dem anderen zuliebe beherrschen muß. So wird die Erzählung zu einer umfassenden Arbeit der Gefühlsbeherrschtheit, der Identitätssuche sowie des Ausdrucks meiner Gedanken und meiner Beziehung zum anderen. Das ist schon ganz schön viel. Hinzu kommt nun noch der ungeheure Effekt der Beruhigung: »Wenn meine Tochter mit mir spricht, geht meine Angst weg. Aber wenn ich selbst spreche, geht die Angst noch viel schneller weg.« Diese Wirkung erklärt sich mit der Gefühlsdimension der Sprache, mit der Tatsache, daß wir uns einem anderen anvertrauen, unsere Intimität mit ihm teilen können.

Diese Kontextualisierung verbindet den alten Menschen mit seiner Umgebung, läßt ihn in der Gegenwart leben und neutralisiert den Palimpsest-Effekt. »Wenn ich für mich allein lebe, habe ich derart viel Zeit zum Nachdenken, daß mir wieder alle Niederlagen der Vergangenheit zu Bewußtsein kommen«, erklärte mir eine alte Dame, »wenn ich spreche, dann möchte ich nicht, daß die anderen sich langweilen, also erzähle ich meine schönen Erinnerungen. Und wenn ich von meinen Mißerfolgen spreche, dann forme ich sie um.« Sie war eine schrecklich vereinsamte Witwe, die sich jedoch verwandelte, sobald sie aus ihrem Leben zu erzählen begann. Das Erzählen bietet dem alten Menschen dasselbe wie dem jungen Erwachsenen, die Flucht in die Aktivität.

Vor langer Zeit gestattete unsere Kultur den Alten noch, ihre vielen Geschichten, ihre Weisheiten und Binsenweisheiten und Kindheitserinnnerungen zu erzählen. Das Erzählen verschaffte ihnen einen Zusammenhang mit der Umgebung und erlaubte ihnen die psychologische »Krücke«, erneut an ihren Gefühlen und Gedächtnisinhalten zu arbeiten. In unserer heutigen Kultur jedoch, wenn das Gehirn des alten Menschen verfällt, verhindert die Familienstruktur diese Funktion der Erzählung, und dadurch macht sich der Palimpsest-Effekt bemerkbar. Wenn der Beobachter dann Anhänger einer zyklischen Lebenstheorie ist, wird er sagen, der Alte fällt eben in die Kindheit zurück. Falls er eher dem Konstruktivismus anhängt, wird er von einer Retrogenese des Gehirns sprechen. Ist er statt dessen der Meinung, daß der Mensch sich über die niedrige Materie erheben müsse, so wird ihm als erstes ein Begriff wie »Erniedrigung« in den Sinn kommen.

Eine Gesellschaft ohne Gedächtnis und Gedenken reduziert die Zeit auf eine zusammenhanglose Abfolge von Momenten, die vorübergehen und in einem Nirgendwo verschwinden. Sie zerstört die Geschichtlichkeit, die dem alten Menschen seinen Sinn gibt und für die Bewahrung seiner Identität wie auch der Zugehörigkeit der Jüngeren bedeutsam ist. Diese Gesellschaft gibt dem Leiden der Alten keinen Sinn mehr. Sie verhindert damit die Trauerarbeit und schürt im Innern des jungen Menschen ein wütendes Schuldgefühl, das dieser dann gegen den Nächstbesten richtet (wenn er es nicht selbst heilt, indem er sich etwa in einer sozial nützlichen Tätigkeit engagiert).

Die Religionen allerdings, aber auch die Geschichten der Völker und die Erzählungen der Vorfahren sind Gedächtnisfeiern. Diese Mythen schreiben uns Riten vor, die unserer Welt ihre Struktur geben. Der Ablauf eines Jahres hat also seinen Rhythmus durch die erzählten Ereignisse; jede noch so geringe Geste erhält ihren Sinn; die Kleidung, der Zimmerschmuck, ja alle Gegenstände, aus denen sich unser tägliches Universum zusammensetzt, reichern sich mit Geschichte an. Die Erzählung bewirkt, daß sich ein strukturiertes Funktionsensemble aufbaut. Sie schafft eine Welt aus Sinn. Vielleicht müssen die alten Menschen gerade dies sein: Verfasser solcher Erzählungen.

Unsere gegenwärtige Kultur jedoch verachtet Erinnerungen. Lächerliche Kranzniederlegungen an einem Grabmal des unbekannten Soldaten bezeugen nur den Niedergang unserer Gedenkfeiern.

Weihnachten und Muttertag werden zu angsterfüllten Augenblikken mit statistischen Spitzenwerten einer plötzlichen Selbstmordepidemie. Noch in den 60er Jahren bewirkten diese Feiertage erhöhte Gestimmtheit, sie brachten Menschen zueinander. Heute unterstreichen sie nur das Ausmaß der Vereinsamung. 1968 lebten 20 Prozent der Bevölkerung allein; bald werden es 30 Prozent sein. Schon heute gibt es in Frankreich eine Million »Familien« mit nur einem Elternteil und 15 Millionen alte Menschen ohne Familie.[392] Für das Jahr 2020 prognostiziert man in diesem Land zwei Millionen völlig von fremder Hilfe abhängige Menschen.[393]

Im Widerspruch zu einer allgemeinen Überzeugung ist das Landleben keineswegs wohltuend für alte Menschen. Ganz im Gegenteil: Zum Entzug der Sozialbeziehungen kommt nun noch das Schwinden äußerer Anregungen hinzu. Alte Menschen auf dem Land begehen häufiger Selbstmord als ihre Altersgenossen in der Stadt, die immer noch einen menschlichen Kontext finden können, spazierengehen, Leute treffen, mit ihnen sprechen, ausgehen, Vorträge hören und Ausstellungen besuchen. Das Leben des Geistes erschöpft sich ja nicht im Nachdenken. Ein Buch lesen bedeutet leben, aber auch aus dem Haus gehen, jemanden aufsuchen, mit dem man darüber sprechen kann, diskutieren, sich anregen lassen, die eigene Identität stärken. Leben heißt begegnen, reisen, prüfen, lieben, verachten. Damit läßt sich so mancher Tag verbringen. Da liegt denn auch der Grund dafür, daß in den französischen Départements Vendée und Yonne mehr alte Menschen Selbstmord begehen, während die Mittelmeer-Départements mit ihren angenehmen Spazierwegen und der so gesellige Südwesten die niedrigste Selbstmordrate alter Menschen haben.[394]

Die metaphysischsten Kulturregeln bestimmen höchst physische, körperliche Umgangsrituale. Wenn man seine Familie zum feierlichen Essen versammelt, seinen Körper zum Gebet bereitmacht, bedeutungshaltige Nahrungsmittel austeilt, wie etwa Brot und Wein bei Christen, Wurzeln und Honig bei Juden oder Früchte bei Buddhisten, so liegt all diesen Tätigkeiten in jedem ihrer Momente eine Struktur der Sinnesempfindung zugrunde, die das Verhalten der Gläubigen ordnet und in ihrem Innersten ein tiefes Gefühl weckt.[395] Die durch den Mythos strukturierte, tägliche Sinneswahrnehmung übt auch eine biologische Wirkung aus: Der Tod muß warten, bevor er diesen Menschen hinwegrafft.[396] Am jüdischen Osterfest und am buddhistischen Mond-Ernte-Fest sterben weniger Menschen als sonst an Krankheiten. Und während des muslimischen Fastenmonats Ramadan gibt es praktisch keine Selbstmorde.

Im Westen nimmt die Zahl der Selbsttötungen alter Menschen seit 1980 zu – auch dies ein Zeichen der Entritualisierung. In Japan sind es vor allem alte Frauen und Kinder, die Selbstmord begehen.[397] Die zu Hause überlebenden Frauen vereinsamen in einem Alltag ohne Sinn, ohne Begegnungen, und die Kinder leben in einem Universum verstörender Zwänge,[398] wohingegen die Männer weiterhin ihrer traditionellen Tätigkeit nachgehen.

Das Paar, diese »Zweier-Kollektivbewegung«,[399] erzeugt mühelos eine sinnerfüllte Welt, die jedes der beiden Individuen anregt und schützt. Man hat in einer Längsschnittstudie 1000 Personen während »der ersten 24 Jahre ihres Lebens« beobachtet und dann sie selbst oder ihre persönliche Umgebung über den vergangenen Zeitraum befragt.[400] Dabei fand man heraus, daß Psychosen eher selten sind (nur zwei Prozent), während 50 Prozent der Befragten im Lauf dieser Zeit von einer oder mehreren Angstdepressionen betroffen waren. Mehr als die Männer sind es die Frauen, die ängstlich oder depressiv werden; die Männer neigen in ihren Verhaltensstörungen eher zu Alkoholismus oder werden »Unfäller«. Andererseits meistern Paare die Schwierigkeiten des Alterns leichter als Alleinlebende. »Mein Mann hat mich schön, gut und intelligent gemacht. Ohne ihn könnte ich nicht mal kochen ... Ein Tag ist bei mir wie der andere.« Alles, was Sinn verleiht, stützt den Menschen.

Manchmal lassen sich Erinnerungen nicht erzählen, sie sind nicht sozial mitteilbar. Ich denke hier an Menschen, die nicht zuzugeben wagen, daß die Deportation nach Deutschland der schönste Augenblick ihres Lebens war. Ein mir bekannter Mann bewahrt sich bis heute eine gewisse Sehnsucht nach jener Zeit, »in der man wenigstens einander zur Seite stand«. Die Befreiung 1944 verbannte ihn in die Einsamkeit und zerstörte damit die Gefühlsstruktur, die seinem schwachen Ich einen Halt gegeben hatte – in einem dieser unsäglichen Sammellager.

Die gesellschaftliche Diskussion hat die Aufgabe, einen Mythos zu schaffen, der alle Individuen vor einer gleichen Idee, einer Art geistigem Totempfahl versammelt. Wenn da nun einer erzählte, wie glücklich er im Lager der Deportierten war, so würde er damit die geistige und emotionale Einheit der Gruppe in Frage stellen. Man müßte ihn ausschließen, um den Zusammenhang der Gruppe zu erhalten. In solchen Fällen dient als Alibi für die Ablehnung meist die Anklage des Wahnsinns oder der Perversion. Aus demselben Grund schließen politische Parteien, die sich ja auch um Totempfähle herum organisieren, Mitglieder lieber aus, als daß sie ihre Grundsätze weiterentwickeln. Der Ausschluß des Andersdenkenden erlaubt es, die Einheit der Gläubigen zu bewahren.[401]

Damit einer also seinen Platz in der Gruppe bekommt, muß er zu einer Erzählung greifen, die die Gruppe zu hören fähig ist. Einer meiner Patienten, ein Winzer, hatte im Algerien-Krieg ein tragisches Ereignis mitgemacht: Seine Kompanie wurde von sieben Algeriern angegriffen, die es mit ihrer perfekten Kenntnis des Terrains schafften, die Kompanie in zwei Teile aufzuspalten, die sich nun gegenseitig mit Artillerie beschossen. Einige Stunden lang erlebte er nichts als wilden, fassungslosen Schrecken. Rechts und links wurden seine Kameraden in Stücke gerissen, und er wartete nur noch, daß er selber dran war. Als er wieder nach Hause zurückkehrte, sagten sein Vater und seine Brüder: »Du machst dir eine schöne Zeit in Algerien, und wir, wir schuften hier. Du verteidigst die Interessen der Siedler, während wir hier für dich die Knochenarbeit machen.« Wortlos zog er seinen blauen Arbeitskittel an und ging hinaus zum Rebenschneiden. Aber noch jahrelang, mit der Bildschärfe und der Stille eines Stummfilms, erschienen allabendlich vor seinem inneren Auge das Gesicht seines Stubennachbarn oder das rhythmische Spritzen des Blutes aus dem abgerissenen Oberschenkel eines jungen Leutnants, der minutenlang seinem eigenen Sterben zusah. Es war eine nicht mehr erzählbare Erzählung, sowohl in der Armee, die ihn zum Schweigen verdonnert hatte, als auch in seiner Familie, die ihn nicht anhören konnte.

In geschichtslosen Gesellschaften wird es unmöglich, den Dingen einen Sinn zu geben. Die Jäger der Urzeit ließen sich noch zusammen mit Pfeil und Bogen begraben, ihre Frauen mit bemalten Tongefäßen. Unsere Vorfahren schmückten ihre Wände mit Säbeln und Gewehren und den Kaminsims mit verzierten Granathülsen. Alle hatten sie mit irgendeinem Gegenstand Geschichte gemacht. Wer aber wird die Odyssee eines Kühlschranks besingen, das große Epos des Fernsehers erzählen? Wer wird sich mit seinem Auto begraben lassen?

Ein Erwachsener, dem man das Sprechen verwehrt hat, kann seinen Platz in der Gruppe, seine »Stellung«, mit den Händen erringen, indem er arbeitet. Auch wer einem Kind den Mund verbietet, verhindert damit nicht, daß die Erinnerungen ihre Spur einer geheimen Geschichte ins Gedächtnis graben und so eine Identität aufbauen. Einem alten Menschen jedoch das Erzählen zu verweigern ist nichts anderes, als ihm die letzte noch verbliebene Tätigkeit zu rauben. Man erlaubt ihm nicht, seinen Platz einzunehmen, man schließt ihn aus, schickt ihn in eine soziale und emotionale Isolation, läßt ihn verwirrt und orientierungslos in einer Welt ohne Sinn und sinnliche Erfahrung.

Damit hängt zusammen, daß alte Menschen nicht immer dieselbe Geschichte erzählen: Es kommt darauf an, wo sie sprechen. Alleingelassen beschäftigen sie sich sozusagen wiederkäuend mit ihrer Vergangenheit. Da sie unbeobachtet sind, sehen sie sich nicht altern und werden ungehalten, wenn man sie auf Mängel und Störungen hinweist. Die innerfamiliäre Gewalt, die dann häufig ausbricht, entsteht aus einem Konflikt, den sie seit langem für vergraben hielten, der aber anläßlich einer scheinbar banalen, alltäglichen Schwierigkeit wieder an die Oberfläche kommt. Solche Gewaltausbrüche, die in etwa 40 Prozent der Familien vorkommen,[402] sind immer eine Erscheinung des Palimpsest-Effekts: »Ich sehe meine Mutter einmal pro Monat, aber nur, damit sie mir meine Heirat vorwirft, und die war vor 40 Jahren«, sagte mir eine 60jährige Frau (sie hatte als Französischlehrerin noch nie von der Baudelaireschen Palimpsest-Theorie gehört).

Menschen in Altersheimen erinnern sich genauer an weit zurückliegende als an näherliegende Tatsachen.[403] Genau das Gegenteil ist der Fall bei alten Menschen, die zu Hause leben. Vielleicht bringt die Abhängigkeit von der Institution die Insassen dazu, sich lieber an eine bessere, die »gute alte« Zeit zu erinnern. Oder sie sind gerade wegen ihrer Gedächtnisstörung im Heim untergebracht. Vermutlich sind beide Erklärungen richtig. Trotzdem bleibt die wesentliche Frage: Wer bietet den Alten die bessere Umgebung, die Familie oder das Heim? Ich kenne alte Menschen, die auch in ihrer Familie ungeheuer isoliert sind, obwohl diese sie gern behielt, um sich nichts vorwerfen zu müssen. Madame B. zum Beispiel, 72 Jahre alt, hatte keine Ahnung, daß ihre Kinder arbeitslos waren und ihr Schwiegersohn eine schwere Krankheit hatte. Die Idee, ins Altersheim zu gehen und dort mit ihrer 96jährigen Mutter zusammenzuleben, fand sie faszinierend. Sie wußte nicht, daß ihre Enkel das Abitur geschafft hatten, aber sie hatte nicht vergessen, daß ihre Mutter auf sie wartete.

Alten Menschen in Psychotherapie wird manchmal vorgeschlagen, noch einmal ihr ganzes Leben zu »überprüfen«. Dieser innere Vorgang stellt in allen Kulturen natürlicherweise eine immer weitergehende Rückkehr zu den bewußten Erlebnissen der Vergangenheit dar, vor allem ein Wiederaufbrechen alter, ungelöster Konflikte.[404] Das Alter ist dabei durchaus kein Hindernis, da das Erzählen vergangener Dinge auch die verdeckten Spuren wieder auffrischt. Für den alten Menschen ist alles heute.

Der »normale Erwachsene« sieht sich gern als Vorbild und Maßstab für alle anderen Menschen. Diese Psychodiktatur ist der Grund für viele menschliche Tragödien. Unsere Kultur hat die Alten zum Schweigen gebracht, auch Kinder, Frauen und Ausländer haben nichts zu sagen, wie überhaupt alle, die nicht auf der Linie der »normalen« Erzählung liegen. Aber »normal« bedeutet nicht »gesund«. Die Norm ist nur eine statistische Definition, weshalb einer recht gut anormal und doch gesund sein kann. Wenn man aber einem, der von der Norm abweicht, das Wort verbietet, verursacht man eine Störung der menschlichen Beziehungen.

Diejenigen alten Menschen, die nicht unter dem Palimpsest-Effekt leiden, haben ein besonders reichhaltiges Innenleben. Wer ihnen geistige Nahrung bereitstellt, regt nicht nur ihr Gehirn an, sondern ebenso ihr Gefühlsleben, ihre gesamten psychischen Kräfte. Wenn nämlich ein beziehungsreicher Kontext des Miteinander-Lebens aufgebaut ist, dann kehren in die Welt des Geistes all jene Fähigkeiten zurück, die in den frühen Jahren erlernt wurden.[405] Daher sind es auch die kleinen Genies, die später fast immer die besten Alten abgeben, unter der Bedingung allerdings, daß sie ihr Leben lang die geistigen Errungenschaften ihrer Kindheit weiterpflegen. Je mehr Anregungen man als Kind erhält, um so besser altert man – aber nur, wenn die Umgebung auch dann noch Anregungen bereithält. Wir können einen Schritt weitergehen und sagen: Menschen mit einem wachen und tätigen Geist leben besser und länger als Alte, die sich hängenlassen.[406] Zu beachten ist dabei nur eine Kleinigkeit: Es ist nicht die intellektuelle Leistung, die die gute Gesundheit aufrechterhält, sondern die schlichte geistige Anregung. Das heißt nichts anderes, als daß ein interessierter Idiot besser altert als ein frustrierter Intellektueller. Auch das Kind kann ja nur innerhalb einer intakten Beziehung sprechen und lesen lernen. So stellt man auch bei den Alten mit den besterhaltenen geistigen Regungen fest, daß sie ein ungestörtes, ungestreßtes Gefühlsleben hatten.

Man weiß, daß Streß auf das Gehirn wirken kann. Ein unerträgliches Gefühl, selbst wenn es durch eine abstrakte Idee hervorgerufen wurde, durch eine philosophische »Beleidigung« oder eine symbolische Handlung (etwa das Grüßen der Nationalflagge); ein derartiges Gefühl löst immer eine vermehrte Produktion von Katecholaminen und Kortikosteroiden aus. Der Streß zeigt sich dann durch Rötung der Haut, Tränen und Beschleunigung des Herzschlags. Die genannten Streßhormone bewirken sodann ein Anschwellen der Geruchszentren im Gehirn.[407] In die erweiterten Zellen dringt Kalzium ein, was zum Platzen der Zellwände führt. Das Ergebnis: Ein wichtiger Teil des Gehirns, der sonst die Arbeit des Gedächtnisses und der Gefühle leistet, wird regelrecht verkalkt – von nichts als unkörperlichen, höchst abstrakten Informationen.

Hundertjährige haben oft ein Leben von »geringer emotionaler Spannung«[408] hinter sich. Ihr streßfreies Dasein erklärt sich eher durch einen Persönlichkeitstyp, den kaum etwas zum Wanken bringt, als durch eine Schutzvorrichtung, die so etwas wie Schicksalsschläge gar nicht erst aufkommen ließe. Mit ihren hundert Lebensjahren sind diese Menschen immer noch anregbar und interessieren sich für alle Neuheiten in Mode und Ernährung, Technik und Kultur. Beobachter sprechen dann oft von einer speziellen »Befähigung zum Glück«, so fröhlich treten sie auf, so gesellig und optimistisch, wie sie ihr ganzes Leben waren. In den Berichten der Klinikärzte trifft man sehr häufig auf den Begriff »Syntonik«,[409] der den glücklichen Zustand des Menschen als Einstimmung beschreibt, als Einschwingen auf die gleiche Wellenlänge in Gefühl, Sprache und Handeln, mit dem jene Menschen sich seit ihrer Kindheit harmonisch in ihre Umgebung einzufügen verstehen. Noch in hohem Alter schmieden sie dann ganz erstaunliche Pläne. Sie können kaum mehr auf den eigenen Beinen gehen, aber in ihrem Kopf geht noch alles.

Die Gesprächsfähigkeit könnte uns also einen guten Hinweis liefern für die Lebenserwartung des Menschen und die Lebensqualität seines Alterns. Die Tibet-Forscherin Alexandra David-Neel beantragte noch mit knapp 100 Jahren einen Reisepaß, und mit 101 Jahren fing sie an, ein Buch zu schreiben. In ihrem Kopf vibrierte weiterhin der Drang, Neues zu erkunden, während ihr Rücken bereits so gekrümmt war, daß sie nur im Sitzen schlafen konnte.[410] Wäre es demnach so, daß alle, die vor ihrem 120. Geburtstag tot sind, an Kummer sterben? Die Traurigkeit, die sie im hohen Alter heimsucht, läßt sie jetzt dahinscheiden – eine Traurigkeit, die sie 100 Jahre vorher ebenso empfanden.

In der Erzählung unseres Lebens gibt es kein Nachwort, keinen Epilog. Das Alter ist nicht die Zusammenfassung des dramatischen Dreiakters einer Biographie. Ich habe noch nie einen alten Menschen sagen hören: »Meine Damen und Herren, die Vorstellung meines Lebens ist beendet. Ich war ein Kind, dann ein Jugendlicher, dann ein Erwachsener; also werde ich Ihnen jetzt erzählen, was ich von den vergangenen Geschehnissen halte.« Nur manchmal spielt uns ein Greis diesen Streich, im Testament, nach seinem Leben. Aber solange überhaupt etwas geschieht, ist nichts vergangen. Solange alte Menschen leben, glauben sie in der Gegenwart zu leben, ja ihr Gefühl zeitlicher Dauer schenkt ihnen gar einen Hauch von Ewigkeit.

Ebensowenig gibt es einen Prolog. Ein Kind sagt nicht etwa: »Sehr geehrte Damen und Herren, Sie sehen jetzt den Film meines Lebens.« Sobald es da ist, angekommen in der Welt, stößt es sich an allem Wirklichen. Auch das Kind muß in der Gegenwart leben. Aber es lebt darin mit seinem Vorrat an Erfahrungen und der eigenen Geschichte, die bereits den ungeheuren Raum seines Universums bis zum Rand ausfüllt, wenn es sich seine Eltern vorstellt, von denen es geboren ist, oder die Eltern dieser Eltern, oder wenn es der Erzählung seiner Herkunft zuhört in der Gruppe, der es angehört.

Es gibt eigentlich nur den »Kolog«, das heißt ein Erzählen, das in einem bestimmten Augenblick an einen bestimmten anderen gerichtet ist. Diese Erzählung ist die letzte Inschrift auf dem Palimpsest, und sie erzählt die Abenddämmerung des Alters. Wir haben gesehen, daß sie gerade keine Rückkehr in die Kindheit ist, sondern eine Rückkehr der Kindheit in die Psyche eines alten Menschen, der heute und gegenwärtig lebt mit allem, worüber er als Nahrung für seine inneren Vorstellungen verfügen kann.

Diese gespannte Balance aus Erinnerungsspur und Erzählung, die bei alten Menschen offen zutage liegt, trifft in Wahrheit auch auf Menschen in mittleren Lebensjahren zu, sogar auf Kinder. Bei den Erwachsenen wird der Palimpsest in ihrem Innern während des paradoxen Schlafs beschrieben.[411] Aber dieser Mensch findet seinen kontextuellen Zusammenhang leichter, da er handeln und lieben und sozial tätig sein kann. Auf diese Weise erklärt sich auch die übertriebene physische und psychische Tätigkeit von Angstneurotikern: Sie versuchen damit, einer schmerzhaften Erinnerungsspur zu entfliehen. Kinder dagegen können sich alle Spuren einverleiben durch ihre Überfülle an Traumschlaf und ihre erstaunliche Plastizität. Bei ihnen sind es ihr Hunger nach Gefühlen und ihre Überaktivität, durch die sie sich intensiv mit ihrer Umgebung beschäftigen und sich darin einwurzeln.

In unserer etwas anderen Theorie des Menschen müssen Gehirn und Kultur miteinander harmonieren, um miteinander zu funktionieren. Wenn eines der beiden schwach wird, stürzt das Ganze ein. In diesem Sinn wäre also die Alzheimersche Krankheit eine Krankheit der Menschwerdung. In einer Umwelt ohne menschliche Kultur hätte sie gar nicht die Möglichkeit aufzutreten. Erst die Kultur, die sich der Mensch erfunden hat, gibt ihr die Zeit, sich zu bilden und zu erscheinen. Erst dann zeigt sie sich in der Gestalt eingeschmolzener Neuronen und verhärteter Nervenfasern, die das Gehirn bei der Arbeit behindern. Die Schäden befallen gerade den bei keinem anderen Lebewesen vorhandenen Kortex, den menschlichsten Teil des Gehirns. Er ist das letzte Gebilde in der Entwicklung der Arten: mit seinen vorderen Stirnlappen, die etwas vorhersehen können, den Schläfenpartien, die die Sprache produzieren, den optisch-räumlichen Bereichen, die uns Bilder liefern, und dem unteren Teil, in dem die Erinnerungen und Gefühle wohnen. Beim Alzheimer-Kranken sind Bewegungen, Sinnesempfindungen, Stoffwechsel, Hunger und Durst und die lebenswichtigen Vorgänge noch völlig intakt. Alles funktioniert, nur nicht das, was ihn zum Menschen macht.

Wenn wir die Fortschritte unseres Gehirns, unserer Kultur so weitertreiben wie bisher, dann wird im Jahr 2000 der Tod vorhersagbar. In den Ländern der Dritten Welt wird man an bis dahin unbekannten Zivilisationskrankheiten sterben: an Klimaveränderungen, Hungersnöten aufgrund ideologischer Unruhen und einer Übervölkerung, die aus der Fortpflanzungstechnik hervorgeht, aber die Kultur zerstört.

In den Ländern der reichen Lebewelt wird man an den Wohltaten der Zivilisation sterben. Das sind Überernährung, ein Übermaß an Tabak- und Alkoholkonsum sowie die seßhafte Unbeweglichkeit, die uns durch die Schule und die Regeln der Gesellschaft aufgezwungen werden. Die Entwicklung unseres Bewußtseins und der unstillbare Drang nach Sicherheit werden den Streß und seine Gehirngifte in die Höhe treiben. Und die soziale Vereinsamung steigert die pathologischen Erscheinungen unserer entmenschlichten Gehirne.

Währenddessen hat eine kleine Zahl von Individuen in der Ersten Welt ihre ganze Existenz in vollkommener Menschlichkeit gelebt, mit Gefühlen, in Sicherheit und im Abenteuer des Zusammenlebens. Sie werden in tätiger Frische die 120 Jahre erleben, die ihnen ihre Gene versprochen haben.

Bis zu dem Tag, an dem auch sie ausrufen werden: »Haltet die Erde an! Ich will aussteigen.«[412]

Kein Schluß, nur eine kleine Fabel

»Könnte ein Löwe sprechen, so könnten wir ihn nicht verstehen.« Mit diesen Worten beendete Ludwig Wittgenstein, den die Society for Human Ethology nach Fort Collins (Colorado, USA) eingeladen hatte, seinen Vortrag. Er hatte ihn wie in einem Atemzug heruntergebetet und sich dabei in den Hüften gewiegt wie ein frommer Jude an der Klagemauer.

Die akademischen Zuhörer akzeptierten zum großen Teil seine These, mit der er eine Zweiteilung der Welt vornahm: die natürliche Natur für die Tiere, für den Menschen die übernatürliche. Die »Sphäre des Sagbaren« blieb nach dieser Theorie dem Menschen vorbehalten, denn selbst wenn der Löwe sprechen könnte, würde er eine derart löwenhafte Bedeutungswelt ausdrücken, daß kein Mensch sich die Dinge vorstellen könnte, die der Löwe sagen wollte.

Vor kurzem ergab es sich aber, daß indische Verhaltensforscher im Nationalpark des Karakorum-Gebirges eine Gruppe von Löwen entdeckten, die sprechen konnten. Die Wissenschaftler nahmen das Brüllen und Knurren, die Seufzer und jede noch so kleine hörbare Äußerung, die man bis dahin für bedeutungsleer gehalten hatte, auf Tonband auf. Computer analysierten dann die Sequenzen und Strukturen, stellten Histogramme und Graphiken der Tonfrequenzen dar, zeichneten die Amplitudenkurven nach, malten den Rhythmus von Schweigen und Brüllen auf den Bildschirm. Die Daten wurden ausgewertet, und das Ergebnis war die Entdeckung des tönenden Löwen-Codes, ja sogar einer zweifachen Artikulation, weil ja das gebrüllte Zeichen noch auf etwas anderes als nur sich selbst verweist.

Die Analysemethoden wurden verfeinert: 472 verschiedene Beispiele tierischer Äußerungen wurden aufgenommen und von einem interdisziplinären Team aus Verhaltensforschern und Linguisten entschlüsselt. Den Ausschlußkriterien fiel die Sprache extrem kleiner Tiere zum Opfer; je kleiner nämlich ein Lebewesen ist, um so höher sind die Frequenzen seiner Stimme. Diese Tatsache verfälscht aber die Datenerhebung (und folglich die Analyse), da die hohen

Stimmfrequenzen durch den Filter der dichten Belaubung, durch Baumstämme und die herrschende Luftfeuchtigkeit stark gedämpft werden. Umgekehrt werden die tieferen Frequenzen der großen Tiere durch alle Materie besser weitergeleitet, nur zeigen sich die Aufnahmegeräte davon nicht immer beeindruckt.

Nun ist es aber so, daß die Löwen eine Stimme haben, deren Frequenzband dem des Menschen sehr ähnlich ist. Aus diesem Grund ist ihre Sprache leicht zu decodieren, und sie ist auch vertrauenswürdiger als die der Affen, die sich als Augentiere lieber mit der Zeichensprache der Taubstummen verständigen.

Aus dem Gesagten folgt, daß wir, im Gegensatz zu dem, was Professor Wittgenstein behauptete, jetzt wissen, daß Tiere schon immer sprechen konnten, aber wir konnten sie nicht verstehen. Seit wir jedoch die Löwensprache zu entschlüsseln gelernt haben, hören wir dreierlei Reden der Tiere. Zunächst ein sehr verständliches Plädoyer für das Überleben, wenn sie uns erklären, wie sich Krokodile, Schildkröten, Eidechsen, Vögel und Säugetiere ihr Leben im Hinblick auf die Selbstverteidigung und die Erhaltung der Art eingerichtet haben. Wir können das deshalb so gut verstehen, weil wir genau dasselbe tun: Wir suchen eine Wasserstelle auf, auf der Jagd schleichen wir uns gegen den Wind an das Wild heran, wir schmiegen uns an den besänftigenden Körper eines vertrauten Gruppenmitglieds, wir verstecken uns schutzsuchend im dunklen Bau unseres Bettes. Auch ihre Freuden sind den unseren recht ähnlich; sie legen sich wohlig in die Sonne, führen einen Schreittanz auf, schnäbeln zärtlich miteinander und brüten ihre Jungen aus.

Ähnlich verständlich auch ihre Ängste und Schrecken, wenn sie vor einem Raubtier fliehen, mit dem jede Diskussion sinnlos ist, und wenn sie sich einem aggressiven Artgenossen unterwerfen, um wenigstens noch Kontakt mit ihm zu haben.

Schließlich bewundern wir sie, wenn sie uns eine Nestkonstruktion aus geflochtenen Gräsern beschreiben, beschreiben, wie man ein Nachtlager baut aus miteinander verbundenen Blättern, ein Stück Weichholz zu einem Schwamm kaut oder einen Zweig abtrennt, den man beim Termitenfangen als Angelrute benutzt.

Bedauerlicherweise können die Löwen wegen ihrer großen Tatzen, an denen Daumen und Zeigefinger kein Greifinstrument bilden, nicht schreiben. Daher diktierten sie ihre Biographien den indischen Forschern brüllend. Sie erzählten ihnen, die wichtigsten Aufgaben in ihrem Leben seien die Verteidigung der eigenen Art und das Erlernen der Rituale. Wir machten die Tiere darauf aufmerksam, daß ja auch die menschlichen Lebensgeschichten nichts anderes behandeln, wenn sie zum Beispiel den Roman einer Familie erzählen, die trotz der Schläge des Schicksals ihren Kindern eine kleine Welt errichtet, in der sie arbeiten, leben und lieben können. Bei Löwen wie bei Menschen ist die über alle Widrigkeiten siegreiche Liebe das Hauptthema aller Kunstwerke.

In der Schule lernen die Löwenkinder beim Spielen und bei kleinen Raufereien ihre Rituale, sie entdecken den eigenen und den fremden Körper, sie stellen ihre Erfindungsgabe auf die Probe und nehmen mit alldem Platz in der Gruppe ihrer Angehörigen. Sie werfen die großen Themen auf: die Jagd und die Liebe, die später einmal ihr Sozial- und Sexualleben bestimmen werden. Auch als die brüllenden Löwen die Wirren ihrer Jugendzeit diktierten, waren ihre Biographen nicht sonderlich überrascht. Sie hörten, daß die körperlichen Veränderungen seltsame Empfindungen hervorriefen. Da wuchs den Löwen plötzlich der Haarschmuck der Mähne im Nacken, ihre Stimme legte sich tiefe Baßfrequenzen zu, und die Spiele mit den Weibchen erhielten eine andere emotionale Bedeutung.

Über die Zärtlichkeit sprachen die Löwen ein ganzes Kapitel lang. Sie erläuterten, wie man sich einander nähert, wenn man sich liebt, wie man miteinander kraftvoll-schweigsam auf Reisen geht, daß man sein Weibchen nicht aus den Augen lassen darf, wie man seine Jungen in die Familie aufnimmt, wie man sich streitet und versöhnt und endlich die Rolle des Herrn im Hause beim Essen spielt, wenn die Löwin eine noch warme Gazelle auf den Tisch bringt. Kurz: ein Familienleben wie jedes andere.

Wenn die Tiere sprechen könnten, würden uns alle Arten eben diesen Vortrag vom Überleben halten. Und jede Art könnte die andere verstehen. In verschiedenen Sprachen sagen sie im wesentlichen alle dasselbe: »Wir sind auf der Erde, ohne recht zu wissen, warum. Aber uns liegt daran, hier zu bleiben. Laßt uns einen kleinen Platz an der Sonne. Unser glückliches, schwieriges Überleben gibt unserem Leben Sinn. Es zwingt uns, ein Verhalten der Anpassung zu lernen, auch wenn das oft nicht ganz leicht ist.«

Wenn die Löwen sprechen könnten, fänden wir ihre zweite Rede, die über ihre Gefühle, zwar noch interessant, aber auch schockierend. Jede Gattung wundert sich über das, was für eine andere wertvoll ist. »Wie kann man bloß in einer Welt der Gerüche leben?!« würde die Seemöwe fragen, die lieber bunte Farben um sich hat. Die Löwen wiederum, in wahrhaft majestätischer Darstellungsweise, würden von ihrem Geruchsuniversum erzählen und erklären, daß die Düfte ihnen erlauben, in einem vierdimensionalen Raum voll fein verteilter Moleküle zu leben. Das Schmecken durch die Nase gibt ihnen vom Mit-Löwen eine sinnlich spürbare Kostprobe, als ob dieser selbst in Raum und Zeit anwesend wäre, und doch ist nur sein Geruch da, das winzige Indiz.

So viel Naivität erheiterte die Lachmöwen, die nun ihrerseits behaupteten, der Geruch sei etwas Vulgäres, sozusagen bestialisch, und nur das Anbieten eines Lebensmittels könnte ein Gefühl hervorrufen, ja, das sei überhaupt erst der Übergang zur wahren Tierkultur.

Mißmutig murmelten die Löwen in ihre Mähnen: Diese Lachmöwen redeten leichthin von ihren Nahrungsritualen, aber wenn ihnen der Fisch ausgehe, dann würden sie nicht zögern, statt dessen ein Stück totes Holz in den Schnabel zu nehmen. Triumphierendes Schlußgebrumm: »Und das soll dann die Kultur sein?«

Jeder teilte dem anderen mit seinen eigenen Worten seine Gefühlswelt mit. Und jeder stand vor neuartigen Sinneswerten, die ihm nichts bedeuteten. Jeder lachte über den anderen und verachtete ihn ein wenig. Die Affen hielten sich für Menschen, die Hunde für Überhunde, und sogar die doch so königlichen Löwen wären am liebsten wie wir gewesen. »Als die Tiere noch sprechen konnten, wollten unter vielen anderen auch die Löwen mit uns Menschen ein Bündnis eingehen. Und warum eigentlich nicht? Zu jener Zeit war ihre Sippschaft nicht weniger wert als unsere.« Das sagte ein Verhaltensforscher, der allerdings unter dem Namen des Fabeldichters La Fontaine bekannter ist (er hatte gerade den Liebesbrief eines Löwen an Mademoiselle de Sévigné übersetzt).

Die erste der drei Löwenreden, die vom Überleben sprach, traf für alle Tiere der Schöpfung zu, die Rede über die Gefühle jedoch verdeutlichte die Unterschiede zwischen den Arten, ja zwischen einzelnen Individuen. Angesichts desselben Geschehens empfand der eine Löwe ganz andere Gefühle als sein Nachbar, weil der zufällig eine andere Erziehung genossen hatte.

Ein alter Löwe, der »unter der Last der Jahre seinen früheren Heldentaten nachseufzte«, erzählte, wie in seiner Kindheit eines Tages die Mutter krank wurde und nicht die Kraft hatte, ihm Ruhe und Sicherheit zu geben. Der »unglückliche Löwenjunge, matt, traurig und trübsinnig«, spielte nicht mehr und lernte nur schlecht, sich in die Gruppe einzufügen. Bei jedem Konkurrenzkampf fing er zu zittern an. Und als er eines Tages eine verletzte Gazelle vor sich hatte, traute er sich nicht einmal an die heran, was ihm die Verachtung seiner ruppigen Brüder einbrachte.

Ein menschlicher Zuhörer könnte sich leicht betroffen fühlen von einer solchen Geschichte, die ihn womöglich an etwas Ähnliches in seiner eigenen Kindheit erinnerte. Aber was in einem Menschenleben gilt, ist in einem Löwenleben nichts wert. Das Tier staunte denn auch nicht schlecht, als der Mensch ihm erzählte, daß er als Kind nicht mehr spielte und Beziehungsprobleme in der Familie hatte, seit er eines Tages seine Mutter in den Armen des Nachbarn überraschte. Der Löwe, dem dieselbe Sache passiert war, fand das aber nicht weiter aufregend. Während der kleine Mensch damals auf der verzweifelten, einsamen Suche nach Geborgenheit einen alten, versteckten Reflex wiederentdeckte und im Schlaf sein Bett einnäßte.

Immerhin: Beide, der Löwe und der Mensch, erlebten bestimmte Ereignisse mit einem Gefühl von Wahrheit, Wirklichkeit und emotionaler Bedeutsamkeit. Ereignisse jedoch, die nichts bedeuteten in der Welt des jeweils anderen, und wenn sie noch so intensiv empfunden waren in der eigenen Welt. Was die dritte Löwenrede betrifft, die Erläuterung der geistigen Leistungen, so antwortete der Löwe, als der Mensch widersprach: »Also, das ist nun wirklich die Höhe! Ich habe ja nichts dagegen zu sterben. Aber deine verbalen Attacken aushalten zu müssen, das heißt doppelt sterben. Wir Löwen töten ohne Grausamkeit. Wenn wir einer Gazelle die Kehle durchbeißen, bleibt unser Gemüt sanftmütig. Mit großem Respekt räumen wir unseren Rang dem, der uns überwunden hat. Wenn unsere hungrigen Jungen uns herumstoßen, empfinden wir eine zärtliche Freude. Wir töten nur einmal, aber ihr Menschen tötet tausendmal wegen irgendwelcher Sachen, die vor zwei Jahrtausenden passiert sind. In jeder Generation wiederholt ihr eure Verbrechen, eure ganze furchtbare Geschichte. Eure Gefühle entziehen sich der ordnenden Wirkung des Kontexts, weil ihr mit eurer Sprache ein Universum von Ideen schafft, das nur zu oft von jeder wahrnehmbaren Wirklichkeit abgeschnitten ist. Ihr setzt eure Kinder in eine Welt, die ihre Form durch die Erzählung euch völlig fremder Menschen erhielt; eine Erzählung, die dauernd neue Wunderdinge erfindet, eure Massaker rechtfertigt und noch die entsetzlichste Tat unschuldig erscheinen läßt!« So sprach der erboste Löwe und schließt damit dieses Buch.

Noch nie ist eine Gesellschaft vom Himmel gefallen, nie hat sich ein Mensch gedacht: »Mal sehen, wie wäre es denn, wenn wir jetzt mal den Inzest verbieten würden? Das müßte doch eine Kultur ergeben.« Die menschliche Lebenswelt hat sich nur sehr langsam aus der Tonerde der Gefühle geformt. Wir brauchten Körper, um uns zu begehren, Sinne, um miteinander auszukommen, und Wörter, um uns die Zeit zu erobern. Aber seit der Mensch fähig wurde, eine Geschichte zu haben, hat er die Schuld seiner Geschichte auf sich geladen. Die Vergangenheit stirbt nie für einen Menschen, der daraus eine Erzählung macht, während sie beim Löwen nur einige Spuren hinterläßt.

Indem wir den Mythos nacherzählen, geben wir ihm eine solide Gestalt. Er bewirkt dann in uns das Gefühl einer ebenso verläßlichen Wahrheit wie die Wahrnehmung eines Gegenstands. Unsere zusammenphantasierten Kulturen verwechseln immerfort das Wirkliche mit der Idee, die sie sich vom Wirklichen machen. Wir bewohnen eine Welt, die eine Erfindung unserer Sprache ist, und hegen nicht einmal einen Verdacht gegen die Macht unserer Worte. Eines sehr frühen Tages sagte der erste Mann zur ersten Frau: »Du bist schön. Ich liebe dich.« Drei Millionen Jahre später haben diese Worte viele Milliarden Nachkommen.

Vielleicht reden die Menschen zu viel?

Wenn eine neue Art von Lebewesen diesen Planeten betritt, hat sie eine Lebenserwartung von sieben Millionen Jahren. Wir Menschen sind also vor recht kurzer Zeit auf die Welt gekommen, da wir erst seit drei Millionen Jahren von der Tierwelt getrennt sind, auf unseren Hinterbeinen gehen und uns mit den Händen Werkzeuge machen. Erst 30000 Jahre ist es her, daß wir zum »Homo sapiens« wurden, unseren Vätern Namen geben, in Erzählungen formgebende Mythen lebendig halten und die Technik einsetzen, die sich der Naturgesetze bedient, um der Natur zu entkommen. Weitere vier Millionen Jahre liegen noch vor uns.

Daher müssen wir wieder den alten Löwen das Wort erteilen, denn der gerade geborene Mensch ist noch nicht zum Menschen geworden.

Wird er die Zeit dafür finden?

Anmerkungen

1 J. Dehasse: Chiens hors du commun. Éditions de l'homme, 1993.
2 Y. Leroy: Diversité des émissions sonores et spéciation chez les gryllides. In: J. Medioni, E. Boesiger (Hrsg.): Mécanismes éthologiques de l'évolution. Masson, 1977, S. 78–94.
3 D. Morris: Le Chien révélé. Calmann-Lévy, 1986.
4 J.-P. Digard: L'Homme et les animaux domestiques. 1986.
5 P. Pageat: Les carences affectives chez les animaux de compagnie. Vortrag in Toulon-Châteauvallon, Mai 1993.
6 S. Freud: Das Unbewußte. Frankfurt am Main 1969 (Studienausgabe), Bd. III, S. 154.
7 S. Freud: Drei Abhandlungen zur Sexualtheorie. Frankfurt am Main 1969 (Studienausgabe), Bd. V, S. 46.
8 C. Larrere: L'image: verité et illusions dans la philosophie de la connaissance. In: Psychologie médicale, XIX, Nr. 1 (1987), S. 127–132.
9 G. Lanteri-Laura: Vorwort zu: P. Bercherie: Les Fondements de la clinique. Le Seuil, 1980, S. 11.
10 R. Villey: Histoire du diagnostic médical. Masson, 1979, S. 71.
11 G. G. de Clérambault: La Passion des étoffes chez un neuropsychiatre. Solin, 1990.
12 P. Karli: Cognition, mémoire et aggressivité. In: Aggressologie XXXI, Nr. 9, (1991), S. 589f.
13 S. Bakchine: Corrélations anticipation et lobe frontal chez l'homme. In: L'Anticipation, clé du temps du déprimé. Survector (Collection scientifique), 1993.
14 R. Mucchielli: L'Observation psychologique et psychosociologique. ESF, 1978.
15 J. Vauclair: L'Intelligence de l'animal. Le Seuil, 1992.
16 G. Canguilhem: L'Homme de Vésale dans le monde de Copernic. Delagrange (Les empêcheurs de penser en rond), 1992.
17 P. Feyereisen, J.-D. de Lannoy: Psychologie du geste. Pierre Mardaga, 1985.
18 V. Jacob: Zusammenfassung von Nicole Avril: Le roman de l'amour chaste. L'Événement du jeudi, Nr. 376 (1992), S. 94.
19 E. Straus: Du sens des sens. Jérôme Millon, 1989.
20 P. Mazoyer-Chermat: Dédoublement et création littéraire. In: L'Information psy, Nr. 3 (1991).
21 P. Delbrouck: Le désordre caché. In: Actualités médicales internationales de psychiatrie VIII, Nr. 132 (1991).
22 F. Terrasson: La Peur de la nature. Sang de la terre, 1988.
23 P. Mazet, S. Lebovici: Émotions et affects chez le bébé et ses partenaires. ESHEL, 1992, S. 8.
24 B. Cramer, D. Stern: Mother-Infant Psychotherapy. Objective and Subjective Changes. Beitrag auf dem 3. Weltkongreß für Kinderpsychiatrie, Stockholm 1986.
25 D. Stern: Affect Attunement. In: Frontiers of Infant Psychiatry, Basic Books, 1985.

26 H. Stork: Les comportements parentaux. In: D. Desor, B. Krafft: Comportement, CNRS, 1986.
27 Duden: Deutsches Universal-Wörterbuch A–Z.
28 A. Rojas Urrego: Le Phénomène de la rencontre et la psychopathologie. PUF, 1992.
29 B.-L. Deputte: D'où proviennent les différences comportementaux entre les femelles et les mâles primates? In: Nouvelle Revue d'ethnopsychiatrie, Nr. 18 (1991), S. 91–112.
30 R. Mucchielli: Analyse et liberté. EAP, 1986.
31 J. von Uexküll: Streifzüge durch die Umwelten von Tieren und Menschen. rde 13, Rowohlt Taschenbuch Verlag, Reinbek 1956.
32 Zitiert bei R. Mucchielli (s. Anm. 30), S. 31.
33 In dem Film ›La pêche au crocodile‹ von J.-J. Cousteau wischt sich ein Australier die Achselhöhlen, um dann seinen Schweiß auf den Körper eines Kranken aufzutragen.
34 A. Birchall: À la recherche du sens perdu. In: JIM, Nr. 181 (1991), S. 34–38.
35 J. Lacan: Le Séminaire. Le Seuil, Band XI, 1973, S. 61f.
36 Marcel Proust: In Swanns Welt. Frankfurt a. M. 1981, S. 66f.
37 A. Lachaud: Représentation du principe de plaisir. In: Psychologie médicale XXI, Nr. 3 (1989), S. 397–402.
38 M.-C. Pfauwadel: Respirer, parler, chanter. Le Hameau, 1981, S. 181–183.
39 B. Cyrulnik: Pourquoi deux sexes? In: Nouvelle Revue d'ethnopsychologie, Nr. 18 (1991), S. 113–122.
40 L. Futoransky: Cheveux, toison et autres poils. Presses de la Renaissance, 1991, S. 157.
41 P. Yonnet: Jeux, modes et masses. Gallimard, 1985, S. 299–355.
42 Ebd., S. 303.
43 F. Borel: Le Vêtement incarné. Calmann-Lévy, 1992.
44 E. Lemoine-Luccioni: La Robe, essai psychanalytique sur le vêtement. Le Seuil, 1983.
45 J.-C. Kaufman: La Trame conjugale. Nathan, 1992, S. 43.
46 M. Bozon: Radiographie du coup de foudre. In: Sciences humaines, Nr. 2 (1992).
47 L. Roussel: La Famille incertaine. Odile Jacob, 1989.
48 J.-C. Kaufman (s. Anm. 45), S. 43.
49 S. Nock: The Separation of Sex. Gestation and Genetics from Parenthood. In: Revue Tocqueville, Nr. 10 (1990), S. 113–134.
50 J. Bowlby: Attachement et perte. PUF, Band II, 1978.
51 B. Cyrulnik, R. Leroy: Approche éthologique des comportements de rencontre en milieu psychiatrique. In: Bulletin de le Société Psychiatrique du Sud-Est, Februar 1984, S. 49–56.
52 K. Immelmann: Dictionnaire de l'éthologie. Pierre Mardaga, 1990.
53 J. Huxley: A Discussion of Ritualization of Behaviour in Animals and Man. In: Philosophical Transactions of the Royal Society CCLI (1966), S. 247–256.
54 M. Chanton: Le comportement social du chien familier. Dissertation, Paris VI, 1991.
55 G. Pennac: Drehbuch zu dem Film: Tous les matins du monde.
56 A. van der Straten: Premiers gestes, premiers mots. Centurion, 1991, S. 83.

57 M.-A. Descamps: Le Langage du corps et la communication corporelle. PUF, 1989, S. 195–205.
58 D. Morris: La Clé des gestes. Grasset, 1978.
59 R. Schenkel: Submission. Its Features and Function in the Wolf and the Dog. In: American Zoologist VII (1967), S. 319–329.
60 H. F. und M. K. Harlow: Social Deprivation in Monkeys. In: Scientific American CCVII (1967), S. 136–146.
61 J. Corraze: Les Communications non verbales. PUF, 1980.
62 H. Montagner: Communications entre jeunes enfants. VHS-Videocassette, INSERIM, Montpellier.
63 M. Argyle: La communication par le regard. In: La Recherche XIII (1982), S. 132.
64 M. Deveaux: Contributions physiologiques au concept de proxémie. Dissertation, Grenoble 1975.
65 W. Pasini: Éloge de l'intimité. Payot, 1991.
66 M. Argyle: Non-Verbal Communications in Human Social Interaction. In: Hinde: Non-Verbal Communication, Cambridge University Press, 1972.
67 J. Cosnier: Éthologie du dialogue. In: J. Cosnier, C. Kerbrat-Orecchioni: Décrire la conversation. PUF, 1987.
68 E. Straus: Du sens des sens (1935). Jérôme Millon, 1989.
69 Nicole Belmont: L'enfant et le fromage. In: L'Homme XXVIII (1988), S. 13.
70 M. Serroul-Delbarr, Y. Serroul: Le Foetus dans la littérature française. Dissertation, Lille 1985.
71 J. Gélis: La relation du couple avec l'enfant en Europe au cours des quatre dernièrs siècles. In: Frison-Roche (Hrsg.): Enfants. Paris, 1988.
72 J. Gélis, M. Laget, M.-F. Morel: Entrer dans la vie. Gallimard-Julliard (Archives), 1978.
73 Ambroise Paré: Dix-huitième livre. Lyon 1690; zitiert in: J. Gélis u.a. (s. Anm. 72).
74 Scevole de Sainte-Marthe: La Manière de nourrir les enfants à la mamelle. Paris 1698; zitiert in: J. Gélis u.a. (S. Anm. 72), S. 65.
75 D. Querlen, X. Renard, F. Versyp: Vie sensorielle du foetus. In: G. Lévy, M. Tournaire (Hrsg.): Environnement de la naissance. Vigot, 1985.
76 Zur Fixierung vgl. B. C. Ling: A Genetic Study of Sustained Visual Fixation and Associated Behavior in the Human Infant from Birth to Six Months. In: Journal of Genetic Psychology VI (1942), S. 227–277. Zur Blickrichtung vgl. P. Wolff, B. L. White: Visual Pursuit and Attention in Young Infants. In: Journal of American Child Psychiatry IV (1956), S. 473–483.
77 I. Soulé, A Granger Joly de Boissel: Ecofoetologie. Bordeaux 1990.
78 H. Montagner: Videocassette, INSERIM U 70, Montpellier; ders.: L'Attachement. Les débuts de la tendresse. Odile Jacob, 1988.
79 B. Schaal: L'organisation de la perception olfactive au cours de la période néonatale. In: F. Jouen, A. Henocq: Du nouveau-né au nourrisson. PUF, 1991.
80 C. K. Rovee-Collier, J. W. Fagan: The Retrieval of Memory in Early Infancy. In: C. P. Lipsitt: Advances in Infancy Research. Band 1, Norwood/N. J., 1981.
81 D. Stern: Le monde interpersonnel du nourrisson. PUF, 1989.
82 J. Creff: Le Foetus entend-il?. EMC, 1983.

83 J.-P. Lecanuet, C. Granier-Deferre, B. Schaal: Les systèmes sensoriels du foetus. In: Introduction à la psychiatrie foetale. ESF, 1992.
84 J.-P. Lecanuet, C. Granier-Deferre, C. Cohen: Fetal Alertness and Reactivity to Sound Stimulation. Beitrag zur ICI-Konferenz, New York, Oktober 1984.
85 M. Mancia: Neurofisiologia e vita mentale. Zachinelli, 1980.
86 R. Soulayrol, M. Sokolowsky, J. Vion-Dury: Le dos, un mode d'approche préférentiel de l'enfant psychotique. In: Le Corps et sa mémoire (Kongreßbericht). Doin, 1984.
87 M. Lescure: Les Carences affectives. Privat, 1978, S. 46f.
88 André Soler, persönlicher Brief vom 24. Dezember 1991.
89 A. Milani-Comparetti: The Neurological and Clinical Implications of Studies on Feal Motor Behaviour. In: Seminars in Perinatology V (1981), S. 183–189.
90 A. Piontelli: Infant Observation from Before Birth. In: International Journal of Psychoanalysis LXVIII (1965), S. 289–297.
91 T. B. Brazelton, B. Cramer: Les Premiers Liens. Stock, 1991, S. 40.
92 A. Pritchard: Deglutition by Normal and Anencephalic Fetuses. In: Obstetrics and Gynecology XXV (1965), S. 289–297.
93 A. Rascowsky: La vita psichica nel feto. In: A. Rascowsky: Le Foetus et soin entourage. Médecine et hygiène, 1989.
94 E. Straus: Du sens des sens. Jérôme Millon, 1989.
95 Y. Ruckebusch, M. Gaujoux: Sleep Cycles and Kinesis in the Fetal Lamb. In: Électroencéphalographie clinique et neurophysiologique XLII (1977), S. 226–237.
96 M. Mancia: Vie prénatale et naissance du Soi. In: Le Foetus et son entourage (s. Anm. 93).
97 Ebd.
98 T. L. Valatx: Sleep Behaviour, Genetic Regulation. In: Développement du cerveau chez le foetus et le jeune enfant. Aspects normaux et pathologiques. Josiah Macy Foundation, New York 1977.
99 D. Hubel, T. N. Wiesel: Receptive Fields of Single Neurons in the Cat's Striate Cortex. In: Journal of Physiology CXLVIII (1959), S. 574–591. Für den Beitrag hätten die Autoren den Nobelpreis verdient.
100 Y. Navelet: Développement du rythme veille-sommeil chez l'enfant. Masson, 1984, S. 127–133.
101 C. Guilleminault, M. Souquet: Sleep States and Related Pathology. In: Advances in Perinatal Neurology. Spectrum Publications, 1979, Band 1, S. 225–247.
102 R. P. Warren: Detection of Maternal Antibodies in Infantile Autism. In: Journal of the American Academy of Child and Adolescent Psychiatry XXIX (1990), S. 873–877.
103 A. Laurent: À quoi rêvent les foetus? In: Èchothérapie (März 1990), S. 8–11.
104 R. Restak: Le Cerveau de l'enfant. Laffont, 1988.
105 B. Schaal: Discontinuité natale et continuité chimio-sensorielle: modèles animaux et hypothèses pour l'homme. Beitrag zum Kolloquium: Ethologie et Naissance. Ile des Embiez, Toulon, 1985.
106 P. Mazet, S. Stolern: Psychopathologie du nourrisson et du jeune enfant. Masson, 1988.
107 D. Stern: Le Monde interpersonnel du nourrisson. PUF, 1989.
108 J. Haroche: Pourquoi Mozart? in: JIM, Nr. 147 (1990).

109 A. Gianfrancesco: Religion et affectivités. Vortrag in Toulon-Châteauvallon, April 1993.
110 A. Langenay, N. Hubert van Blitenburgh, A. Sanchez-Mazas: Tous parents, tous différents. Musée de l'Homme-Chabaud, 1992, S. 41–43.
111 M. Lani: À la recherche de la génération perdue. Hommes et perspectives, 1990, S. 45.
112 A. Langenay u.a. (s. Anm. 110).
113 Zu Riten: vgl. L Granier, 1992, Association Var-Tzigane; zu Redeweisen: Pradeep Naraïm, persönliche Mitteilung, 1992.
114 Oumou Ly Kane: Diskussionsbeitrag beim Kolloquium: À Qui appartient l'enfant? Toulon-Châteauvallon, 1992.
115 K. K. Minde, R. Minde, S. Musisi: Quelques aspects de la rupture du système d'attachement des jeunes enfants. Perspective transculturelle. In: E. J. Anthony, C. Koupernik: L'enfant dans la famille. PUF, 1985, S. 2--81.
116 H. Stork: Enfances indiennes. Centurion, 1986. Ders.: Les rituels du coucher de l'enfant. ESF, 1993.
117 S. Lallemand: La filiation pour les ethnologues. In: Filiations, Nr. 11 (1087), S. 44–54.
118 É. Benveniste: Le vocabulaire des institutions indo-européens. Éditions de Minuit, Bd.1, 1969.
119 L. Roussel: La Famille incertaine. Odile Jacob, 1989.
120 V. Bordarier: La filiation du point de vue juridique et anthropologique. In: J. Guyotat: Mort, naissance et filiation. Masson, 1980, S. 90–105.
121 F. Winnykamen: Apprendre un imitant? PUF, 1990.
122 A. van der Straten: Premier gestes, premiers mots. Centurion, 1991, S. 249.
123 A. Epelboin: VHS-Videocassette. Laboratoire d'ethnologie, Muséum d'Histoire Naturelle, Paris, 1992.
124 C. Laye: L'enfant noir. In: M. Boucebi, A. Amal-Yaker: Traité de psychiatrie de l'enfant et de l'adolescence. PUF, Bd. III, S. 91.
125 J. M. Legay, D. Debouzie: Introduction à une biologie des populations. Masson, 1985.
126 M. Soulé, J. Noël: Aspects psychologiques des notions de filiation et d'identité et les secrets de l'origine. In: M. Soulé, J. Noël: Le secret sur les origines. ESF, 1986, S. 51–68.
127 M. Soulé, J. Noël (s. Anm. 126).
128 J.-C. Ruwet, persönliche Mitteilung auf der Tagung zum 100. Geburtstag von Schmeierling. Lüttich, November 1991.
129 P. Robertoux, M. Carlier: Génétique et comportements. Masson, 1976.
130 B. D. Chepko-Sade, T. J. Olivier: Coefficient of Genetic Relationship and the Probability of Transgenealogical Fission in Macaca-Mulatta. In: Behaviour, Ecology, Sociobiology V (1979), S. 263–278.
131 P. Pageat, persönliche Mitteilung, Ecole vétérinaire de Maisons-Alfort, 1990.
132 M. Soulé, J. Noël (s. Anm. 126), S. 65.
133 M. Kundera: Le Livre du rire et de l'oubli. Gallimard, 1985.
134 S. Lebovici, M. Soulé: Connaissance de l'enfant par la psychanalyse. PUF, 1983. Siehe auch O. Rank: Le Mythe de la naissance du héros. Payot, 1983, und M. Robert: Roman des origines et origines du roman. Grasset, 1972.

135 M. Soulé (s. Anm. 126), S. 65.
136 M. Soulé (s. Anm. 126).
137 M. A. Ouaknin: Méditations érotiques. Balland, 1992, S. 32f.
138 A. Robichez-Dispa, B. Cyrulnik: Observation éthologique comparée du geste de pointer du doigt chez des enfants normaux et des enfants psychotiques. In: Neuro-Psychiatrie de l'enfance XL, Nr.5/6 (1992), S. 292–299.
139 Pradeep Naraïm, persönliche Mitteilung, 1992.
140 G. Mendel: 54 millions d'individus sans appartenance. Laffont, 1983.
141 G. Mendel: La Révolte contre le père. Payot, 1968.
142 N. Zadje: La transmission du traumatisme chez les survivants juifs de l'Holocauste nazi. Dissertation, Paris VIII, 1992. Siehe auch: N. Zadje: Souffle sur tous ces morts et qu'ils vivent! La pensée sauvage, 1993.
143 Y. Kniebihler: Les Pères aussi ont une histoire. Hachette, 1987.
144 A. Eiguer: La Parenté fantasmatique. Dunod, 1987. Ebenso: A. Ancelin Schützenberger: Aïe, mes aïeux! Epi, 1993.
145 B. Cyrulnik: Sous le signe du lien. Hachette, 1989.
146 S. Freud: Der Familienroman der Neurotiker. In: Gesammelte Werke. Band VII. Frankfurt am Main 1941, S. 227.
147 S. de Beauvoir: Das andere Geschlecht. Reinbek bei Hamburg 1955.
148 A. Bensmail, persönliche Mitteilung beim Kolloquium: La violence sociale, Nizza, 1991.
149 in Deutschland: »elterliche Sorge« (Anm. d. Übs.)
150 S. Moscovici: L'Âge des foules. Fayard, 1982.
151 Ph. Ariès, G. Duby: Geschichte des privaten Lebens. Bd. 1, Frankfurt am Main 1989.
152 S. Lepastier: Le sommeil de l'adolescent. Aspects cliniques. In: Annales psychiatriques V, Nr. 4 (1990), S. 332–334.
153 M. Godelier: La production des grands hommes. Fayard, 1982.
154 F. Sigaut, persönliche Mitteilung, 1992.
155 J. Birtchnell: Defining dependance. In: British Journal of Medical Psychology LXI (1988), S. 111–123.
156 P. E. Mullen: Jealousy: the Pathology of Passion. In: British Journal of Psychiatry CLVIII (1991), S. 593–601.
157 Y. Raoul, M. Delage: Psychiatrie de guerre en milieu maritime. In: Annales médico-psychologiques, Januar 1984, S. 229–236.
158 B. Bettelheim: À coeur conscient. Laffont, 1981.
159 Frz. Pékin ist der Spitzname der Militärs für Zivilisten.
160 M. Serres: Hermès ou la communication. Éditions de Minuit, 1968.
161 T. M. Newcomb: Personality and Social Change. Dryden Press, 1992.
162 S. Moscovici (s. Anm. 150).
163 R. Girard: Des choses cachées depuis la fondation du monde. Grasset, 1972, S. 157.
164 T. Nathan: De la fabrication culturelle des enfants. In: Nouvelle Revue d'ethnopsychiatrie Nr. 17 (1991), S. 13–22.
165 Sacha Gehler, Präsident der Marseiller Vereinigung für werdende Mütter »Les cigognes«, 1992.
166 G. Monod: L'Annonce faite à Mamie. In: JIM, Nr. 244 (1992), S. 35–39.

167 M. Soulé, J. Noël: Aspects psychologiques des notions de filiation et d'identité et le secret des origines (s. Anm. 126), S. 65. Bestritten von J. Couderc, Clermont-Ferrand 1993.
168 G. Monod (s. Anm. 166), S. 37.
169 J. Vincent: Pseudo-solutions. In: Impact Médecins, Nr. 157 (1992), S. 3.
170 J. de Grouchy: Où cours-tu primate? Expansion scientifique française, 1992, S. 88.
171 J. Duvignaud: Beitrag zur Tagung: Violence. CECOFF, Paris, 30. Januar 1993.
172 R. Mucchielli: Analyse et liberté. EAP, 1986, S. 41.
173 J. Bergeret: La Violence fondamentale. Dunod, 1984.
174 K. Immelmann: Dictionnaire de l'éthologie. Mardaga, 1990.
175 J. von Uexküll: Streifzüge durch die Umwelten von Tieren und Menschen. rde 13, Reinbek bei Hamburg 1956.
176 D. R. Griffin: La Pensée animale. Denoël, 1988.
177 R. Byrne, A. Whiten: Machiavellian Intelligence. Clarendon Press, 1980. Ebenso: J. Vauclair: Les Images mentales chez l'animal. In: La Recherche, Nr. 224 (1990), S. 1006–1014.
178 J. S. Huxley: Le Comportement rituel chez l'homme et l'animal. Gallimard, 1971.
179 J. S. Huxley (s. Anm. 178), S. 18.
180 E. Mayr: Birds of paradise. Natural History, 1954.
181 R. Brasillach: Notre avant-guerre. Le Livre de Poche, 1992, S. 344.
182 H. Montagner: L'Attachement. Les débuts de la tendresse. Odile Jacob, 1988.
183 D. van Caneghem: Agressivité et combativité. PUF, 1978.
184 B.-L. Deputte: Ontogenèse comportementale et socialisation chez les simiens. Analyse chez les mangabeys en captivité. In: J.-J. Roeder, J.-R. Anderson: Primates. Recherches actuelles. Masson, 1990.
185 D. L. Cheney: The Acquisition of Rank and Development of Reciprocal Alliances among Free-Ranging Immature Baboons. In: Behaviour, Ecology and Sociobiology II (1977), S. 303–318.
186 J. Loy: The Descent of Dominance in Macaca. Insights into the Structure of Human Societies. In: Socioecology and Psychology of Primates. Mouton, 1975, S. 153–180.
187 J. Vauclair: Représentation et intentionnalité dans la cognition animale. In: E. Siguan: Comportement, cognition, conscience. PUF, 1987, S. 59–88.
188 R. Girard: Des choses cachées depuis la fondation du monde. Grasset, 1980.
189 G. Mendel: La Société n'est pas une famille. La Découverte, 1992, S. 148.
190 B. Cyrulnik: Culture du totem, nature du tabou. In: A. Durandeaux, C. Vasseur-Fauconnet (Hrsg.): Sexualité, mythes et culture. L'Harmattan, 1990.
191 G. Boulanger-Balleyguier: Les étapes de la reconnaissance de soi devant le miroir. In: J. Corraze: Image spéculaire du corps. Privat, 1980, S. 139–186.
192 R. Girard: La Violence et le sacré. Grasset, 1980.
193 A. Charpaz: Enjeux sur la violence. Le Cerf, 1980.
194 M. Chanton: Le Comportement social du chien familier. Dissertation, Paris VI, 1991.
195 J.-L. Rappoport: Reply to Commentaries on Recent Advances in Obsessive-Compulsive Disorders. In: Neupsychopharmacology V, Nr. 1 (1991), S. 21f.

196 E. Zarifian: Action biochimique des antidépresseurs chez l'homme. In: Pharmaka V (1984; Seminar für biologische Psychiatrie).

197 J.-P. Tassin: Approche du rôle fonctionnel du système méso-cortical dopaminergique. In: Psychologie médicale XII (1980).

198 M. Bourdin: Psycho-dermatologie chez les carnivores domestiques. Dissertation, Maisons-Alfort, Bd. II/2, 1992. Prix Arkovet 1992.

199 P. Wallon: La Relation thérapeutique et le développement de l'enfant. Privat, 1991.

200 D. Lecourt: Vorwort zu B. Cyrulnik: Was hält mein Hund von meinem Schrank? München 1995.

201 A. Alameda, B. Cyrulnik, C. Beata: Pouvoir façonnant des interactions entre les propriétaires et les animaux de compagnie lors d'une consultation vétérinaire. Beitrag zum Internationalen Veterinärkongreß, CNVSPA, Paris, November 1992.

202 B. Cyrulnik, A. Alameda, H. Tonnelier, A. Robichez, B. Rousselot: Préludes autistiques. Beitrag zum Kolloquium: Éthologie du jeu. Paris-Sorbonne, Mai 1993.

203 F. O. Odberg: Behavorial Coping in Chronic Stress Conditions. In: Etho-Experimental Approaches to the Study of Behavior. Blanchard & NATO Series, 1991.

204 D. G. M. Wood-Gush, R. G. Beilharz: The Enrichment of a Bare Environment for Animals in Confined Conditions. In: Applied Animal Ethology, Nr. 10 (1983), S. 209–217.

205 R. Campan, V. Fourcassié: La neuro-éthologie peut-elle se passer d'éthologie? In: Études et analyses comportementales III, Nr. 3 (1986).

206 A. Rousselle: Gestes et signes de la famille dans l'Empire romain. In: Histoire de la famille. Armand Colin, Bd. 1, 1989, S. 257.

207 M. Godelier: La production des grands hommes. Fayard, 1982.

208 Claude Lanzmann in dem Film ›Shoah‹.

209 J.-C. Chesnais: Histoire de la violence. Robert Laffont, 1981, S. 79f.

210 R. Mazlouman: Les facteurs essentiels de la criminalité dans les différents pays musulmans. In: J.-C. Chesnais (s. Anm. 209).

211 D. van Caneghem: Aggressivité et combativité. PUF, 1978, S. 82.

212 J.-M. Delgado: Le Conditionnement du cerveau et la liberté de l'esprit. Dessart, 1972.

213 H. F. und M. K. Harlow: Social Deprivation in Monkeys. In: Scientific American, November 1962.

214 M. Ehrlich: La Mutilation. PUF, 1990, S. 178.

215 M. Levitt: Dysesthesias and Self-Mutilation in Humans and Sub-Humans. A Review of Clinical and Experimental Studies. In: Brain Research Review X (1990), S. 247–290.

216 J. J. Christian: The Roles of Endocrine and Behavioral Factors in the Growth of Mammalian Populations. In: A. Gobman: Comparative Endocrinology. Wiley, 1959, S. 71–97.

217 O. Koenig: Das Aktionsprogramm der Bartmeise. In: van Caneghem (s. Anm. 211), S. 67.

218 C. R. Carpenter: The Howlers of Barro Colorado Island. In: I. De Dore: Primate Behavior. 1965, S. 250–291.

219 J. B. Calhoun: Population Density and Social Pathology. In: Scientific American CCVI (1962), S. 139–148.
220 J. Piel: Le péril des mégapoles. In: Impacts Médecins, Nr. 22 (November 1991).
221 L. Marcoll, N. Cohen, D. Nardacci, J. Brittain: The New York City Initiative for the Homeless Mentaly Ill. In: American Journal of Psychiatry CXLVII, Nr. 11 (1990).
222 C. Turnbull: Un peuple de fauves. Le Seuil, 1972.
223 G. Mendel: Quand plus rien ne va de soi. Robert Laffont, 1972.
224 Studientage des Ministère de la Justice, Paris: »Qu'est-ce que l'éducation?«. Garches, Oktober 1991.
225 J. Hiégel: Beitrag zum Kolloquium: Les révolutions. Toulon-Châteauvallon, 1989.
226 D. Bougnoux: L'impensé de la communication. In: La Suggestion. Delagrange, 1991.
227 B. Cyrulnik: Quand ›je‹ n'est pas un autre. Seminar Léon Chertok und Isabelle Stengers. EHESS-MSH, Februar 1991.
228 A. Bensmaïl: Beitrag zu den Studientagen über Gewalt. Nizza, September 1992.
229 M. Boucebci: Beitrag zum Kolloquium: Santé mentale, culture et société. Lille, April 1993.
230 S. Fosse: Le profil du récidiviste. In: Impact Médecins, Nr. 181 (26. Februar 1993).
231 B. Cyrulnik: L'Enfant et l'adolescent dans la société. Beitrag zur Tagung: Assises régional de la sécurité dans le Var. Toulon, CRAIFF, Januar 1993.
232 M. Boucebci, A. Amal Yaker: Psychopathologie infanto-juvénile dans les pays en voie de développement. In: dies.: Traité de psychiatrie de l'enfant et de l'adolescent. PUF, Bd. III, 1985, S. 111.
233 Abstract in: Alzheimer actualités, Nr. 76 (1993).
234 J. Bergeret: Beitrag zur Tagung: Journées du Ministère des Affaires sociales sur les violences. Paris, März 1992.
235 J. André: L'inceste focal. PUF, 1992, S. 378.
236 S. Freud: Brief an Albert Einstein: »Warum Krieg?«. Frankfurt am Main 1969 (Studienausgabe), Bd. IX, S. 276.
237. J. Vauclair: L'Intelligence de l'animal. Le Seuil, 1992.
238 S. Raymond: Crimes de sang et faits de violence. Hommes et perspectives, 1993.
239 J. Cosnier, C. Kerbrat-Orecchioni: Décrire la conversation. PUL (Presses Universitaires de Lyon), 1987.
240 A. Rauch: Violence, brutalité et barbarie. In: Ethnologie française XX, Nr. 1 (1991), S. 3.
241 P. Mannoni: La Psychologie collective. PUF, 1985.
242 L. Roussel: La Famille incertaine. Odile Jacob, 1989, S. 39.
243 R. Girard (s. Anm. 192), S. 171.
244 P. Gay: Freud. Eine Biographie für unsere Zeit. Frankfurt am Main 1987, S. 496.
245 Freud gesteht es selbst, in: Eine Kindheitserinnerung von Leonardo da Vinci. Frankfurt am Main 1969 (Studienausgabe), Bd. X.
246 P. Gay (s. Anm. 244), S. 9.

247 P. Simonnot: Un anarchiste de droite. Entretien avec Claude Lévi-Strauss. In: L'Express vom 17.–23. Oktober 1986, S. 126.
248 B. Cyrulnik: Sous le signe du lien. Hachette, 1989, S. 237.
249 Ein durch Schädelverletzungen entstandener Bluterguß zwischen dem Gehirn und dem Schädelknochen.
250 P. Straus, M. Manciaux: L'enfant maltraité. Fleurus, 1982.
251 Die folgenden Zahlen wurden erhoben von den Organisationen »Enfance et Partage«, »Stop Viol« in Lyon, »SOS inceste« in Grenoble. In: P. Straus u.a.: L'Enfance maltraitée. Syros, 1990.
252 P. Pedrot: Beitrag zum Kolloquium: À qui appartient l'enfant? Toulon-Châteauvallon, September 1992.
253 H. Hesse: Unterm Rad. Berlin, 1952. – H. Bazin: Vipère au poing. 1960. – J. Renard: Poil de carotte. 1894.
254 Persönliche Mitteilung, Bukarest 1955.
255 J.-L. Flandrin: Familles. Hachette, 1987, S. 29.
256 J. André: L'Inceste focal. PUF, 1992, S. 364.
257 Madame Parrois, Militärkinderärztin, berichtet von ihrem Schrecken beim spielerischen Versuch junger maghrebinischer Mütter, bei ihren kleinen Jungen eine Erektion zu erreichen. Sie konnten sich nicht mehr halten vor Lachen und wären über den Vorwurf eines Inzest-Verbrechens ziemlich erstaunt gewesen (Jerusalem, Februar 1993).
258 A. Nisbett: Konrad Lorenz. Belfond, 1979, S. 219.
259 K. Lorenz: Durch Domestikation verursachte Störungen arteigenen Verhaltens. In: Zeitschrift für angewandte Psychologie und Charakterkunde LIX (1940), S. 2–81.
260 H. Fisher: La Stratégie du sexe. Calman-Lévy, 1983, S. 143.
261 J. Itani: A Preliminary Essay on the Relationship Between Social Organisation and Incest Avoidance in Non Human Primates. In: J. Itani: Primate Socialization. Random House, 1972.
262 J. Goodall: In the Shadow of Man. Dissertation, Cambridge, 1961.
263 M. Goustard: Le Psychisme des primates. Complexe, 1978.
264 Ektohormone (auch: Pheromone) sind Hormone, die für Individuen derselben Art die Funktion von Informationen für das Verhalten haben. Sie können die Sexualität anregen, die Entwicklung hemmen, die Vertrautheit in der Gruppe fördern, einen Alarm, aber auch Anziehung und Abstoßung auslösen und anderes mehr. Nach: A. Heymer: Vocabulaire éthologique. PUF, 1977.
265 B. Thierry, J. R. Anderson: Adoption in Anthropoid Primates. In: International Journal of Primatology VII (1986), S. 191–216.
266 D. S. Sade: Inhibition of Son-Mother-Mating among Free-Ranging Rhesus Monkeys. In: Science and Psychoanalysis, Nr. 12 (1968), S. 18–38.
267 N. Bischof: The Biological Foundation of Incest Taboo. In: Social Science Information XI, Nr. 6 (1973), S. 7–36. Ders.: Éthologie comparative de la prévention de l'inceste. In: R. Fox: Anthropology bio-sociale. Complexe, 1978.
268 M. Godelier: Sexualité, parenté et pouvoir. In: La Recherche XX (1989), S. 1142.
269 B.-L. Deputte: L'évitement de l'inceste chez les primates non humains. In: Nouvelle Revue d'ethnopsychiatrie, Nr. 3 (1985), S. 41–72.

270 S. Strum: Presqu'humains. ESHEL, 1990.
271 D. S. Sade (s. Anm. 266). Ebenso: B. Cyrulnik: Sous le signe du lien. Hachette, 1989, S. 90–95.
272 J.-L. Millot, J. C. Filiatre: Les comportements tactiles de la mère à l'égard du nouveau-né. In: Bulletin d'écologie et d'éthologie humaine, November 1986.
273 C. M. Corter: Brief Separation and Communication Between Infant and Mother. In: Attachement Behavior. Adv. Stud. Communication Affect III (1977), S. 81–107.
274 G. Queinnec, persönliche Mitteilung, 1991.
275 M. Godelier (s. Anm. 268), S. 1143.
276 B.-L. Deputte (s. Anm. 269).
277 S. Freud: Triebe und Triebschicksale. Frankfurt am Main 1969 (Studienausgabe), Bd. III, S. 89.
278 C. Chiland: L'interdit de l'inceste comme fondateur du groupe social et organisation de la psyché. In: Nouvelle Revue d'ethnopsychiatrie, Nr. 3 (1985), S. 15–20.
279 E. Goffman: Les Rites d'interactions. Minuit, 1974.
280 P.-C. Racamier: Le Psychanalyste sans divan. Payot, nouvelle édition, 1993.
281 R. Zazzo: Le Paradoxe des jumeaux. Stock, 1984, S. 186–204.
282 P. Pageat, persönliche Mitteilung.
283 F. Gruyer, M. Fadier-Nisse, P. Sabourin: La Violence impensable. Nathan, 1992, S. 47.
284 T. Nathan: Il y a quelque chose de pourri au royaume d'Oedipe. In: M. Gabel: Les enfants victimes d'abus sexuels. PUF, 1992, S. 20–36.
285 M. Lamour: Les abus sexuels à l'égard des jeunes enfants. In: M. Gabel (s. Anm. 284), S. 67.
286 S. Lebovici: Le Nourrisson, la mère et le psychanalyste. Centurion, 1983.
287 R. A. Spitz: Vers une réévaluation de l'auto-érotisme. In: Psychiatrie de l'enfant VII, Nr. 1 (1964), S. 269–297.
288 M. Lamour (s. Anm. 285), S. 90f.
289 P. Gabrie, persönliche Mitteilung, 26. Dezember 1992.
290 S. Lebovici: L'inceste. In: S. Lebovici (Hrsg.): Traité de psychiatrie de l'enfant et de l'adolescent. PUF, 1985, Bd. III, S. 394.
291 Aussage in der Fernsehsendung ›Bas les masques‹ von Mireille Dumas, 1992.
292 S. Lizot: Le Cercle des jeux. Faits et dits des Indiens Yanomami. Le Seuil, 1976.
293 T. Nathan, persönliche Mitteilung auf dem Kolloquium: À qui appartient l'enfant?« Toulon-Châteauvallon, September 1992.
294 Die Zahlen wurden erhoben von der Vereinigung »L'Essor«, Var, 1990.
295 J. Cambier, M. Masson, H. Dehen: Neurologie. Masson, 1972, S. 123f.
296 L. Malle: Le Souffle au coeur [Herzflimmern]. Gallimard, 1971, S. 140f.
297 B. d'Astorg: Variations sur l'interdit majeur. Gallimard, 1992, S. 74.
298 M. Tournier: Le Vent Paraclet. Gallimard, 1977.
299 Briefzitat in: M.-C. Raux-d'Arnaud: L'Inceste amoureux. Diplomarbeit, Marseille, 1991, S. 28.
300 G. Benoit: Approches de l'inceste. In: Neuropsychiatrie de l'enfance XXXIII, Nr. 6 (1985), S. 211–216. Ebenso: Briefliche Mitteilung an Marie-Christine Raux-Arnaud.

301 M.-C. Raux-Arnaud (s. Anm. 299), S. 28f.
302 P. Garnier (Psychoanalytiker, der »dramatische und justiziable Fälle« antrifft, aber überzeugt ist, daß »es noch ganz andere Fälle von Inzest gibt«), Brief vom 30. Dezember 1992.
303 P. Scherrer: L'inceste dans la famille. In: Nouvelle Revue d'ethnopsychiatrie, Nr. 3 (1985), S. 23.
304 J. Nepote: Le lien de filiation au Cambodge. In: Filiations, Nr. 11 (1987), S. 70–74.
305 Ebd.
306 B. Bril: Le premier bain. In: A. Epelboin: Du savon plein les yeux. VHS-Videocassette, Séminaire d'ethno-médecine, Muséum d'Histoire Naturelle, Paris, 1992.
307 J. Gelis, M. Laget, M. F. Morel: Entrer dans la vie. Naissance et enfances dans la France traditionnelle. Gallimard (Archives), 1978.
308 H. Stork: Enfances indiennes. Centurion, 1986.
309 F. Vuillemain: Stress et immunologie. PUF, 1989.
310 J. Nepote (s. Anm. 304), S. 70–74.
311 S. Thierry: Étude d'un corpus de contes cambodgiens traditionnels. L'Harmattan, 1985.
312 H. F. Ellenberger: À la découverte de l'inconscient. SIMEP, 1974.
313 D. Karlin, T. Lainé: L'Amour en France. Fernseh-Dokumentation, TF1, 1989.
314 W. Pasini: La Qualité des sentiments. Payot, 1992.
315 S. Bergeret: La Violence fondamentale. Dunod, 1984.
316 J. André (s. Anm. 256), S. 366.
317 G. Calame-Griaule: L'homme, la parole et le geste. In: J. Poirier: Histoire des moeurs. Gallimard (Pléiade), Bd. II, 1990, S. 91–96.
318 P. Sabourin: La Violence impensable. Nathan, 1992.
319 Zitiert in: J.-J.Pauvert: Sade. Osons le dire. Les Belles Lettres, 1992, S. 117.
320 S. Angeli: Les enfants de la rue. Berger-Levrault, 1986.
321 J. Pomeroy, in: Psychology Today. Zitiert in: L'Événement du jeudi, vom 16. Januar 1989.
322 Guy Queinnec, André Langaney, persönliche Mitteilung.
323 S. Freud: Eine Kindheitserinnerung von Leonardo da Vinci. Frankfurt am Main 1969 (Studienausgabe), Bd. X, S. 124.
324 B. Cyrulnik: Freud précurseur de l'éthologie. Laboratoire Duphar, 1993. Ebenso: L. Ritvo: Darwin, ascendant de Freud. Gallimard, 1992.
325 Dieses frühe, intensive und ausschließliche Wahrnehmungsfeld könnte auch die Hypertrophie des vorderen Thalamus-Kerns erklären, die die Neuroradiologen bei Homosexuellen festgestellt haben. Dabei soll es sich eher um eine entwicklungsstufenbedingte (epigenetische) als eine genetische Hypertrophie handeln. Persönliche Mitteilung von M. Jouvet beim Schmeierling-Kolloquium, Lüttich, Oktober 1992.
326 J. André (s. Anm. 256), S. 164.
327 S. Freud: Eine Kindheitserinnerung von Leonardo da Vinci. Frankfurt am Main 1969 (Studienausgabe), Bd. X, S. 124.
328 Ebd.
329 Y. Stalloni, Brief vom 30. Januar 1993.

330 É. Sullerot: La famille nucléaire éclatée. In: Sauvegarde de l'enfance, Nr. 1 und 2 (1985).
331 B. Camdessus: L'Enfance violentée. ESF, 1993.
332 A. Spira: Rapport ANRS und INSERM, September 1991.
333 J. André (s. Anm. 256), S. 229.
334 C. Fonseca: Menores carentes. In: Autrement, Nr. 96 (1988), S. 49–54.
335 O. Page: Site II. Des gamins-héros. In: Nouvelle Revue d'ethnopsychiatrie, Nr. 12 (1988), S. 155–158.
336 P. A. La Violette: Thoughts about Thoughts about Thoughts. The Emotional Perceptive Cycle Theory. In: Man-Environment Systems IX (1979).
337 W. Gray: Unterstanding the Creative Thought Process. An Early Formulation of the Emotional Cognitive Theory. In: Man-Environment Systems IX (1979), S. 3–14.
338 R. Bly: L'Homme sauvage et l'enfant. Le Seuil, 1992.
339 S. Kakar, J. Munder Ross: Les Pièges de l'amour érotique. PUF, 1987.
340 M.-P. Veron: L'enfant et l'adolescent dans la société. Beitrag zur Tagung: Assises régionales de la sécurité dans le Var. CRAIFF, 1993.
341 J.-C. Kaufman: La fausse surprise. In: Autrement, Nr. 135 (1993).
342 S. Kakar, J. Munder Ross (s. Anm. 339).
343 U. Eco: Der Name der Rose. München 1982.
344 C. Baudelaire: Un mangeur d'opium. Gallimard, 1980, S. 451–453.
345 A. Novac: Les Beaux Jours de ma jeunesse. Balland, 1992.
346 Auf deutsch im Original.
347 A. Novac (s. Anm. 345), S. 235–39.
348 A. Allais: Les Pensées. Le Cherche-Midi, 1987.
349 P. Valéry: Oeuvres. Gallimard (Pléiade), Bd. II, 1984, S. 776f. Auch: J.-P. Sartre: Die Wörter. Rowohlt, Reinbek bei Hamburg 1965, S. 153.
350. J.-C. Deschamps, A. Clemence: L'Attribution. Causalité et explication du quotidien. Delachaux et Niestlé, 1990.
351 A. Prochiantz: Les Stratégies de l'embryon. PUF, 1988.
352 D. O. Wirak u.a., zitiert in: Y. Christen: Le double paradoxe du modèle animal. In: Alzheimer actualités, Oktober 1991.
353 J.-D. Vincent, persönliche Mitteilung auf der Tagung: Art-Corps-Cerveau. Mouans-Sartoux, September 1992.
354 P. Pageat: Dépression d'involution du vieux chien. Description clinique et traitement. In: Le Point vétérinaire, September 1990.
355 P. Pageat (s. Anm. 354).
356 B. Cyrulnik: Éthologie de la vieillesse. In: Neuro-psy IV (Sondernummer, Januar 1990), S. 27–31.
357 R. Chauvin: L'Éthologie. PUF, 1975.
358 R. Dantzer: Les Émotions. PUF, 1988.
359 K. Lorenz: La place des anciens chez les animaux sociaux. In: Communications, Nr. 37 (1983).
360 J.-D. Vincent: Biologie des passions. Odile Jacob, 1986.
361 I. Eibl-Eibesfeldt: Grundriß der vergleichenden Verhaltensforschung. München 1987.
362 M. Jouvet: Le Sommeil et le rêve. Odile Jacob, 1991.

363 J. Delacour: Apprentissage et mémoire. Masson, 1987, S. 118–123.
364 Y. Ruckebusch: Le sommeil lent et les rêves chez les animaux. In: Psychiatrie animale, Desclée de Brouwer, 1964. Ebs.: M. Jouvet: Phylogenèse du sommeil paradoxal. Tagung zum 100. Geburtstag von Schmeierling, Lüttich 1991.
365 P. Pageat (s. Anm. 354).
366 A. Spitz: De la naissance à la parole. PUF, 1968.
367 A.-M. Alleon, O. Morvan, S. Lebovici: Adolescence terminée, adolescence interminable. PUF, 1983.
368 R. T. Bartus, R. L. Dean: Developing and Utilising Animal Models in the Search for an Effective Treatment of Age-Related Memory Disturbances. In: Normal Aging, Alzheimer Disease and Senile Dementia (Kongreßbericht). University of Brussels Press, 1985, S. 231–267.
369 R. L. Dean, K. D. Luan, R. T. Bartus: Modèles comportementaux et pharmacologiques du vieillissement et de la démence chez les primates. In: Y. Lamour: Le Viellissement cérébral. PUF, 1990, S. 163.
370 B. Cyrulnik (s. Anm. 356).
371 Y. Lamour (s. Anm. 369).
372 C. Beata: VHS-Videokassette. Espace Gounod-Hôpital de Toulon-La Seyne, 1991.
373 D. Dedieu-Anglade: Psychopathologie des troubles psycho-névrotiques dans le vieillissement. In: G. Dedieu-Anglade: Encyclopédie médico-chirurgicale. EMC PSY, Paris 1987.
374 J.-M. Léger, R. Garoux, J.-F. Tessier, B. Chevalier: Le compagnon tardif et l'objet non animé du sujet dément sénile. In: Annales médico-psychologiques CXLIV, Nr. 4 (1986), S. 341–355.
375 B. Cyrulnik, M. Ohayon: Éthologie du visage âgé dans le miroir. In: B. Cyrulnik (Hrsg.): Le Visage. Sens et contresens. ESHEL, 1988.
376 J. Postel: Troubles de la reconnaissance spéculaire de soi au cours des démences tardives. In: J. Corraze: Image spéculaire du corps. Privat, 1980.
377 J.-M. Tessier, J.-F. Tessier, R. Garoux: Rôle du compagnon imaginaire et de l'objet transitionnel dans la vie affective du dément sénile. In: Psychologie médicale XV, Nr. 10 (1983), S. 1765 f.
378 M. Ehrlich: La mutilation. PUF, 1990, S. 203 ff.
379 C. Chiland: L'automutilation. De l'acte à la parole. In: Neuropsychologie de l'enfance XXXII, Nr. 4 (1984), S. 170.
380 J.-E. Ledoux, L. Romanski, A. Xagoraris: Cortical Ablation and Under-Cortical Memory. In: Journal of Cognitive Neuro-Science I (1989), S. 238–243.
381 J.-C. Rouchouse, Brief vom 17. September 1992.
382 S. Owens u. a.: Features of ›Near Death Experience‹ in Relation to Whether or not Patients were Near Death. In: The Lancet CCCXXXVI (1991), S. 1175–1178.
383 Auf deutsch im Original.
384 H. Bianchi: La Question du vieillissement. Dunod, 1989, S. 40–63.
385 B. Michel: Beitrag zum Kolloquium: Souvenir. Toulon-Châteauvallon, 1991.
386 P. Guimard: L'Âge de pierre. Grasset, 1992.
387 J. Bergeret: La deuxième crise d'adolescence. Zitiert in: J. Guillaumin: Le temps, la vie. In: Gérontologie, Nr. 14 (1974), S. 73.

388 D. Pauvarel, C. Mejean: L'affectivité des gens âgés. Vortrag im Relais socioculturel Peiresc, Toulon, am 11. März 1987.
389 B. W. Rouner u. a., Abstract zitiert in: Alzheimer actualités, Nr. 50 (1990).
390 H. Bianchi: Vieillir. S'attacher et se détacher. In: Le Journal des psychologues, Nr. 102 (1992), S. 28.
391 C. Ronsac: On ne se lasse pas d'aimer. Laffont, 1992, S. 236.
392 Quelle: INSEE, 1992.
393 Quelle: L. Cathala (Staatssekretär) in: Le Monde vom 7. August 1992.
394 J. Andrian: Le suicide des personnes âgés de plus de 55 ans. In: Panorama du médecin, Nr. 31 (1990).
395 M. Boucebci, A. Amal Yaker: Psychopathologie infanto-juvénile dans les pays en voie de développement. In: Traité de psychiatrie de l'enfant et de l'adolescent. PUF, 1985, Bd. III, S. 111.
396 P. David, D. Smith: Le sens et la mort. In: JAMA (französische Ausgabe) XV (1990), S. 729–734.
397 Y. Christen: La lettre mensuelle de l'année gérontologique. In: Alzheimer actualités, Nr. 5 (1990), S. 6f.
398 K. Hasegawa: The Epidemiological Study of Depression in Late Life. In: Journal of Affective Disorders, September 1990, Supplement 1, S. 53–56.
399 F. Alberoni: Le Choc amoureux. Ramsay, 1981.
400 T. Helgason u. a.: The First 80 Years of Life. A Psychiatric Epidemiological Study. In: Acta Psychiatrica Scandinavica, Nr. 79 (1989), S. 85–94.
401 P. Mannoni: La Psychologie collective. PUF (Que sais-je?, Nr. 2236), 1985.
402 D. A. Kalunian u. a.: Violence by Geriatric Patients who Need Psychiatric Hospitalization. In: Journal of Clinical Psychiatry LI, Nr. 8 (1990), S. 340–348.
403 C. Holland, P. Rabbit: Les gens âgés vivent-ils réellement dans leur passé? In: Alzheimer actualités, Nr. 53 (1991).
404 R. N. Butler: The Life Review. An Interpretation of Reminiscence in the Aged. In: Psychiatry XXVI (1963), S. 65–76.
405 R. Katzman: Prix Potamkin. Laboratoires Spécia, 1992.
406 M. Romaniuk: Reminiscence and the Second Half of Life. In: Experimental Research VII (1981), S. 315–336. Ebenso in: British Medical Journal CCC (1990), S. 239f.
407 Sie sind auch für das emotionale Gedächtnis zuständig und liegen verdeckt unter den beiden Gehirnhälften.
408 V. Lehr, in: Revue du Conseil pontifical pour la pastorale des services de santé, Nr. 10 (1989).
409 »syntone« im Original. A. Karasawa, K. Kawashina, H. Kasahara, Abstracts zitiert in: Alzheimer actualités, Nr. 50 (1990).
410 J. Chalon: Le Lumineux Destin d'Alexandra David-Neel. Perrin, 1985.
411 M. Jouvet: Programmation génétique itérative et sommeil paradoxal. In: Confrontations psychiatriques, Nr. 27 (1986), S. 170f.
412 Alfred Sauvy, der Zeit seines langen Lebens geliebt und gearbeitet hat.

Literaturverzeichnis

Alameda, A., B. Cyrulnik, C. Beata: Pouvoir façonnant des interactions entre les propriétaires et les animaux de compagnie lors d'une consultation vétérinaire. Beitrag zum Internationalen Veterinärkongreß, CNVSPA, Paris, November 1992.
Alberoni, F.: Le Choc amoureux. Ramsay, 1981.
Allais, A.: Les Pensées. Le Cherche-Midi, 1987.
Alleon, A.-M., O. Morvan, S. Lebovici: Adolescence terminée, adolescence interminable. PUF, 1983.
André, J.: L'Inceste focal. PUF, 1992.
Andrian, J.: Le suicide des personnes âgés de plus de 55 ans. In: Panorama du médecin, Nr. 31 (1990).
Angeli, S.: Les enfants de la rue. Berger-Levrault, 1986.
Anthony, E. J., C. Koupernik: L'enfant dans la famille. PUF, 1985.
Argyle, M.: Non-Verbal Communications in Human Social Interaction. In: Hinde: Non-Verbal Communication, Cambridge University Press, 1972.
Argyle, M.: La communication par le regard. La Recherche, XIII (1982), S. 132.
Ariès, Ph., G. Duby (Hg.): Geschichte des privaten Lebens. Frankfurt am Main 1989.
Astorg, B. d': Variations sur l'interdit majeur. Gallimard, 1992.

Bakchine, S.: Corrélations anticipation et lobe frontal chez l'homme. In: L'Anticipation, clé du temps du déprimé. Survector (Collection scientifique), 1993.
Bartus, R. T., R. L. Dean: Developing and Utilising Animal Models in the Search for an Effective Treatment of Age-Related Memory Disturbances. In: Normal Aging (Kongreßbericht). University of Brussels Press, 1985, S. 231–267.
Baudelaire:, C.: Un mangeur d'opium. Gallimard (Oeuvres complètes), 1984.
Bazin, H.: Vipère au poing. 1960.
Beata, C.: VHS-Videokassette. Espace Gounod-Hôpital de Toulon-La Seyne, 1991.
Beauvoir, S. de: Das andere Geschlecht. Reinbek bei Hamburg 1955.
Belmont, Nicole: L'enfant et le fromage. In: L'Homme XXVIII (1988), S. 13.
Benoit, G.: Approches de l'inceste. In: Neuropsychiatrie de l'enfance XXXIII, Nr. 6 (1985), S. 211–216.
Bensmaïl, A.: Beitrag zu den Studientagen über Gewalt. Nizza, September 1992.
Benveniste, É.: Le vocabulaire des institutions indo-européens. Éditions de Minuit, Bd.1, 1969.
Bergeret, J.: Beitrag zur Tagung: Journées du ministère des Affaires sociales sur les violences. Paris, März 1992.
Bergeret, S.: La Violence fondamentale. Dunod, 1984.
Bergeret, J.: La deuxième crise d'adolescence. Zitiert in: J. Guillaumin: Le temps, la vie. In: Gérontologie, Nr. 14 (1974), S. 73.
Bettelheim, B.: À coeur conscient. Laffont, 1981.
Bianchi, H.: Vieillir. S'attacher et se détacher. In: Le Journal des psychologues, Nr. 102 (1992), S. 28.

Bianchi, H.: La Question du vieillissement. Dunod, 1989.
Birchall, A.: À la recherche du sens perdu. In: JIM, Nr. 181 (1991), S. 34–38.
Birtchnell, J.: Defining dependance. In: British Journal of Medical Psychology LXI (1988), S. 111–123.
Bischof, N.: The Biological Foundation of Incest Taboo. In: Social Science Information XI, Nr. 6 (1973), S. 7–36.
Bischof, N.: Éthologie comparative de la prévention de l'inceste. In: R. Fox: Anthropology bio-sociale. Complexe, 1978.
Bly, R.: L'Homme sauvage et l'enfant. Le Seuil, 1992.
Bordarier, V.: La filiation du point de vue juridique et anthropologique. In: J. Guyotat: Mort, naissance et filiation. Masson, 1980.
Borel, F.: Le Vêtement incarné. Calmann-Lévy, 1992.
Boucebci, M.: Beitrag zum Kolloquium: Santé mentale, culture et société. Lille, April 1993.
Boucebci, M., A. Amal-Yaker: Traité de psychiatrie de l'enfant et de l'adolescence. PUF, Bd. III, 1985.
Boucebci, M., A. Amal Yaker: Psychopathologie infanto-juvénile dans les pays en voie de développement. In: Traité de psychiatrie de l'enfant et de l'adolescent. PUF, Bd. III, 1985, S. 111.
Boulanger-Balleyguier, G.: Les étapes de la reconnaissance de soi devant le miroir. In: J. Corraze: Image spéculaire du corps. Privat, 1980, S. 139–186.
Bourdin, M.: Psycho-dermatologie chez les carnivores domestiques. Dissertation, Maisons-Alfort, Bd. II/2, 1992. Prix Arkovet 1992.
Bowlby, J.: Attachement et perte. PUF, Band II, 1978.
Bozon, M.: Radiographie du coup de foudre. In: Sciences humaines, Nr. 2 (1992).
Brasillach, R.: Notre avant-guerre. Le Livre de Poche, 1992, S. 344.
Brazelton, T. B., B. Cramer: Les Premiers Liens. Stock, 1991.
Bril, B.: Le premier bain. In: A. Epelboin: Du savon plein les yeux. VHS-Videokassette, Séminaire d'ethno-médecine, Muséum d'Histoire Naturelle, Paris, 1992.
Butler, R. N.: The Life Review. An Interpretation of Reminiscence in the Aged. In: Psychiatry XXVI (1963), S. 65–76.
Byrne, R., A. Whiten: Machiavellian Intelligence. Clarendon Press, 1980.

Calame-Griaule, G.: L'homme, la parole et le geste. In: J. Poirier: Histoire des moeurs. Gallimard (Pléiade), Bd. II, 1990, S. 91–96.
Calhoun, J. B.: Population Density and Social Pathology. In: Scientific American CCVI (1962), S. 139–148.
Cambier, J., M. Masson, H. Dehen: Neurologie. Masson, 1972, S. 123f.
Camdessus, B.: L'Enfance violentée. ESF, 1993.
Campan, R., V. Fourcassié: La neuro-éthologie peut-elle se passer d'éthologie? In: Études et analyses comportementales III, Nr. 3 (1986).
Caneghem, D. van: Aggressivité et combativité. PUF, 1978.
Canguilhem, G.: L'Homme de Vésale dans le monde de Copernic. Delagrange (Les empêcheurs de penser en rond), 1992.
Carpenter, C. R.: The Howlers of Barro Colorado Island. In: I. De Dore: Primate Behavior. 1965, S. 250–291.

Chalon, J.: Le Lumineux Destin d'Alexandra David-Neel. Perrin, 1985.

Chanton, M.: Le Comportement social du chien familier. Dissertation, Paris VI, 1991.

Charpaz, A.: Enjeux sur la violence. Le Cerf, 1980.

Chauvin, R.: L'Éthologie. PUF, 1975.

Cheney, D. L.: The Acquisition of Rank and Development of Reciprocal Alliances among Free-Ranging Immature Baboons. In: Behaviour, Ecology and Sociobiology II (1977), S. 303–318.

Chepko-Sade, B. D., T. J. Olivier: Coefficient of Genetic Relationship and the Probability of Transgenealogical Fission in Macaca-Mulata. In: Behaviour, Ecology, Sociobiology V (1979), S. 263–278.

Chesnais, J.-C.: Histoire de la violence. Robert Laffont, 1981.

Chiland, C.: L'interdit de l'inceste comme fondateur du groupe social et organisation de la psyché. In: Nouvelle Revue d'ethnopsychiatrie, Nr. 3 (1985), S. 15–20.

Chiland, C.: L'automutilation. De l'acte à la parole. In: Neuropsychologie de l'enfance XXXII, Nr. 4 (1984), S. 170.

Christen, Y.: Le double paradoxe du modèle animal. In: Alzheimer actualités, Oktober 1991.

Christen, Y.: La lettre mensuelle de l'année gérontologique. In: Alzheimer actualités, Nr. 5 (1990), S. 6f.

Christian, J. J.: The Roles of Endocrine and Behavioral Factors in the Growth of Mammalian Populations. In: A. Gobman: Comparative Endocrinology. Wiley, 1959, S. 71–97.

Clérambault, G. G. de: La Passion des étoffes chez un neuropsychiatre. Solin, 1990.

Corraze, J.: Les Communications non verbales. PUF, 1980.

Corraze, J.: Image spéculaire du corps. Privat, 1980.

Corter, C. M.: Brief Separation and Communication Between Infant and Mother. In: Attachement Behavior. Adv. Stud. Communication Affect III (1977), S. 81–107.

Cosnier, J., C. Kerbrat-Orecchioni: Décrire la conversation. PUF, 1987.

Cosnier, J.: Éthologie du dialogue. In: J. Cosnier, C. Kerbrat-Orecchioni: Décrire la conversation. PUL (Presses Universitaires de Lyon), 1987.

Cramer, B., D. Stern: Mother-Infant Psychotherapy. Objective and Subjective Changes. Beitrag auf dem 3. Weltkongreß für Kinderpsychiatrie, Stockholm 1986.

Creff, J.: Le Foetus entend-il? EMC, 1983.

Cyrulnik, B.: Culture du totem, nature du tabou. In: A. Durandeaux, C. Vasseur-Fauconnet (Hrsg.): Sexualité, mythes et culture. L'Harmattan, 1990.

Cyrulnik, B.: Éthologie de la vieillesse. In: Neuro-psy IV (Sondernummer, Januar 1990), S. 27–31.

Cyrulnik, B.: Freud précurseur de l'éthologie. Laboratoire Duphar, 1993.

Cyrulnik, B.: L'Enfant et l'adolescent dans la société. Beitrag zur Tagung: Assises régional de la sécurité dans le Var. Toulon, CRAIFF, Januar 1993.

Cyrulnik, B.: Pourquoi deux sexes? In: Nouvelle Revue d'ethnopsychologie, Nr. 18 (1991), S. 113–122.

Cyrulnik, B.: Was hält mein Hund von meinem Schrank? Zur Entstehung von Sinn bei Mensch und Tier. München 1995.

Cyrulnik, B.: Quand ›je‹ n'est pas un autre. Seminar Léon Chertok und Isabelle Stengers. EHESS-MSH, Februar 1991.

Cyrulnik, B.: Sous le signe du lien. Hachette, 1989.

Cyrulnik, B. (Hrsg.): Le Visage. Sens et contresens. ESHEL, 1988.

Cyrulnik, B., R. Leroy: Approche éthologique des comportements de rencontre en milieu psychiatrique. In: Bulletin de le Société psychiatrique du Sud-Est, Februar 1984, S. 49–56.

Cyrulnik, B., M. Ohayon: Éthologie du visage âgé dans le miroir. In: B. Cyrulnik (Hrsg.): Le Visage. Sens et contresens. ESHEL, 1988.

Cyrulnik, B., A. Alameda, H. Tonnelier, A. Robichez, B. Rousselot: Préludes autistiques. Beitrag zum Kolloquium: Éhologie du jeu. Paris-Sorbonne, Mai 1993.

D. Desor, B. Krafft: Comportement, CNRS, 1986.

Dantzer, R.: Les Émotions. PUF, 1988.

David, P., D. Smith: Le sens et la mort. In: JAMA (französische Ausgabe) XV (1990), S. 729–734.

De Dore, I.: Primate Behavior. 1965.

Dean, R. L., K. D. Luan, R. T. Bartus: Modèles comportementaux et pharmacologiques du vieillissement et de la démence chez les primates. In: Y. Lamour: Le Vieillissement cérébral. PUF, 1990, S. 163.

Dedieu-Anglade, G.: Encyclopédie médico-chirurgicale. EMC PSY, Paris 1987.

Dedieu-Anglade, D.: Psychopathologie des troubles psycho-névrotiques dans le vieillissement. In: ebd.

Dehasse, J.: Chiens hors du commun. Éditions de l'homme, 1993.

Delacour, J.: Apprentissage et mémoire. Masson, 1987.

Delbrouck, P.: Le désordre caché. In: Actualités médicales internationales de psychiatrie, VIII, Nr. 132 (1991).

Delgado, J.-M.: Le Conditionnement du cerveau et la liberté de l'esprit. Dessart, 1972.

Deputte, B.-L.: D'où proviennent les différences comportementaux entre les femelles et les mâles primates? In: Nouvelle Revue d'Éthnopsychiatrie, Nr. 18 (1991), S. 91–112.

Deputte, B.-L.: Ontogenèse comportementale et socialisation chez les simiens. Analyse chez les mangabeys en captivité. In: J.-J. Roeder, J.-R. Anderson: Primates. Recherches actuelles. Masson, 1990.

Deputte, B.-L.: L'évitement de l'inceste chez les primates non humains. In: Nouvelle Revue d'ethnopsychiatrie, Nr. 3 (1985), S. 41–72.

Descamps, M.-A.: Le Language du corps et la communication corporelle. PUF, 1989, S. 195–205.

Deschamps, J.-C., A. Clemence: L'Attribution. Causalité et explication du quotidien. Delachaux et Niestlé, 1990.

Deveaux, M.: Contributions physiologiques au concept de proxémie. Dissertation, Grenoble 1975.

Digard, J.-P.: L'Homme et les animaux domestiques. 1986.

Duden, Deutsches Universal-Wörterbuch A–Z.

Duvignaud, J.: Beitrag zur Tagung: Violence. CECOFF, Paris, 30. Januar 1993.

Eco, U.: Der Name der Rose. München 1982.
Ehrlich, M.: La mutilation. PUF, 1990.
Eibl-Eibesfeldt, I.: Éthologie du comportement. Éditions scientifiques, 1987.
Eiguer, A.: La Parenté fantasmatique. Dunod, 1987.
Ellenberger, H. F.: À la découverte de l'inconscient. SIMEP, 1974.
Epelboin, A.: VHS-Videokassette. Laboratoire d'ethnologie, Muséum d'Histoire Naturelle, 1992.
Epelboin, A.: Du savon plein les yeux. VHS-Videokassette, Séminaire d'Éthnomédecine, Musée d'Histoire Naturelle, Paris, 1992.

Feyereisen, P., J.-D. de Lannoy: Psychologie du geste. Pierre Mardaga, 1985.
Fisher, H.: La Stratégie du sexe. Calman-Lévy, 1983.
Flandrin, J.-L.: Familles. Hachette, 1987.
Fonseca, C.: Menores carentes. In: Autrement, Nr. 96 (1988), S. 49–54.
Fosse, S.: Le profil du récidiviste. In: Impact Médecins, Nr. 181 (26. Februar 1993).
Freud, S.: Studienausgabe. Frankfurt am Main 1969.
Frison-Roche (Hrsg.): Enfants. Paris, 1988.
Futoransky, L.: Cheveux, toison et autres poils. Presses de la Renaissance, 1991.

Gabel, M.: Les enfants victimes d'abus sexuels. PUF, 1992.
Gay, P.: Freud, une vie. Hachette, 1991.
Gelis, J., M. Laget, M. F. Morel: Entrer dans la vie. Naissance et enfances dans la France traditionnelle. Gallimard (Archives), 1978.
Gélis, J.: La relation du couple avec l'enfant en Europe au cours des quatre dernièrs siècles. In: Frison-Roche: Enfants. Paris, 1988.
Gélis, J., M. Laget, M.-F. Morel: Entrer dans la vie. Gallimard-Julliard (Archives), 1978.
Gianfrancesco, A.: Religion et affectivités. Vortrag in Toulon-Châteauvallon, April 1993.
Girard, R.: La Violence et le sacré. Grasset, 1972.
Girard, R.: Des choses cachées depuis la fondation du monde. Grasset, 1980.
Gobman, A.: Comparative Endocrinology. Wiley, 1959.
Godelier, M.: La production des grands hommes. Fayard, 1982.
Godelier, M.: Sexualité, parenté et pouvoir. In: La Recherche XX (1989), S. 1142.
Goffman, E.: Les Rites d'interactions. Minuit, 1974.
Goodall, J.: In the Shadow of Man. Dissertation, Cambridge 1961.
Goustard, M.: Le Psychisme des primates. Complexe, 1978.
Granier, L.: 1992, Association Var-Tzigane.
Gray, W.: Understanding the Creative Thought Process. An Early Formulation of the Emotional Cognitive Theory. In: Man-Environment Systems IX (1979), S. 3–14.
Griffin, D. R.: La Pensée animale. Denoël, 1988.
Grouchy, J. de: Où cours-tu primate? Expansion scientifique française, 1992.
Gruyer, F., M. Fadier-Nisse, P. Sabourin: La Violence impensable. Nathan, 1992.
Guillaumin, J.: Le temps, la vie. In: Gérontologie, Nr. 14 (1974), S. 73.

Guilleminault, C., M. Souquet: Sleep States and Related Pathology. In: Advances in Perinatal Neurology. Spectrum Publications, 1979, Bd. 1, S. 225–247.
Guimard, P.: L'Âge de pierre. Grasset, 1992.
Guyotat, J.: Mort, naissance et filiation. Masson, 1980.

Harlow, H. F. und M. K.: Social Deprivation in Monkeys. In: Scientific American, CCVII (1967), S. 136–146.
Haroche, J.: Pourquoi Mozart? in: JIM, Nr. 147 (1990).
Hasegawa, K.: The Epidemiological Study of Depression in Late Life. In: Journal of Affective Disorders, September 1990, Supplement 1, S. 53–56.
Helgason, T. u. a.: The First 80 Years of Life. A Psychiatric Epidemiological Study. In: Acta Psychiatrica Scandinavica, Nr. 79 (1989), S. 85–94.
Hesse, H.: Unterm Rad. Berlin 1952.
Heymer, A.: Vocabulaire éthologique. PUF, 1977.
Hiégel, J.: Beitrag zum Kolloquium: Les révolutions. Toulon-Châteauvallon, 1989.
Hinde: Non-Verbal Communication, Cambridge University Press, 1972.
Histoire de la famille. Armand Colin, Bd. 1, 1989.
Holland, C., P. Rabbit: Les gens âgés vivent-ils réellement dans leur passé? In: Alzheimer actualités, Nr. 53 (1991).
Hubel, D., T. N. Wiesel: Receptive Fields of Single Neurons in the Cat's Striate Cortex. In: Journal of Physiology CXLVIII (1959), S. 574–591.
Huxley, J. S.: Le Comportement rituel chez l'homme et l'animal. Gallimard, 1971.
Huxley, J.: A Discussion of Ritualization of Behaviour in Animals and Man. In: Philosophical Transactions of the Royal Society, CCLI (1966), S. 247–256.

Immelmann, K.: Dictionnaire de l'éthologie. Pierre Mardaga, 1990.
Introduction à la psychiatrie foetale. ESF, 1992.
Itani, J.: Primate Socialization. Random House, 1972.
Itani, J.: A Preliminary Essay on the Relationship Between Social Organization and Incest Avoidance in Non Human Primates. In: J. Itani: Primate Socialization. Random House, 1972.

Jacob, V.: Zusammenfassung von Nicole Avril: Le roman de l'amour chaste. L'Événement du jeudi, Nr. 376 (1992), S. 94.
Jouen, F., A. Henocq: Du nouveau-né au nourrisson. PUF, 1991.
Jouvet, M.: Le Sommeil et le rêve. Odile Jacob, 1991.
Jouvet, M.: Phylogenèse du sommeil paradoxal. Beitrag zur Tagung zum 100. Geburtstag von Schmeierling, Lüttich 1991.
Jouvet, M.: Programmation génétique itérative et sommeil paradoxal. In: Confrontations psychiatriques, Nr. 27 (1986), S. 170 f.

Kakar, S., J. Munder Ross: Les Pièges de l'amour érotique. PUF, 1987.
Kalunian, D. A. u. a.: Violence by Geriatric Patients who Need Psychiatric Hospitalization. In: Journal of Clinical Psychiatry LI, Nr. 8 (1990), S. 340–348.
Karasawa, A., K. Kawashina, H. Kasahara, Abstracts zitiert in: Alzheimer actualités, Nr. 50 (1990).
Karli, P.: Cognition, mémoire et aggressivité. In: Aggressologie, XXXI, Nr. 9, (1991), S. 589 f.

Karlin, D., T. Lainé: L'Amour en France. Fernseh-Dokumentation, TF1, 1989.
Katzman, R.: Prix Potamkin. Laboratoires Spécia, 1992.
Kaufman, J.-C.: La Trame conjugale. Nathan, 1992.
Kaufman, J.-C.: La fausse surprise. In: Autrement, Nr. 135 (1993).
Kniebihler, Y.: Les Pères aussi ont une histoire. Hachette, 1987.
Koenig, O.: Das Aktionsprogramm der Bartmeise. In: D. van Caneghem: Aggressivité et combativité. PUF, 1978, S. 67.
Kundera, M.: Le Livre du rire et de l'oubli. Gallimard, 1985 (dt.: Das Buch vom Lachen und vom Vergessen. München 1980).

La Violette, P. A.: Thoughts about Thoughts about Thoughts. The Emotional Perceptive Cycle Theory. In: Man-Environment Systems IX (1979).
Lacan, J.: Le Séminaire. Le Seuil, Band XI, 1973.
Lachaud, A.: Représentation du principe de plaisir. In: Psychologie médicale, XXI, Nr. 3 (1989), S. 397–402.
Lallemand, S.: La filiation pour les ethnologues. In: Filiations, Nr. 11 (1987).
Lamour, M.: Les abus sexuels à l'égard des jeunes enfants. In: M. Gabel: Les enfants victimes d'abus sexuels. PUF, 1992.
Langenay, A., N. Hubert van Blitenburgh, A. Sanchez-Mazas: Tous parents, tous différents. Musée de l'Homme-Chabaud, 1992.
Lani, M.: À la recherche de la génération perdue. Hommes et perspectives, 1990.
Lanteri-Laura, G.: Vorwort zu: P.Bercherie, Les Fondements de la clinique. Le Seuil, 1980, S. 11.
Larrere, C.: L'image. Verité et illusions dans la philosophie de la connaissance. In: Psychologie médicale, XIX, Nr. 1 (1987), S. 127–132.
Laurent, A.: À quoi rêvent les foetus? In: Echothérapie (März 1990), S. 8–11.
Laye, C.: L'enfant noir. In: M. Boucebci, A. Amal-Yaker: Traité de psychiatrie de l'enfant et de l'adolescence. PUF, Bd. III, 1985.
Le Corps et sa mémoire (Kongreßbericht). Doin, 1984.
Lebovici, S., M. Soulé: Connaissance de l'enfant par la psychanalyse. PUF, 1983.
Lebovici, S.: L'inceste. In: S. Lebovici (Hrsg.): Traité de psychiatriede l'enfant et de l'adolescent. PUF, 1985, Bd. III, S. 394.
Lebovici, S.: Le Nourrisson, la mère et le psychanalyste. Centurion, 1983.
Lecanuet, J.-P., C. Granier-Deferre, B. Schaal: Les systèmes sensoriels du foetus. In: Introduction à la psychiatrie foetale. ESF, 1992.
Lecanuet, J.-P., C. Granier-Deferre, C. Cohen: Fetal Alertness and Reactivity to Sound Stimulation. Beitrag zur ICI-Konferenz, New York, Oktober 1984.
Lecourt, D.: Vorwort zu B. Cyrulnik: München 1995.
Ledoux, J.-E., L. Romanski, A. Xagoraris: Cortical Ablation and Under-Cortical Memory. In: Journal of Cognitive Neuro-Science I (1989), S. 238–243.
Legay, J. M., D. Debouzie: Introduction à une biologie des populations. Masson, 1985.
Léger, J.-M., R. Garoux, J.-F. Tessier, B. Chevalier: Le compagnon tardif et l'objet non animé du sujet dément sénile. In: Annales médico-psychologiques CXLIV, Nr. 4 (1986), S. 341–355.
Lehr, V. in: Revue du Conseil pontifical pour la pastorale des sevices de santé, Nr. 10 (1989).

Lemoine-Luccioni, E.: La Robe, essai psychanalytique sur le vêtement. Le Seuil, 1983.

Lepastier, S.: Le sommeil de l'adolescent. Aspects cliniques. In: Annales psychiatriques V, Nr. 4 (1990), S. 332–334.

Leroy, Y.: Diversité des émissions sonores et spéciation chez les gryllides. In: J. Medioni, E. Boesiger (Hrsg.): Mécanismes éthologiques de l'évolution, Masson, 1977, S. 78–94.

Lescure, M.: Les Carences affectives. Privat, 1978.

Levitt, M.: Dysesthesias and Self-Mutilation in Humans and Sub-Humans. A Review of Clinical and Experimental Studies. In: Brain Research Review X (1990), S. 247–290.

Ling, B. C.: A Genetic Study of Sustained Visual Fixation and Associated Behavior in the Human Infant from Birth to Six Months. In: Journal of Genetic Psychology VI (1942), S. 227–277.

Lipsitt, C. P.: Advances in Infancy Research. Band 1, Norwood/N. J. (USA) 1981.

Lizot, S.: Le Cercle des jeux. Faits et dits des Indiens Yanomami. Le Seuil, 1976.

Lorenz, K.: Durch Domestikation verursachte Störungen arteigenen Verhaltens. In: Zeitschrift für angewandte Psychologie und Charakterkunde LIX (1940), S. 2–81.

Lorenz, K.: La place des anciens chez les animaux sociaux. In: Communications, Nr. 37 (1983).

Loy, J.: The Descent of Dominance in Macaca. In: Socioecology and Psychology of Primates. Mouton, 1975, S. 153–180.

Malle, L.: Le Souffle au coeur [Herzflimmern]. Gallimard, 1971, S. 140f.

Mancia, M.: Vie prénatale et naissance du Soi. In: Le Foetus et son entourage. Médecine et hygiène, 1989.

Mancia, M.: Neurofisiologia e vita mentale. Zanichelli, 1980.

Mannoni, P.: La Psychologie collective. PUF, 1985.

Marcoll, L., N. Cohen, D. Nardacci, J. Brittain: The New York City Initiative for the Homeless Mentaly Ill. In: American Journal of Psychiatry CXLVII, Nr. 11 (1990).

Mayr, E.: Birds of paradise. Natural History, 1954.

Mazet, P., S. Lebovici: Émotions et affects chez le bébé et ses partenaires. ESHEL, 1992.

Mazet, P., S. Stoleru: Psychopathologie du nourrisson et du jeune enfant. Masson, 1988.

Mazlouman, R.: Les facteurs essentiels de la criminalité dans les différents pays musulmans. In: J.-C. Chesnais: Histoire de la violence. Robert Laffont, 1981.

Mazoyer-Chermat, P.: Dédoublement et création littéraire. In: L'Information psy, Nr. 3 (1991).

Medioni, J., E. Boesiger (Hrsg.): Mécanismes éthologiques de l'évolution, Masson, 1977.

Mendel, G.: 54 millions d'individus sans appartenance. Laffont, 1983.

Mendel, G.: La Société n'est pas une famille. La Découverte, 1992.

Mendel, G.: Quand plus rien ne va de soi. Robert Laffont, 1972.

Mendel, G.: La Révolte contre le père. Payot, 1968.

Michel, B.: Beitrag zum Kolloquium: Souvenir. Toulon-Châteauvallon, 1991.

Milani-Comparetti, A.: The Neurophysiologic and Clinical Implications of Studies on Fetal Motor Behaviour. In: Seminars in Perinatology V (1981), S. 183–189.
Millot, J.-L., J. C. Filiatre: Les comportements tactiles de la mère à l'égard du nouveau-né. In: Bulletin d'écologie et d'éthologie humaine, November 1986.
Minde, K. K., R. Minde, S. Musisi: Quelques aspects de la rupture du système d'attachement des jeunes enfants. Perspective transculturelle. In: E. J. Anthony, C. Koupernik: L'enfant dans la famille. PUF, 1985.
Ministère de la Justice, Paris, Studientage: »Qu'est-ce que l'éducation?«. Garches, Oktober 1991.
Monod, G.: L'Annonce faite à Mamie. In: JIM, Nr. 244 (1992), S. 35–39.
Montagner, H.: Videocassette, INSERIM U 70, Montpellier.
Montagner, H.: L'Attachement. Les débuts de la tendresse. Odile Jacob, 1988.
Morris, D.: La Clé des gestes. Grasset, 1978.
Morris, D.: Le Chien révélé. Calmann-Lévy, 1986.
Moscovici, S.: L'Âge des foules. Fayard, 1982.
Mucchielli, R.: Analyse et liberté. EAP, 1986.
Mucchielli, R.: L'Observation psychologique et psychosociologique. ESF, 1978.
Mullen, P. E.: Jealousy. The Pathology of Passion. In: British Journal of Psychiatry CLVIII (1991), S. 593–601.

Nathan, T.: De la fabrication culturelle des enfants. In: Nouvelle Revue d'ethnopsychiatrie, Nr. 17 (1991), S. 13–22.
Nathan, T.: Il y a quelque chose de pourri au royaume d'Oedipe. In: M. Gabriel: Les enfants victimes d'abus sexuels. PUF, 1992, S. 20–36.
Navelet, Y.: Déveleoppement du rythme veille-sommeil chez l'enfant. Masson, 1984.
Nepote, J.: Le lien de filiation au Cambodge. In: Filiations, Nr. 11 (1987), S. 70–74.
Newcomb, T. M.: Personality and Social Change. Dryden Press, 1992.
Nisbett, A.: Konrad Lorenz. Belfond, 1979.
Nock, S.: The Separation of Sex: Gestation and Genetics from Parenthood. In: Revue Tocqueville, Nr. 10 (1990), S. 113–134.
Novac, A.: Les Beaux Jours de ma jeunesse. Balland, 1992.

Odberg, F. O.: Behavorial Coping in Chronic Stress Conditions. In: Etho-Experimental Approaches to the Study of Behavior. Blanchard & NATO Series, 1991.
Ouaknin, M. A.: Méditations érotiques. Balland, 1992.
Oumou Ly Kane: Diskussionsbeitrag beim Kolloquium: À Qui appartient l'enfant? Toulon-Châteauvallon, 1992.
Owens, S. u. a.: Features of ›Near Death Experience‹ in Relation to whether or not Patients were Near Death. In: The Lancet CCCXXXVI (1991), S. 1175–1178.

Page, O.: Site II. Des gamins-héros. In: Nouvelle Revue d'ethnopsychiatrie, Nr. 12 (1988), S. 155–158.
Pageat, P.: Les carences affectives chez les animaux de compagnie. Vortrag in Toulon-Châteauvallon, Mai 1993.
Pageat, P.: Dépression d'involution du vieux chien. Description clinique et traitement. In: Le Point vétérinaire, September 1990.

Pasini, W.: Éloge de l'intimité. Payot, 1991.
Pasini, W.: La Qualité des sentiments. Payot, 1992.
Pauvarel, D., C. Mejean: L'affectivité des gens âgés. Vortrag im Relais socioculturel Peiresc, Toulon, am 11. März 1987.
Pedrot, P.: Beitrag zum Kolloquium: À qui appartient l'enfant? Toulon-Châteauvallon, September 1992.
Pennac, G.: Drehbuch zu dem Film: Tous les matins du monde.
Pfauwadel, M.-C.: Respirer, parler, chanter. Le Hameau, 1981.
Piel, J.: Le péril des mégapoles. In: Impacts médecins, Nr. 22 (November 1991).
Piontelli, A.: Infant Observation from Before Birth. In: International Journal of Psychoanalysis LXVIII (1987), S. 453–463.
Poirier, J.: Histoire des moeurs. Gallimard (Pléiade), Bd. II, 1990.
Postel, J.: Troubles de la reconnaissance spéculaire de soi au cours des démences tardives. In: J. Corraze: Image spéculaire du corps. Privat, 1980.
Pritchard, J. A.: Deglutition by Normal and Anencephalic Fetuses. In: Obstetrics and Gynecology XXV (1965), S. 289–297.
Prochiantz, A.: Les Stratégies de l'embryon. PUF, 1988.
Proust, Marcel: In Swanns Welt. Frankfurt am Main 1981, S. 66 f.

Querlen, D., X. Renard, F. Versyp: Vie sensorielle du foetus. In: G. Lévy, M. Tournaire (Hrsg.): Environnement de la naissance. Vigot, 1985.

Racamier, P.-C.: Le Psychanalyste sans divan. Payot, nouvelle édition, 1993.
Rank, O.: Le Mythe de la naissance du héros. Payot, 1983.
Raoul, Y., M. Delage: Psychiatrie de guerre en milieu maritime. In: Annales médico-psychologiques, Januar 1984, S. 229–236.
Rappoport, J.-L.: Reply to Commentaries on Recent Advances in Obsessive-Compulsive Disorders. In: Neupsychopharmacology V, Nr. 1 (1991), S. 21 f.
Rascowsky, A.: Le Foetus et son entourage. Médecine et hygiène, 1989.
Rascowsky, A.: La vita psichica nel feto. In: Le Foetus et son entourage. Médecine et hygiène, 1989.
Rauch, A.: Violence, brutalité et barbarie. In: Ethnologie française XX, Nr. 1 (1991), S. 3.
Raux-d'Arnaud, M.-C.: L'Inceste amoureux. Diplomarbeit, Marseille, 1991.
Raymond, S.: Crimes de sang et faits de violence. Hommes et perspectives, 1993.
Renard, J.: Poil de carotte. 1894.
Restak, R.: Le Cerveau de l'enfant. Laffont, 1988.
Ritvo, L.: Darwin, ascendant de Freud. Gallimard, 1992.
Robert, M.: Roman des origines et origines du roman. Grasset, 1972.
Robichez-Dispa, A., B. Cyrulnik: Observation éthologique comparée du geste de pointer du doigt chez des enfants normaux et des enfants psychotiques. In: Neuro-Psychiatrie de l'enfance XL, Nr. 5/6 (1992), S. 292–299.
Roeder, J.-J., J.-R. Anderson: Primates. Recherches actuelles. Masson, 1990.
Rojas A.: Urrego, Le Phénomène de la rencontre et la psychopathologie. PUF, 1992.
Romaniuk, M.: Reminiscence and the Second Half of Life. In: Experimental Research VII (1981), S. 315–336. Ebenso in: British Medical Journal CCC (1990), S. 239 f.

Ronsac, C.: On ne se lasse pas d'aimer. Laffont, 1992.
Roubertoux, P., M. Carlier: Génétique et comportements. Masson, 1976.
Rouner, B. W. u. a., Abstract zitiert in: Alzheimer actualités, Nr. 50 (1990).
Roussel, L.: La Famille incertaine. Odile Jacob, 1989.
Rousselle, A.: Gestes et signes de la famille dans l'Empire romain. In: Histoire de la famille. Armand Colin, Bd. 1, 1989, S. 257.
Rovee-Collier, C. K., J. W. Fagan: The Retrieval of Memory in Early Infancy. In: C.. Lipsitt: Advances in Infancy Research. Bd. 1, Norwood/N. J. (USA) 1981.
Ruckebusch, Y., M. Gaujoux, B. Eghbali: Sleep Cycles and Kinesis in the Fetal Lamb. In: Électroencéphalographie clinique et neurophysiologique XLII (1977), S. 226–237.
Ruckebusch, Y.: Le sommeil lent et les rêves chez les animaux. In: Psychiatrie animale, Desclée de Brouwer, 1964.

Sabourin, P.: La Violence impensable. Nathan, 1992.
Sade, D. S.: Inhibition of Son-Mother-Mating among Free-Ranging Rhesus Monkeys. In: Science and Psychoanalysis Nr. 12 (1968), S. 18–38.
Sade, J.-J.: Osons le dire. Les Belles Lettres, 1992.
Sartre, J.-P.: Die Wörter. Reinbek bei Hamburg 1965.
Schaal, B.: L'organisation de la perception olfactive au cours de la période néonatale. In: F. Jouen, A. Henocq: Du nouveau-né au nourrisson. PUF, 1991.
Schaal, B.: Discontinuité natale et continuité chimio-sensorielle. Modèles animaux et hypothèses pour l'homme. Beitrag zum Kolloquium: Èthologie et Naissance. Ile des Embiez, Toulon, 1985.
Schenkel, R.: Submission. Its Features and Function in the Wolf and the Dog. In: American Zoologist VII (1967), S. 319–329.
Scherrer, P.: L'inceste dans la famille. In: Nouvelle Revue d'ethnopsychiatrie, Nr. 3 (1985), S. 23.
Schützenberger, Ancelin A.: Aïe, mes aïeux! Epi, 1993.
Serres, M.: Hermès ou la communication. Éditions de Minuit, 1968.
Serroul-Delbarr, M., Y. Serroul: Le Foetus dans la littérature française. Dissertation, Lille 1985.
Siguan, E.: Comportement, cognition, conscience. PUF, 1987.
Simonnot, P.: Un anarchiste de droite. Entretien avec Claude Lévi-Strauss. In: L'Express vom 17.-23. Oktober 1986.
Soulayrol, R., M. Sokolowsky, J. Vion-Dury: Le dos, un mode d'approche préférentiel de l'enfant psychotique. In: Le Corps et sa mémoire. Doin, 1984.
Soulé, I., A. Granger Joly de Boissel: Ecofoetologie. Bordeaux 1990.
Soulé, M., J. Noël: Le secret sur les origines. ESF, 1986
Soulé, M., J. Noël: Aspects psychologiques des notions de filiation et d'identité et les secrets de l'origine. In: M. Soulé, J. Noël: Le secret sur les origines. ESF, 1986, S. 1–68.
Spira, A.: Rapport ANRS und INSERM, September 1991.
Spitz, A.: De la naissance à la parole. PUF, 1968.
Spitz, R. A.: Vers une réévaluation de l'auto-érotisme. In: Psychiatrie de l'enfant VII, Nr. 1 (1964), S. 269–297.
Stern, D.: Le Monde interpersonnel du nourrisson. PUF, 1989.

Stern, D.: Affect Attunement. In: Frontiers of Infant Psychiatry, Basic Books, 1985.
Stork, H.: Les comportements parentaux. In: D. Desor, B. Krafft: Comportement, CNRS, 1986.
Stork, H.: Les rituels du coucher de l'enfant. ESF, 1993.
Stork, H.: Enfances indiennes. Centurion, 1986.
Straten, A. van der: Premiers gestes, premiers mots. Centurion, 1991.
Straten, A. van der: Premier gestes, premiers mots. Centurion, 1991.
Straus, E.: Du sens des sens (1935). Jérôme Millon, 1989.
Straus, P., M. Manciaux: L'enfant maltraité. Fleurus, 1982.
Strum, S.: Presqu'humains. ESHEL, 1990.
Sullerot, É.: La famille nucléaire éclatée. In: Sauvegarde de l'enfance, Nr. 1 und 2 (1985).

Tassin, J.-P.: Approche du rôle fonctionnel du système méso-cortical dopaminergique. In: Psychologie médicale XII (1980).
Terrasson, F.: La Peur de la nature. Sang de la terre, 1988.
Tessier, J.-M., J.-F. Tessier, R. Garoux: Rôle du compagnon imaginaire et de l'objet transitionnel dans la vie affective du dément sénile. In: Psychologie médicale XV, Nr. 10 (1983), S. 1765f.
Thierry, B., J. R. Anderson: Adoption in Anthropoid Primates. In: International Journal of Primatology VII (1986), S. 191–216.
Thierry, S.: Étude d'un corpus de contes cambodgiens traditionnels. L'Harmattan, 1985.
Tournier, M.: Le Vent Paraclet. Gallimard, 1977.
Turnbull, C.: Un peuple de fauves. Le Seuil, 1972.

Uexküll, J. von: Streifzüge durch die Umwelten von Tieren und Menschen. rde 13, Reinbek bei Hamburg 1956.

Valatx, T. L.: Sleep Behaviour, Genetic Regulation. In: Développement du cerveau chez le foetus et le jeune enfant. Josiah Macy Foundation, N. Y. 1977.
Valéry, P.: Oeuvres. Gallimard (Pléiade), Bd. II, 1984.
Vauclair, J.: Représentation et intentionnalité dans la cognition animale. In: E. Siguan: Comportement, cognition, conscience. PUF, 1987, S. 59–88.
Vauclair, J.: Les Images mentales chez l'animal. In: La Recherche Nr. 224 (1990), S. 1006–1014.
Vauclair, J.: L'Intelligence de l'animal. Le Seuil, 1992.
Veron, M.-P.: L'enfant et l'adolescent dans la société. Beitrag zur Tagung: Assises régionales de la sécurité dans le Var. CRAIFF, 1993.
Villey, R.: Histoire du diagnostic médical. Masson, 1979.
Vincent, J.: Pseudo-solutions. In: Impacts Médecins, Nr. 157 (1992), S. 3.
Vincent, J.-D.: Biologie des passions. Odile Jacob, 1986.
Vuillemain, F.: Stress et immunologie. PUF, 1989.

Wallon, P.: La Relation thérapeutique et le développement de l'enfant. Privat, 1991.

Warren, R. P.: Detection of Maternal Antibodies in Infantile Autism. In: Journal of the American Academy of Child and Adolescent Psychiatry XXIX (1990), S. 873–877.

Winnykamen, F.: Apprendre un imitant? PUF, 1990.

Wirak, D. O. u.a., zitiert in: Y. Christen: Le double paradoxe du modèle animal. In: Alzheimer actualités, Oktober 1991.

Wolff, P., B. L. White: Visual Pursuit and Attention in Young Infants. In: Journal of American Child Psychiatry IV (1956), S. 473–483.

Wood-Gush, D. G. M., R. G. Beilharz: The Enrichment of a Bare Environment for Animals in Confined Conditions. In: Applied Animal Ethology, Nr. 10 (1983), S. 209–217.

Yonnet, P.: Jeux, modes et masses. Gallimard, 1985.

Zadje, N.: Souffle sur tous ces morts et qu'ils vivent! La pensée sauvage, 1993.

Zadje, N.: La transmission du traumatisme chez les survivants juifs de l'Holocauste nazi. Dissertation, Paris VIII, 1992.

Zarifian, E.: Action biochimique des antidépresseurs chez l'homme. In: Pharmaka V (1984; Seminar für biologische Psychiatrie).

Zazzo, R.: Le Paradoxe des jumeaux. Stock, 1984.

Naturgeschehen
Naturerkenntnis
Naturwissenschaft

Schämen sollen sich die Menschen, die sich
gedankenlos der Wissenschaft und Technik
bedienen und nicht mehr davon geistig erfaßt
haben als die Kuh von der Botanik der
Pflanzen, die sie mit Wohlbehagen frißt.

Albert Einstein

Timothy Ferris:
**Das intelligente
Universum**
dtv 30479

Karl Grammer:
Signale der Liebe
Die biologischen
Gesetze der Partnerschaft
dtv 30498

Philip Johnson
Laird:
**Der Computer im
Kopf**
dtv 30499

Was ist Zeit?
Zeit und Verantwortung in Wissenschaft, Technik und
Religion
Hrsg. von Kurt Weis
dtv 30525

Jeanne Ruber:
**Was Frauen und
Männer so
im Kopf haben**
dtv 30524 (März)

Paul Davies /
John Gribbin:
**Auf dem Weg zur
Weltformel**
Superstrings, Chaos,
Komplexität
Über den neuesten
Stand der Physik
dtv 30506

What's What?
Naturwissenschaftliche Plaudereien
Herausgegeben von
Don Glass
dtv 30511 (Dez.)

Jean Guitton/Grichka
u. Igor Bogdanov:
**Gott und die
Wissenschaft**
Auf dem Weg zum
Meta-Realismus
dtv 30516
(Januar)

Darwin lesen
Eine Auswahl aus
seinem Werk
Herausgegeben von
Mark Ridley
dtv 30519
(Februar)